辽/宁/大/学/公/共/管/理/系/列/丛/书

丛书主编：边恕

治理现代化背景下的县级政府政策转换

POSITIVE STUDY ON COUNTY-LEVEL GOVERNMENT POLICY TRANSFORMATION FROM THE PERSPECTIVE OF GOVERNANCE MODERNIZATION

耿国阶 ◎ 著

图书在版编目（CIP）数据

治理现代化背景下的县级政府政策转换/耿国阶著 .—北京：经济管理出版社，2020. 12
ISBN 978-7-5096-7590-8

Ⅰ. ①治… Ⅱ. ①耿… Ⅲ. ①县—地方政府—行政管理—现代化管理—研究—中国 Ⅳ. ①D625

中国版本图书馆 CIP 数据核字（2020）第 175528 号

组稿编辑：赵亚荣
责任编辑：赵亚荣
责任印制：黄章平
责任校对：陈　颖

出版发行：经济管理出版社
　　　　　（北京市海淀区北蜂窝 8 号中雅大厦 A 座 11 层　100038）
网　　址：www. E-mp. com. cn
电　　话：（010）51915602
印　　刷：北京玺诚印务有限公司
经　　销：新华书店
开　　本：720mm×1000mm/16
印　　张：14. 25
字　　数：234 千字
版　　次：2020 年 12 月第 1 版　2020 年 12 月第 1 次印刷
书　　号：ISBN 978-7-5096-7590-8
定　　价：69. 00 元

· 版权所有　翻印必究 ·
凡购本社图书，如有印装错误，由本社读者服务部负责调换。
联系地址：北京阜外月坛北小街 2 号
电话：（010）68022974　　邮编：100836

目 录

绪 论 ·· 001

 一、选题背景与意义 ·· 001
 二、文献综述与研究问题 ·· 003
 三、研究思路和方法 ·· 010
 四、概念梳理 ··· 012

第 I 部分　县域治理现代化：历史与现实的考察

第一章 县域治理变革的历史脉络与逻辑 ······················· 019

 一、县域治理比较的理论框架 ····································· 019
 二、县域治理变迁的历史脉络 ····································· 027
 三、县域治理变迁的历史逻辑 ····································· 048

第二章 县域治理现代化中的城乡关系与乡村治理变迁 ··· 053

 一、城乡分离：工业化优先与乡村治理的集体化 ··········· 054
 二、城乡失衡：城市优先与乡村治理的行政化 ·············· 058
 三、城乡融合：一体化发展与乡村治理的公共服务化 ····· 063
 四、本章小结 ··· 067

第三章 习近平县域治理思想研究 ································ 070

 一、县域治理的特征和重要性 ····································· 070

二、县域治理的原则和方法 …… 072
三、县域治理的定位和规划 …… 074
四、县域治理的重点任务 …… 076
五、县域治理的组织和干部保障 …… 078
六、本章小结 …… 081

第Ⅱ部分 治理现代化背景下的县级政策转换：对县域运行性政策执行的考察

第四章 县级政府的权力配置：政策与转换 …… 087
一、县级政府权力配置的政策组合 …… 087
二、权力的支持网络：多中心并列和交错 …… 093
三、县级政府对政策性权力配置的再转换 …… 096
四、县级政策性权力配置再转换的效应 …… 105

第五章 县级政府的财政资源：政策与转换 …… 113
一、县级政府的财政资源配置政策 …… 113
二、县级政府对财政资源配置政策的再转换 …… 126
三、县级政府财政资源配置政策再转换的效应 …… 132

第六章 县级政府的干部选拔任用：政策与转换 …… 134
一、县级政府干部选拔任用的政策性依据 …… 134
二、县级政府干部选拔任用政策的内在问题 …… 137
三、县级政府干部选拔任用政策实施过程中的"行动性转换" …… 141

第七章 县级政府的政绩考核与激励：政策与转换 …… 144
一、县级领导干部政绩考核与激励的有关政策 …… 144
二、政绩考核与激励政策的要点与政治意涵 …… 147

三、政策实施中的"转换" …………………………………………… 151

第八章 县级政府官员教育：政策与转换
——以 A 县第二批群众路线教育实践活动为例 …………… 154

一、第二批群众路线教育实践活动的主要内容 ………………… 154
二、县级政策转换 …………………………………………………… 156
三、政策效果 ………………………………………………………… 159

第九章 县委常委会如何作出决策？
——基于 A 县的实证分析 ………………………………………… 164

一、A 县县委常委会的组成和分工 ……………………………… 165
二、县委常委会的议事决策程序 ………………………………… 169
三、提升县委常委会议事决策有效性的思路 …………………… 176

第十章 县域治理中的决策：模式与特征
——基于 A 县经验的实证研究 …………………………………… 179

一、县域治理决策的主要模式 …………………………………… 180
二、县域治理决策的基本特征 …………………………………… 188
三、本章小结 ………………………………………………………… 190

第Ⅲ部分 治理现代化背景下的县级政策转换：对县域部分功能性政策执行的考察

第十一章 县级政府如何转换性执行上级政策？
——以维稳政策的县级执行为例 ………………………………… 193

一、现阶段的维稳政策体系 ……………………………………… 193
二、县级维稳工作：考核压力、价值关怀与集体理性 ………… 205
三、县级维稳政策的转换与具体化 ……………………………… 211
四、本章小结 ………………………………………………………… 213

第十二章　本书结论与进一步探讨 ……………………………… 215

一、结论一：中国的县域治理变迁具有独特的历史脉络和
历史逻辑 ……………………………………………………… 215

二、结论二：县级运行性政策执行存在的问题更加严重 …… 217

三、结论三：提高县级政策执行力的重点是调整运行性
政策 …………………………………………………………… 218

四、不足和进一步探讨 ………………………………………… 219

绪 论

一、选题背景与意义

1. 选题背景

中国是一个单一制国家，地方政府①的权力来源于中央政府授权。体现在政策过程上，中央政府是最主要的政策制定者和推动者，绝大多数宏观政策由中央政府制定，省级政府结合区域实际明确执行细则和监督考核办法，而市、县两级政府则主要是贯彻执行。另外，作为一个发展高度不平衡的超大型社会，中央政府也不可能无视各地区域域情的复杂性和差异，因而在绝对主导政策制定权力的同时，也在尽其所能地预留地方政府灵活变通的空间，鼓励各地结合自身省情、市情、县情，坚持政策精神和政策原则的同时，灵活地执行中央政策。

中央—地方间政策关系的历史演变。1949年以后，中国很快模仿苏联体制建立起自身的"计划体制"，不仅是经济的计划，亦包含社会、文化等全方位的计划化、行政化。"邹谠把中国1949~1978年的政治社会结构归结为全能结构，这种全能结构具有如下基本特征：政治上实行高度集权的政策，经济上实行计划经济，社会上通过单位制和人民公社制度实行全面社会控制，文化上高度意识形态化；横向上，文化与意识形态、社会、经济领域的领导和控制权集中于政治，政治的领导和控制权又高度集中于中国共产党；社会组织类型和组织方式简单划一，按照相同的模式建构和按照统一的方式运行，缺乏一定的分化；行政是贯通上下前后左右的贯穿性逻

---

① 注意，本书所指的"政府"的概念是政府过程意义上包含党委、人大、（行政）政府、政协、纪委等在内的"大政府"，而不是狭义的作为权力机关执行机构的行政性政府。

治理现代化背景下的县级政府政策转换

辑,整个社会是建立在层级的行政控制和行政性整合基础之上的;这种全能结构的核心是'全能型政党',或者说,'全能国家'的背后是'全能型政党'。"① 在全能型结构中,地方政府与中央政府之间主要是一种"控制—被控制"的关系,地方官员虽有自己的偏好,但是地方利益分化不明显,地方自主性也没有那么强,高度的行政依附性加上高强度的政治动员性执行,使忠实执行上级政策成为地方官员的最高利益,地方政府(官员)政策转换的动机远没有那么强烈。1978年以后,随着财政分权、以经济建设为中心、地方政府间竞争②等政策的实施,地方利益分化明显,县级自成利益主体,地方政府的自主性③增强。相应地,虽然县级政府在人事、财政、政绩考核上对上级政府仍然存在高度的依赖性,但是行政依附性总体上减弱,政治动员性执行总体上衰减并局限于特定领域,县级政府对上级政策的转换性执行不仅具备一定空间,而且县级政府的转换动机也空前强烈。

随着中央—地方间政策关系的根本性变化,困扰中央—地方双方的"政策困局"出现并日益彰显。中央政府感觉政策执行不力,"政策空转"④,政策在地方得不到有效落实,例如:公车改革和政府信息公开;有的政策被执行得南辕北辙,如房地产调控、土地政策;有些看上去得到有效落实的政策实际上违背了政策原则和政策精神,如节能减排演变为拉闸限电、信访考核演变为信访销号。另外,对地方政府而言,也经常觉得苦不堪言,不能左右政策目标设定,缺乏足够的政策执行资源,无力改变政策本身,只能发挥主政者的主观能动性,对上级政策再转换,选择性执行。

政策困局中的县级政府。在一定意义上,可以说,县是中央各项政策输出的最重要的基层综合性终端,是中央、省、市各级政策执行的前线指挥部。在我们国家的政府结构和国家治理体系中,县处于国家与社会最重要的交接界面,处于承上启下的枢纽环节,是我国经济发展和社会治理的基本单元,也是决定中央政策能否得到全面有效落实的关键环节。县域是一个相对完整的社会,县级政府功能齐备。"一个县就是一个基本完整的社

---

① 耿国阶. 困境、重构与突破:中国治理转型的模式研究[M]. 沈阳:东北大学出版社,2011:53.
② 周黎安. 转型中的地方政府:官员激励与治理[M]. 上海:格致出版社,上海人民出版社,2008.
③ 何显明. 市场化进程中的地方政府行为逻辑[M]. 北京:人民出版社,2008.
④ 孙贵宝. 莫让政策法规"空转"[J]. 中国政协,2014(2):28-28.

会,'麻雀虽小,五脏俱全'。"① "一个县,大的有几十万、上百万人口,经济、政治、文化、社会、生态等各方面的功能齐备。"② 县在组织设置、决策权力、运行功能、资源配置方面都有相对完整性、相对独立性,可以说,除了层级差异之外,县在这些方面与中央、省市级政府基本相同。县处于国家与社会、城市与乡村、现代与传统、中心与边缘地带的"接点"部位。③ 与乡镇政府不同,在如何执行上级政策及县域政策制定方面,县具有较为独立的权力,尤其在经济社会发展方面,县级政府的政策独立性更强。

2. 研究意义

一方面,国家治理体系与治理能力的现代化是全面深化改革的总目标,县域治理是国家治理的基石,县是中央各项大政方针政策执行的基础性环节。另一方面,迄今为止,对县级政策过程的研究已有较为丰富的积累,但仍然有很多问题亟待深入研究,尤其是对县级"政策转换过程"的研究基本处于空白。本书在治理现代化背景下,对县级政府过程中的"政策转换"环节进行专题性研究,主要集中于"运行性政策",通过县域治理中的权力配置、干部选拔任用、财政资源分配、政绩考核与激励、官员教育,以及县委常委会如何决策、县级政府如何开会等专题性研究,解析县级政府如何执行上级政策,对于理解政策执行的困局、改进县级政策执行,既具有理论意义,也具有实践意义。本书定位于县域治理中"运行性政策"的研究,力争填补县级政策过程研究的空白;同时,发现县级政策转换过程有待改进的结构性、技术性问题,提出相应的政策性建议,为决策部门提供智力支持。

二、文献综述与研究问题

根据研究需要,本书主要从县级政府政策制定和政策执行、县级政府过程、县域治理三个方面收集文献,评述现有研究。

---

① 习近平. 做焦裕禄式的县委书记 [M]. 北京:中央文献出版社,2015:2.
② 习近平. 做焦裕禄式的县委书记 [M]. 北京:中央文献出版社,2015:52.
③ 徐勇."接点政治":农村群体性事件的县域分析——一个分析框架及以若干个案为例 [J]. 华中师范大学学报(人文社会科学版),2009(6):2-7.

(一) 县级政府政策制定和政策执行相关代表性研究

(1) 对地方政府"政策变通"的代表性研究。刘培伟（2015）认为，"变通"是理解中国治理过程的关键词。[①] 刘世定、孙立平等提出的政策变通概念用以描绘"在制度的运作中，执行者在未得到制度决定者的正式准许、未通过改变制度的正式程序的情况下，自行作出改变原制度中的某些部分的决策，从而推行一套经过改变的制度安排"这样一种科层组织任务执行过程中的现象。刘骥等（2015）通过运动式治理与日常执行状态切换中条块关系的变化来解释政策变通的发生机制。[③④] 周雪光（2011）认为，"变通"的稳定存在和重复再生是政府组织结构和制度环境的产物，是权威体制与有效治理矛盾的缓冲机制。[⑤] 刘鹏等（2014）分析了街头官僚政策变通的类型、原因和对策。[⑥] 朱亚鹏（2014）等从制度环境、自由裁量权等角度分析了城市低保政策执行中的政策变通。[⑦]

(2) 对县级政府政策执行的代表性研究。高焕清（2012）用瑞典学者伯恩斯（Burns）分析经济与社会变迁的 ASD 模式（"行动者、制度与环境"模式）从公共政策的行动者、制度及行政生态环境三个维度系统而全面地阐述了县级政府政策执行力的现实状况、制度障碍、形成原因。[⑧] 叶盛楠（2010）以内蒙古 S 县为例研究了农村税费改革在县一级的实施情况，指出，农村税费改革后，上级政府的转移支出不能弥补县级财政支出缺口，县级政府不仅没有如中央所期望的那样向"服务型"政府转变，反而向

[①] 刘培伟. 地方"变通"：理解中国治理过程的关键词 [J]. 浙江社会科学，2015（7）：36-41，73.

[②④] 制度与结构变迁研究课题组. 作为制度运作和制度变迁方式的变通 [J]. 中国社会科学季刊（香港），1997（21）.

[③] 刘骥，熊彩. 解释政策变通：运动式治理中的条块关系 [J]. 公共行政评论，2015（6）：88-112.

[⑤] 周雪光. 权威体制与有效治理：当代中国国家治理的制度逻辑 [J]. 开放时代，2011（10）：69-87.

[⑥] 刘鹏，刘志鹏. 街头官僚政策变通执行的类型及其解释——基于对 H 县食品安全监管执法的案例研究 [J]. 中国行政管理，2014（5）：103-107.

[⑦] 朱亚鹏，刘云香. 制度环境、自由裁量权与中国社会政策执行——以 C 市城市低保政策执行为例 [J]. 中山大学学报（社会科学版），2014（6）：159-168.

[⑧] 高焕清. 互动中的行动者与系统力：我国县级政府政策执行研究——基于 ASD 模型的分析框架 [D]. 华中师范大学博士学位论文，2012.

"公司化"政府迈进了一大步。① 龚为纲（2014）以一个全国商品粮基地县的产粮大县奖补政策（即国家对粮食主产区的利益补偿机制）的地方实践为例，研究发现，国家巨额的财政资源投入在实践中并没有取得预期的效果，政策实践与政策目标严重错位，好政策并没有得到很好的落实。② 钟扬斌（2012）提出了县级政府执行中央政策的四种类型：有选择地执行中央政策、曲解地执行中央政策、象征性地执行中央政策、反向地执行中央政策。③

（3）对县级政府政策制定和决策的代表性研究。王林生（2005）研究了地方政府决策的机理、范围及分析框架，地方政府决策的制度环境，以及地方政府决策的实施机制等问题。④ 刘亚平等（2010）以权力网络理论为基础，分别从横向的权力网络关系、纵向的权力层级关系和历时的代际权力转变三个方向分析了地方政府决策的策略选择。⑤ 罗依平（2011）研究了地方政府决策的价值取向、民意表达、决策模式创新、决策体制优化等问题。⑥ 杜国强（2012）提出了地方政府晋升压力下的政绩型决策、公正沦陷后的俘获型决策、民主政治腐化导致的盲从型决策、风险规避意识催生的懈怠型决策四种决策类型。⑦ 马宝成（2009）探讨了县级政府决策程序、问题和特点。⑧ 黄冬娅（2013）从政策依赖性、政策监控度和权力碎片化三个维度分析了企业家对地方政策过程的影响。⑨ 周雪光（2011，2014）将政策

---

① 叶盛楠. 县域政治中的政府畸变——以内蒙古S县农村税费改革为中心的个案研究［D］. 中国人民大学博士学位论文，2010.
② 龚为纲. 农业治理转型——基于一个全国产粮大县财政奖补政策实践的分析［D］. 华中科技大学博士学位论文，2014.
③ 钟扬斌. 县级政府对中央政策执行行为研究［D］. 南昌大学硕士学位论文，2012.
④ 王林生. 中国地方政府决策：机理、规则及其实施［M］. 广州：华南理工大学出版社，2005.
⑤ 刘亚平，刘琳琳. 地方政府在公共决策中的策略选择：一个权力网络的分析视角［J］. 东南学术，2010（5）：34-40.
⑥ 罗依平. 地方政府决策研究［M］. 湘潭：湘潭大学出版社，2011.
⑦ 杜国强. 地方政府行政决策裁量权的运行逻辑与制度激励［J］. 西北农林科技大学学报（社会科学版），2012，12（6）：150-156.
⑧ 马宝成. 中国地方政府决策模式探析——以HT县为例［J］. 国家行政学院学报，2009（6）：56-61.
⑨ 黄冬娅. 企业家如何影响地方政策过程——基于国家中心的案例分析和类型建构［J］. 社会学研究，2013（5）：172-196.

治理现代化背景下的县级政府政策转换

变通放在中国治理结构中进行分析,指出它是权威体制与有效治理的缓冲。①

刘超(2011)以布迪厄的"场域"理论为研究工具,综合运用规范分析和实证分析的方法,对县级政府决策力问题进行研究。② 马宝成(2009)以 HT 县为个案,探讨了县级政府决策的基本程序、经验做法及其存在的突出问题,分析了县级政府决策的基本特点。③ 刘伯龙和竺乾威(2000)论述了当前县级决策的主体、结构、过程,指出当前县级决策的结构是法定结构与非法定结构并存,缺少群众参与是当前县级决策过程的重要特征。目前,县级决策的模式事实上是多位一体、以党为主的决策模式。④ 张辉(2005)专题研究了县级政府行政决策,认为县级行政决策是一个权力配置的过程,是一个横向部门权力分化和纵向层次权力分化相结合的权力网络体系,是行政权力在组织结构、制度体制既定的条件下的动态运作过程,组织结构、行政权力、利益关系三者的相互作用则构成了县级行政决策的生态循环。其描述了决策制定、执行、监督、反馈全过程,揭示了县级行政决策运行的全貌,通过对制度、结构与人互动的分析,提出当前县级行政决策运作的模式。⑤

(二) 与县级政府过程相关的代表性研究

(1) 国外学者对政府过程研究的演变。政府过程研究是对规范性制度研究方法的"反动",强调"行动中的政府"。白哲特等(2005)探讨了英国政府不同于英国制度规范的运作过程。⑥ 威尔逊(1985)研究了国会提出、讨论、通过议案或搁置议案的过程。20 世纪前期,政府过程的研究重

---

① 周雪光. 权威体制与有效治理:当代中国国家治理的制度逻辑 [J]. 开放时代,2011(10):69-87;周雪光. 从"黄宗羲定律"到帝国的逻辑:中国国家治理逻辑的历史线索 [J]. 开放时代,2014(4):108-132.
② 刘超. 我国县级政府决策力场域及其优化研究 [D]. 南京大学博士学位论文,2011.
③ 马宝成. 中国地方政府决策模式探析:以 HT 县为例 [J]. 国家行政学院学报,2009(6):54-59.
④ 刘伯龙,竺乾威. 当代中国公共政策 [M]. 上海:复旦大学出版社,2000.
⑤ 张辉. 组织结构、行政权力与利益关系——县级行政决策的实证研究 [D]. 复旦大学博士学位论文,2005.
⑥ [英]沃尔特·白哲特,保罗·史密斯. 英国宪制 [M]. 李国庆译. 北京:北京大学出版社,2005.

心转移到对利益集团或压力集团的研究。[1] 本特利（1908）把政府活动看作由压力、对抗、冲突及利益集团相互争斗所构成的动态过程，而政府则是在不同利益集团之间加以协调使各方妥协。[2] 杜鲁门（2005）对利益集团的内部运行机制等方面进行了系统的研究。[3] 20世纪后期，伊斯顿（1999）的政治系统分析与阿尔蒙德（1987）的结构—功能主义框架大大拓展了政府过程的研究[4][5]。20世纪末，政府过程的研究从"解释问题"转向"解决问题"，形成了多源流分析、支持联盟等研究框架。[6]

（2）国内学者对中国政府过程研究的发展。我国自20世纪90年代开始运用政府过程的方法研究中国的政府过程。朱光磊（2002）从政府过程角度对中国的政治权力结构、党政关系、社会结构及意见表达、意见综合、决策和施政五个基本环节做了比较系统的阐释和介绍。[7] 胡伟（1998）将政府结构划分为宪政结构、体制化结构、人格化结构三个层次，并结合三个层次的划分考察中国的政府过程，尤其是"权力精英"在政府过程中的作用。[8] 周健（2011）对政治输入过程、政治转换过程、政治输出过程、政治反馈过程中制度与角色互动进行了系统的阐述。[9] 现阶段，对政府过程的研究分两个方向深入发展：一是集中于政府过程的不同环节。如张彬（2013）从利益综合环节入手深化中国政府过程研究。二是研究不同层级政府的政府过程。[10] 如周庆智（2004）探讨了县级行政结构、功能及运行，但县级行

---

[1] [美]伍德罗·威尔逊. 国会政体 [M]. 熊希龄, 吕德本译. 北京：商务印书馆, 1985.

[2] Arthur F. Bentley. The Process of Government：A Study of Social Pressures [M]. Chicago：The University of Chicago Press, 1908.

[3] [美]戴维·杜鲁门. 政治过程——政治利益与公共舆论 [M]. 陈尧译. 天津：天津人民出版社, 2005.

[4] [美]戴维·伊斯顿. 政治生活的系统分析 [M]. 王浦劬译. 北京：华夏出版社, 1999.

[5] 阿尔蒙德, 小鲍威尔. 比较政治学：体系、过程和政策 [M]. 曹沛霖等译. 上海：上海译文出版社, 1987.

[6] 保罗·A. 萨巴蒂尔. 政策过程理论 [M]. 彭宗超等译. 北京：生活·读书·新知三联书店, 2004.

[7] 朱光磊. 当代中国政府过程 [M]. 天津：天津人民出版社, 2002.

[8] 胡伟. 政府过程 [M]. 杭州：浙江人民出版社, 1998.

[9] 周健. 制度与角色的互动：当代中国政府过程研究的一个视角 [D]. 华东师范大学博士学位论文, 2011.

[10] 张彬. 中国政府过程中的利益综合问题研究 [M]. 北京：光明日报出版社, 2013.

政结构并非县级政府过程的核心。①

(三) 县域治理相关代表性研究

(1) 政治学进路的研究。荣敬本 (1998) 提出了"压力型体制"的概念。② 徐勇 (2009) 将县域治理放在国家化和地方性背景下考察。③ 于建嵘认为 (2011) "目前的体制潜伏的最大危险是个人的理性选择往往会导致集体的非理性"。④ 海贝勒等 (2012) 从绩效考核、财政收入、个人利益三个方面考察了县级政府的动力机制。⑤ 樊红敏 (2013) 从结构、行为、变革三个维度来透视转型期县域治理的实践逻辑。⑥

(2) 公共管理学进路的研究。周庆智 (2004) 对县级政府的行政结构及其运行进行了详细描述。⑦ 暴景升 (2005) 从县级财政解困角度对县域治理进行了探讨。⑧ 王汉生等 (2009) 研究了基层政府运作中的"目标管理责任制"。⑨ 李永刚 (2009) 提出了地方政府官员"多重比大小"的治理逻辑。⑩ 欧阳静 (2011) 提出了基层政府运作的"策略主义"逻辑。⑪ 郁建兴等 (2012) 分析了地方发展型政府的行为逻辑及问责机制等制度基础。⑫

(3) 制度经济学进路的研究。何显明 (2008) 研究了市场化进程中地

---

①⑦ 周庆智. 中国县级行政结构及其运行——对 W 县的社会学考察 [M]. 贵阳:贵州人民出版社, 2004.

② 荣敬本. 从压力型体制向民主合作体制的转变:县乡两级政治体制改革 [M]. 北京:中央编译出版社, 1998.

③ 徐勇. 国家化与地方性背景下的双向型县域治理改革 [J]. 探索与争鸣, 2009 (11):20-22.

④ 于建嵘. 县政运作的权力悖论及其改革探索 [J]. 探索与争鸣, 2011 (7):27-30.

⑤ [德] 托马斯·海贝勒,雷内·特拉培尔. 政府绩效考核、地方干部行为与地方发展 [J]. 王哲译. 经济社会体制比较, 2012 (3):95-112.

⑥ 樊红敏. 转型中的县域治理:结构、行为与变革 [M]. 北京:中国社会科学出版社, 2013.

⑧ 暴景升. 财政视角下的县政改革研究——财政基础与县政功能 [D]. 南开大学博士学位论文, 2005.

⑨ 王汉生,王一鸽. 目标管理责任制:农村基层政权的实践逻辑 [J]. 社会学研究, 2009 (2):65-96, 248.

⑩ 李永刚. 多重比大小:地方官员的隐蔽治理逻辑 [J]. 经济社会体制比较, 2009(2):151-156.

⑪ 欧阳静. 压力型体制与乡镇的策略主义逻辑 [J]. 经济社会体制比较, 2011 (3):116-122.

⑫ 郁建兴,高翔. 地方发展型政府的行为逻辑及制度基础 [J]. 中国社会科学, 2012 (5):95-112.

方政府的自主性和行为逻辑。① 周黎安（2012）提出了"行政逐级发包"与"晋升锦标赛"的概念。② 曹正汉等（2009）分析了地方政府由"经营企业"向"经营所辖区域"的转变。③

（4）社会学进路的研究。张静（2000）提出了"政权经营者"的概念并分析了其制度基础。④ 应星（2001）通过对一个上访故事的叙述展现了基层政府的行为模式。⑤ 杨善华等（2002）提出了"谋利型政权经营者"的概念。⑥ 周飞舟（2006）研究了分税制对基层政府的影响。⑦ 周雪光（2008）研究了基层政府间的共谋现象。⑧ 渠敬东（2012）、折晓叶等（2011）、陈家建（2013）研究了项目制对基层政府运作机制和运作逻辑的影响。⑨

（四）国内外研究述评与研究动态

（1）研究述评。一方面，学术前辈对地方政府决策、政府过程、县域治理的研究在视角、内容、方法、观点上呈现多样化发展趋势，已经出现一批力作，为本书研究奠定了扎实的学术基础。但另一方面，现阶段对县级政策转换的研究仍然存在不足。第一，可能与现阶段政府决策特有的"黑箱性"，绝大多数学者无缘进入政府决策中枢深入观察有关，迄今为止，国内外学者对地方政府决策的研究更多是一种外在的研究，描述其环境、

---

① 何显明. 市场化进程中的地方政府行为逻辑 [M]. 北京：人民出版社，2008.
② 周黎安. 转型中的地方政府：激励、组织与治理 [M]. 上海：格致（原汉大）出版社，2012.
③ 曹正汉，史晋川. 中国地方政府应对市场化改革的策略：抓住经济发展的主动权——理论假说与案例研究 [J]. 社会学研究，2009，24（4）：1-27.
④ 张静. 基层政权——乡村制度诸问题 [M]. 杭州：浙江人民出版社，2000.
⑤ 应星. 大河移民上访的故事——从"讨个说法"到"摆平理顺" [M]. 上海：三联书店，2001.
⑥ 杨善华，苏红. 从"代理型政权经营者"到"谋利型政权经营者"——向市场经济转型背景下的乡镇政权 [J]. 社会学研究，2002，16（1）：17-24.
⑦ 周飞舟. 分税制十年：制度及其影响 [J]. 中国社会科学，2006（6）：100-115.
⑧ 周雪光. 基层政府间的"共谋现象"——一个政府行为的制度逻辑 [J]. 社会学研究，2008（6）：1-21.
⑨ 渠敬东. 项目制：一种新的国家治理体制 [J]. 中国社会科学，2012（5）：113-130；折晓叶，陈婴婴. 项目制的分级运作机制和治理逻辑——对"项目进村"案例的社会学分析 [J]. 中国社会科学，2011（4）：128-150，225；陈家建. 项目制与基层政府动员——对社会管理项目化运作的社会学考察 [J]. 中国社会科学，2013（2）：64-79.

类型、基本程序等，而没有进入到"黑箱"内部剖析其内在的结构、机制和逻辑。第二，把政策制定和政策执行截然分开，实际上，尤其在县级政府层面，制定和执行紧密结合在一起，政策执行的前提就是把上级政策转换为具体的实施措施和行动，政策制定最主要的内容是转换上级各项政策。第三，忽略政策转换的重要性，大多数情况下，县级政府不是原创性政策制定者，也不是简单的政策执行（转发）者，而是转换性执行者。

（2）研究动态。从学术史的角度来说，对县级政治的研究经历了一个从宏观总体把握到微观具体考察、从静态结构分析到动态过程研究、从外在环境条件到内在机制逻辑的发展过程。之后的县级政治研究，需要深入到其内部更具体地分析其运作的机制和逻辑，探讨"行动中的政府"，相应地，政府过程的方法、日常政治的研究方法会更适合。政策转换是县级政府将上级政策结合县域实际创造性转化的过程，是县级政策过程的核心环节。政策转换环节的研究既体现了学术发展的内在逻辑，也是既有研究较为薄弱的领域。深化对县级政策过程的研究，对政策转换环节的专题性研究无法回避。

三、研究思路和方法

（一）理论基础：政治系统论和政府过程理论

政治系统论把政府视为具有自主性的独立变量，把政治过程分解为输入、转换、输出三个基本环节，其中转换是核心环节（见图0-1）。政治系统理论对于县级政府政策转换的研究具有非常重要的理论启发意义。我们可以从政治系统的角度把县级政治视为一个相对独立的政治系统，上级政策、县域政治生态、县域经济社会文化条件、县域需求均可以视为县级政治系统的"输入性要素"，但要注意，一旦采取这种视角，上级政策就仅仅是"输入性要素"之一，而不是唯一要素；以县委常委会为核心的县级领导集体则是该政治系统"转换"的核心能动者，在转换过程中，它们不仅要考虑如何执行上级政策，更要考虑如何把上级政策和县域其他输入性要素结合在一起，因而，转换后的上级政策实际上已经包含了它们相对独立的政治意志、政策意图；转换环节既是执行上级政策的环节，也是上级政策再阐释、再结合的环节，实际上可以视为广义的县级政策制定的一个重要组成部分。

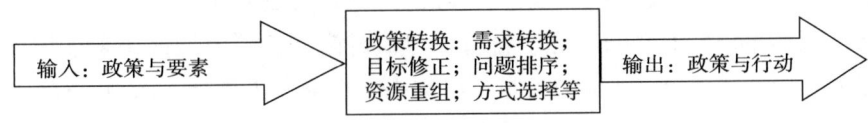

图 0-1　政治过程

政府过程理论重点研究"行动中的政府",着力发现"政府是什么"。政府过程理论认为,"任何实际运行中的政府,都不仅是一种体制,一个体系,而且是一个过程"①,因而致力于从过程的角度研究"动态的政府"。政府过程理论着重从"政策流"的角度来理解政府运行各环节:政府过程的开端是意见表达和意见综合,政府过程的核心环节是政府决策过程,政府过程的末端环节是政策的执行和反馈。② 政府过程的研究视角有助于深入考察县级政府政策转换环节的"能动者"及其关系。

本书把"县域政策转换"视为县域政治系统的核心,也是动态县级政府过程的核心环节,从而通过政府系统和政府过程的双重视角来透视"政策转换"环节。

(二) 研究思路

本书主要集中于"运行性政策",通过县域治理中的权力配置、干部选拔任用、财政资源分配、政绩考核与激励、官员教育,以及县委常委会如何决策、县级政府如何开会等专题性研究,理解县级政府如何把上级政策转换为县域性意志和行动。

(三) 研究方法

本书主要依据长期的参与性观察提出研究假设,通过实证案例进行理论验证。

本书主要依靠笔者获取的诸多一手资料进行研究。笔者借助在县乡工作的契机,在参与性观察、资料积累方面具备非常难得的机会,有机会直接介

---

① 朱光磊. 当代中国政府过程(修订版)[M]. 天津:天津人民出版社,2002:1.
② 朱光磊. 当代中国政府过程(修订版)[M]. 天津:天津人民出版社,2002;胡伟. 政府过程[M]. 杭州:浙江人民出版社,1998.

入县级决策中枢的运行,可以自主调研,自由查阅各种政府档案。获取一手资料的途径主要包括:第一,参与式观察。笔者在县乡工作多年,熟悉县乡运行,也熟悉县乡干部的心态、言行、习惯。第二,深度访谈。累计访谈县处级领导、科级领导、普通公务员、村支书、群众、人大代表等共37人。第三,政府档案,主要是A县县委办、政府办档案室收藏文件。第四,地方志,主要包括A县地方志(1978~2008年);A县年鉴(2003~2012年)、A县执政纪要(2011~2018年)、A县统计年鉴(2008~2014年)。遗憾的是,虽然在案例县调研多次,但是一些对于课题研究比较重要的资料、数据难以获得,有时即使获得数据,资料也难以甄别真假。

案例分析法是本书采用的基础分析方法,主要选择笔者工作过的A县为基础案例。笔者在该县具有人际基础,对该县比较熟悉。本书课题立项后,笔者又多次深入到案例县展开多层次、多角度、多批次调研,积累感性认知和电子版、纸质版资料,并形成基本思路。

本书采用的研究方法主要是日常政治的分析方法,即借鉴人类学、社会学常用的日常生活研究,用于县域政策转换研究中,首先把县域治理的精英(主要是县委常委和副县级以上领导干部)视为常人,然后从常人的角度去记录、理解其言行背后隐含的思想倾向和意图。[①]

四、概念梳理

(一) 概念界定和辨析

政策转换有两种含义:一是历时性的政策变更和调整,如控制人口生育政策向鼓励人口生育政策的转换;二是垂直性的,省、市、县贯彻中央政策时结合自身区情、需要的具体化和变通。本书中的"政策转换"特指第二种含义。县级政策制定的主要内容是将中央、省、市的各项政策结合县域实情和需要转换为县级政策(体现为县级红头文件);县级政策执行公开或隐蔽的前置环节也是对上级政策的本土性转换。县级政府政策转换是县级政府将上级政策结合县域实际创造性转化的过程,是县级政策过程的

[①] 有关"日常政治"分析方法的讨论,参见:樊红敏.县域政治:权力实践与日常秩序[M].北京:中国社会科学出版社,2008:10-29.

核心环节。

（二）两种政策类型：运行性政策与功能性政策

现有对县级政府政策执行的研究基本都集中在功能性政策领域，这本身是一个极大的缺憾。研究上级政府各项运行性政策在县一级的实施及其与政策预期的耦合度更有学术价值。这也是本书深入挖掘的领域之一。

本书中所讲的政策是广义的政策概念，既包含元政策（如有关县级政府权力配置、财政资源分配、决策程序的政策）、基本政策（如维稳、经济发展、环保等领域的政策），也包含具体政策（如节能减排、信访考核等）。① 本书所涉及的政策主要包含两大类：第一类涉及县级政府自身运行的政策，包括权力配置政策、财政资源配置政策、干部选拔任用政策、政绩考核政策、廉政政策、政治教育政策六类；第二类是涉及县级政府基本政府功能履行的政策，包括维护社会稳定、经济发展、改革、民生、环保、计划生育六类。简言之，运行性政策旨在"理人"，目的是规范、激励和监督作为"代理人"的县级政府，功能性政策旨在"做事"。

很显然，每一类政策都是一个政策组合，而不是一个单一的政策，同一类型内部不同具体政策的相互冲突、抵消也是屡见不鲜的；每一类政策的主导者都是包含中央、省、市在内的上级政府，中央政府、省级政府在政策制定中起决定性作用，地市政府主要是政策的"上传下达"，但在县级政府政策实施监督、政绩考核、干部选拔任用环节起决定性作用；作为政策输出（执行）终端的县级政府也绝不是完全消极被动的政策执行机器，它总是按照自己的利益、偏好、县情来重新诠释上级政策，并转换性执行。这里讲的"政策转换"强调县级政府决策层核心行动者（书记、县长、分管副职、部门负责人等）对上级政策的有意识的再选择、再诠释、再过滤，不包括"街头官僚"（如城管等行政执法人员）政策执行中的偏离或违法。

首先，元政策对政府运作和政策执行的影响更大。"元政策即指制定政策的政策，它强调的是规范与引导政策制定行为本身的准则和指南。元政策决定着哪些组织和个人按照怎样的程序、依据什么样的原则、采用什么

---

① 有关元政策、基本政策、具体政策的分类，参见：张金马. 公共政策分析：概念、过程、方法 [M]. 北京：人民出版社，2004：44-45.

样的方法制定政策，它涉及整个政策过程和政策系统。"① 元政策的概念实际上是研究者为了更好地理解政策制定主体行为的"研究链条延伸"。一般而言，价值理念性政策（如法治、民主等）、方向导向性政策（全面深化改革、以经济建设为中心等）、运行程序性政策（民主集中制、中国共产党地方委员会工作条例等）、资源配置性政策（权力、财政资源分配）都会深刻影响政策制定主体的行为。

其次，对上级政府而言，县级政府主要是政策执行者，县级政府是中央、省、市各项运行性政策在基层最完整、最系统的"再整合"，县级政府的运行状态在一定程度上是对中央、省、市各项运行性政策设计的"总检验"，县级政府的政策行为，无论是否偏离政策预期，都是中央、省、市各项运行性政策设计在实践中的"溢出"。

最后，县级政府对中央、省、市政策的转换，不仅是功能性政策的转换，而且是县级政府主要政策行动者首先结合上级政策要求、所处县情、自身利益判断、作用空间，对中央、省、市各项运行性政策设计的转换和再整合，通过权力、资源、工具的重组，实现从政策性规则向行动性规则的再规则化，从而确保自身权力最大化、利益最大化、行动自由最大化。

（三）政策转换的类型

（1）正式文本转换，又具体分为两类：照本宣科文本再生产，如政治教育类的政策执行；有实质性变动（目标、规则、标准等）的政策选择性再阐释，如政务公开、"三公"经费执行。

（2）集体默契性政策转换。例如，在干部提拔上，县域内部有一个心照不宣的集体性默契的"土政策"，即县委书记的秘书、副书记的秘书、县委值班（或事务）秘书、县长秘书、副县长秘书、县政府值班（事务）秘书跟随领导几年之后，只要工作上不出大问题且懂事（在个人关系上），一般都会安排到县内各局、委、办担任一个副科级职务。这明显是有违《党政领导干部选拔任用条例》的②，但是普遍通行于县域治理之中。领导之间心照不宣，相互关照；秘书之间相互比较；领导和秘书之间构成忠诚服务的动力和回报。

（3）实质性行动转换。县级政府是政策执行最重要的基层主体。更多

---

① 张金马. 公共政策分析：概念 过程 方法 [M]. 北京：人民出版社，2004：44.
② 因为县域之内，副科级领导干部归县委组织部管理。

的时候，县级政府既无意也不可能完全按照上级政策意图执行，但是出于政治压力、策略等多方面因素考虑，选择只做不说，用有所为、有所不为的行动来诠释其对政策执行的真实想法。环保政策执行就是典型。绿色发展、生态保护是中央三令五申的基本政策，但是具体到县级，环境保护和经济发展之间的矛盾很具体，涉及一个企业的存亡、一个项目的上马与否，甚至一个县域产业群的兴衰；在有限的任期内，环境保护政策执行严格与否很难见效，但是由此影响的经济发展却可能是立竿见影的。两相对比，环境保护政策执行信誓旦旦，但是一旦涉及环境保护和经济发展的冲突，则在行动上牺牲环境、倾力短期发展成为大多数县域主政者的不二选择。

第Ⅰ部分

县域治理现代化：历史与现实的考察

第一章 县域治理变革的历史脉络与逻辑

县是中国政制的基础,县治是中国国家治理的基石。在我们国家的组织结构和治理体系中,县一级处在承上启下的关键环节,是我国国家治理、经济社会发展的基础性单元,也是决定"四个全面"的战略布局能否得到全面有效落实的关键环节。近年来,县域治理、发展过程中暴露出了很多深层次的问题和矛盾,引起政策层、学术界、媒体圈各方面的高度关注。自秦代以来,县一直是我国最为稳定的基础性区划,县域治理模式亦高度稳定,直至晚清"面临三千未有之大变局",县域治理开始发生翻天覆地的巨大变革。系统地回顾晚清以来县域治理的变革,有利于从历史和比较的角度审视中国县域治理的变迁逻辑、县域治理的阶段性进步和新形势下的危机转化、中国县域治理变迁脉络的独特性,以及县域治理变革中国道路的必然性。本章分为三部分:①建构县域治理纵向历史比较的理论分析框架,从国家(上级政府)、县域领导群体、县域社会三个层次互动的视角来理解县域治理的历时性变革;②纵向比较晚清时期、民国时期、中华人民共和国成立初期、改革开放以来四个时期的县域治理,归纳出四种县域治理模式、四种不同性质的县域治理关系、四种伴随形势而生的县域治理危机;③揭示中国县域治理变迁脉络、变革方向的独特性、县域治理中国道路的必然性。

一、县域治理比较的理论框架

单纯从西方地方自治、法治化分权的理论视角,或者简单从中国"编户齐民"的传统视角,均难以透彻地把握近现代中国县域治理变革的基本脉络及其独特性、复杂性。本书在理解近现代中国县域治理变革的历史和现实时,以马克思的地方自治理论为指导,结合部分学者的观点,提出

治理现代化背景下的县级政府政策转换

"三层互动"的县域治理比较框架,并用以分析近代以来中国县域治理的变革,为更好地理解县域治理变革的未来、更好地理解县级政策转换的背景和逻辑奠定基础。

(一) 县域治理比较的分析框架:理论渊源

(1) 马克思主义的地方自治理论。马克思、恩格斯、列宁都曾经专门论述过"地方自治"问题。马克思高度评价了巴黎公社的自治制度,把它看作推进无产阶级革命的有力武器之一,明确指出:"公社的存在自然而然会带来地方自治,但这种地方自治已经不是用来对抗现在已被废弃的国家政权的东西了。"① 公社的地方自治"是一个高度灵活的政治形式","实质上是工人阶级的政府","公社给共和国奠定了真正民生制度的基础"②。恩格斯晚年在重新总结法国大革命经验时,阐明了在无产阶级专政条件下实行地方自治的必要性,指出:"在整个革命时期,直到雾月十八日政变时止,各省、各区和各乡镇的管理机构都是由人民选出而可以在全国法律范围内完全自由行动的政权机关组成的;这种和美国类似的地方和省区自治制,正是革命的最强有力的杠杆。……地方的和省区的自治制虽然不与政治的和民族的中央集权制相抵触,然而它也并不一定与狭隘的县区的或乡镇的利己主义联在一起。"③恩格斯在批判1891年德国社会民主党的爱尔福特纲领草案时,进一步对地方自治与无产阶级专政的关系做了明确的论述:"从1792年到1798年,法国的每个省、每个市镇,都有美国式的完全的自治权,这是我们也应该有的……省(或州)、县和市镇通过由普选权选出的官吏实行完全的自治;取消由国家任命的一切地方和省的政权机关。"问题不在于无产阶级专政的国家要不要地方自治这种政治制度形式,而在于"应当怎样组织自治和怎样才可以不要官僚制"④。列宁坚持并发展了马克思、恩格斯关于地方自治的理论。列宁在《国家与革命》中提出:"在恩格斯看来,集中制丝毫不排斥广泛的地方自治,只要'公社'和省自愿坚持

---

① 马克思,恩格斯. 马克思恩格斯选集(第2卷)[M]. 北京:人民出版社,1972:377.
② 马克思,恩格斯. 马克思恩格斯选集(第2卷)[M]. 北京:人民出版社,1972:377-378.
③ 马克思,恩格斯. 马克思恩格斯选集(第1卷)[M]. 北京:人民出版社,1995:390-391.
④ 马克思,恩格斯. 马克思恩格斯全集(第22卷)[M]. 北京:人民出版社,1963:276-277.

第一章　县域治理变革的历史脉络与逻辑

国家的统一，这种地方自治就一定可以消除任何官僚制度和任何自上而下的'命令主义'。"① 列宁认为，社会主义的国家治理中应该实行广泛而真实的地方自治，"至于自治，马克思主义者所维护的并不是自治'权'而是自治本身，把它当作具有复杂民族成分和极不相同的地理等等条件的民主国家的一般普遍原则"②。马克思主义革命导师有关地方自治的论述中包含以下要点：地方自治不等同于资产阶级专政的政治制度，也不是资本主义的专利；应该把实行广泛的地方自治与建立无产阶级的民主国家联系起来，在坚持国家统一、保证中央政令权威的基础上，使各地方享有广泛的自主权，尤其是在国情复杂、发展高度不平衡的超大型社会；社会主义的地方自治有利于消除官僚制度和"命令主义"，也有利于更好地实行民主集中制。马克思主义经典作家的论述为我们今天的国家治理现代化进程中如何发展中国特色的社会主义地方自治提供了理论指导。

（2）中国政治的"三层分析"视角。在国家和市民社会的两层分析框架之外，崔之元提出了中国政治的"三层"分析视角，即从"上层"（中央政府）、"中层"（地方政府和新兴资本大户）和"下层"（普通老百姓）三方互动的角度来理解和分析中国的治理，尤其是地方治理。崔之元（1998）认为，从亚里士多德到马基亚维利的混合宪法思想，是"三层分析"法的历史来源，卢梭的人民主权思想将"三层分析"法置于现代民主理论的基础之上，"三层分析"既适用于西方，也适用于中国。③ 如果说在行政一体化时期，"三层分析"法有些勉强的话，那么，随着改革开放以来中央—地方关系的调整，地方政府已经具备相当的自主性，有空间、有动力（利益），也有能力按照自身的意志和逻辑行动。④ "三层分析"的方法更贴近政治运行实际。

（3）以"县"为中观分析单位的分析角度。杨雪冬（2006）认为，县是中国政治行政体制中最完整的制度单位，位于国家与社会的交接面上，县在整个政治体制中扮演着起承转合的角色，不仅能够比较全面地反映出整个体制的运行和变迁，而且能够较集中地体现出国家与社会的互动。把县作为一个中观分析单位，有助于把对制度的结构性分析与制度运行的能

---

① 列宁. 列宁选集（第3卷）[M]. 北京：人民出版社，1960：233.
② 列宁. 列宁选集（第2卷）[M]. 北京：人民出版社，1960：553.
③ 崔之元. "混合宪法"与对中国政治的"三层分析"[A]//荣敬本等. 从压力型体制向民主合作体制的转变——县乡两级政治体制改革[C]. 北京：中央编译出版社，1998：183-198.
④ 何显明. 市场化进程中的地方政府行为逻辑[M]. 北京：人民出版社，2008.

治理现代化背景下的县级政府政策转换

动性分析有机地结合起来。①

综合以上理论渊源,在建构中国县域治理纵向历时性比较的理论分析框架时,把县视为国家与社会、行政与自治、城市与乡村、"治官"与"治民"最主要的交接互动面,县(政治能动者)本身亦是具有独立的利益、意志和行动逻辑的行为主体,从中央政府(包含省—市的政策传递)、县级政府、县域社会三个层次互动的角度来梳理晚清以来县域治理的变迁,发现中国县域治理的独特性。

(二)比较的维度

从中央政府(包含省—市的政策传递)、县级政府、县域社会三个层次互动的角度来分析县域治理,需要明确互动各方的核心关注点,也就是比较的维度。

1. 中央政府的核心关注点

第一,财政汲取与政策贯彻能力。周庆智(2014)认为,自清末到民国以至中华人民共和国成立后的中国县域治理现代化一直致力于两大功能建构:一是(经济资源)财政汲取能力,二是(政治资源)社会控制和动员能力。② 可以说,在中国实现大规模工业化以前,农业税赋一直是各级政府财政必不可少的组成部分,晚清、民国如此,中华人民共和国成立后到20世纪90年代,农村在贡献税赋之外,还要额外承担城市化、工业化原始积累的义务,财政汲取能力自然更是中央政府施政的核心关注点;21世纪以来,中国进入工业化中期阶段,城乡差距拉大,国家财政主要依靠工商业税收和土地相关收入,农业税赋对国家财政的贡献度已经很低,开始全面取消农业税赋,大规模推进公共服务均等化,中央政策转向"以城带乡""以工补农"的阶段,这时对财政汲取能力的关注度减弱,对政策贯彻能力的关注度上升。

第二,社会控制能力与社会活力。中国是一个发展高度不平衡的超大型社会,保证国家统一和中央权威向来被摆在最优先的位置,县作为国家与社会、行政与自治、城市与乡村、"治官"与"治民"最主要的交接互动

---

① 杨雪冬. 论县:对一个中观分析单位的分析 [A]. 林尚立. 权利、责任与国家 [M]. 上海:上海人民出版社,2006.

② 周庆智. 县政治理:权威、资源、秩序 [M]. 北京:中国社会科学出版社,2014.

面,"国家上层与地方基层、中央领导与地方治理、权力运作与权力监控的'接点'部位"①,县级政府的社会控制—动员能力直接体现了中央政府的社会控制—动员能力。晚清一直到20世纪70年代末,中央政府一直高度重视县级政府的社会控制—动员能力,这是财政汲取、原始积累、政令畅通的必然要求;改革开放以来,中央政府越来越重视县域社会活力,认为县域社会活力是整体社会活力、创造力的基础,强调以市场为主导配置资源,强调社会建设,重视新农村建设。不同之处在于,在县域社会控制—动员方面,中央及各级政府已经具有较为成熟的制度化模式和丰富的经验,而如何激发县域社会活力、如何在县域社会控制与县域社会活力之间保持平衡,虽然中央政府的关注度持续上升,但迄今为止,在制度建构、政策导向、经验积累上仍然比较欠缺,这也是县域治理的新难题。

第三,县级代理人监控。作为单一制国家,县级政府的权力来源于中央政府的授权,中央政府委托县级政府管理县域社会,中央政府与县级政府之间是委托—代理关系。从中央政府的角度而言,县级代理人监控的难点在于:首先,作为一个国情复杂的国家,必须赋予县级政府必要的自主行动空间,但如何在赋予其自主行动权力的同时保持对其的监督控制是中央政府要解决的问题。其次,监督控制的有效性问题。权力不等于能力,虽然人事权牢牢掌控在中央政府手中,但是受制于信息、时间、成本、行政链条等支持性因素,中央政府对县级政府的监督经常性缺位。最后,如何引导县级政治能动者在政策贯彻、县域民众、自身利益三者之间保持动态平衡和良性循环,避免政令不畅、代理变异和狭隘的地方主义。在中国的县域治理变迁中,对县级代理人的监督—控制一直是一个没有彻底解决的难题,也是令历朝历代的统治者、中央政府倍加头疼的问题。如杜赞奇等(2009)所言:"中国改革开放政策实行至今,面对的最迫切的问题是:如何创建出一套新的制度,既能保持地方的活力,规范其越轨行为,但又不会让社会和本地社区付出代价;如何制定出一套法治机制,既能维系地方的社区伦理,又实际可行;如何能协调好中央与地方的关系,达致彼此真正的沟通。我要强调的是,提高透明度与问责性,是中国各级政府当下首要的任务,只有建立起一套既对最高政权机关也对本地民众负责的地方

---

① 徐勇."接点政治":农村群体性事件的县域分析——一个分析框架及以若干个案为例[J].华中师范大学学报(人文社会科学版),2009(6):2-7.

治理现代化背景下的县级政府政策转换

调节机制，中国才不会重蹈民国时期的覆辙。"①

2. 县域领导群体的核心关注点

考察县域领导群体的核心关注点，首先需要明确该群体的范围界定。从政治能动者的角度而言，县域领导群体大致分为以下几个层次：第一个层次是县域领导群体的核心——县委书记；第二个层次是以县长为首的县委常委，一般也需要包含非常委的县人大主任、县政协主席，他们虽非常委，但代表县人大、县政协，人数一般在9~15人；第三个层次是副县级以上领导干部，包括县委、县政府、县人大、县政协副职领导，县检察院、县法院正职领导，人数一般在30~50人，副县级以上领导管理权限在市委组织部；第四个层次是县域内正科级以上领导干部，人数在100~150人；第五个层次是副科级以上领导干部，人数在300~500人，正科级、副科级领导干部归县委组织部管理。一般而言，副科级以上才能归属到县域领导群体。县域领导群体内部虽然界限分明，但是他们具有"共同的利益、制度性约束，面临来自上级部门和老百姓的双重压力，县乡领导干部共同的习性和团体精神比内部冲突和狭隘观念要重要得多，制度环境使得县乡领导必须进行战略性合作或合谋"②。县域领导群体是县级政策转换的"主要行动者"。

第一，行动自主性。即县域领导群体是否具备足够的空间、资源、权力和能力去完成任务目标。相对于上级政府而言，县级政府权力小、责任大、资源少可能是一个大体的事实，但是事实的另一面是，县域领导群体永远不会满足于既有的空间、资源、权力，永远在利用每一个可能的机会去拓展自主行动空间、汲取资源、扩张权力。改革开放以来的政策导向最大限度地赋予了县级领导群体行动的自主性和创造性，"在每一个级别上——省、市、县、乡镇和单位——领导人都被给予了采取创造性行动的强烈刺激，在保持总体政治稳定的同时去实现本地的快速增长"③。换言之，除了政治忠诚、社会稳定这些"硬底线"不可触碰之外，县域领导群体获得空前的行动自主性。

第二，县域领导群体利益。县域领导群体是公共领导者，但他们也是

---

① 杜赞奇，程美宝. 从历史和比较的观点看中国改革[J]. 开放时代，2009 (8)：132-139.
② [德] 托马斯·海贝勒，舒耕德. 作为战略群体的县乡干部——透视中国地方政府战略能动性的一种新方法[A]//托马斯·海贝勒，舒耕德，杨雪冬. "主动的地方政治"：作为战略群体的县乡干部[M]. 北京：中央编译出版社，2013：44.
③ [美] 李侃如. 治理中国：从革命到改革[M]. 北京：中国社会科学出版社，2010：205.

第一章 县域治理变革的历史脉络与逻辑

有血有肉有欲有情的政治理性人，拥有正常的价值偏好、利益追求。县域领导群体的利益主要体现在三点：首先是职位安全，远离政治"高压线"；其次是职务晋升激励；最后是职务利益，主要指合法的灰色利益，如用车特权、奖金补贴、公款消费送礼等方面。① 县域领导群体在职位安全、职务利益方面往往具有高度的群体一致性，但工作经历及职务晋升的激烈竞争又往往把他们分裂成不同的派系。

第三，双重委托—代理责任的平衡。县域领导群体同时具有双重身份：首先，他们是接受上级政府委托和监督的代理人，负责执行上级政府制定的政策、完成上级政府交办的任务；其次，他们又是经过县党代会、县人代会、县政协会等正式程序合法选举产生或任命的县域领导干部，要对县党代会、县人代会负责，并汇报工作，接受监督。上级政策与地方利益之间有时存在的不一致既是县域领导群体的苦恼所在，也是其左右逢源、上下周旋的空间所在。

3. 县域社会的核心关注点

县域社会是碎片化的，但仍然具有作为一个"存在实体"的共同利益，主要体现为以下三点：公共服务供给；代理人监控；权利保护和实现。

第一，公共服务供给。县处于国家与社会、"治官"与"治民"的交接点上，与省、市以政策传递为主不同，县级政府的不同部门直接面向社会、面向公众提供基本覆盖居民生活每个环节、每个领域的基础性公共服务，县级政府的服务能力、服务态度直接决定了县域内公共服务的质量、数量和可及性，与县域内居民生活质量息息相关。可以说，检验服务型政府建设成效的主要环节就是县级政府。迄今为止，县域社会虽然高度关注县级政府公共服务供给状况，但是县域社会在公共服务供给决策过程中的参与仍然非常不足。

第二，代理人监控。县级政权是经过党代会、人代会、政协会、妇代会、团代会等法定程序选举产生的公权机构，与县域社会形成委托—代理关系，代表县域社会利益并对县域社会负责，直接或间接接受县域公众的监督。虽然县域社会越来越关注代理人监控问题，监督的主动性、积极性、

---

① 除此之外，还有一些不符合党规国法，但游走于法律边缘的利益，例如按照中国的传统，逢年过节、婚丧嫁娶都要送礼，对领导尤其如此。县域领导群体的成员逢年过节都会有一定的礼物进出（烟酒特产、营养品、电子产品等），单次主要是联络感情、表达心意，不一定价格高昂，但是积累起来也价值不菲。对这种迎来送往，现阶段纪委和检察院一般不会单独立案。

组织潜力空前高涨,但现阶段的制度结构安排中,仍然比较侧重"权力→社会"的社会控制和动员功能,相对忽略"社会→权力"的利益表达和监督功能。

第三,权利保护和实现。宪法赋予了民众广泛的政治、经济、社会、文化权利,在县域,治理、发展的特征决定了县域居民权利的维护和实现与县域治理、发展紧密联系在一起。① 县域治理、发展中的征地拆迁、资源(耕地、矿产、山水林等)纠纷、城镇管理、交通营运、劳资纠纷、环境污染、行政执法等诸多事项都直接关系到县域居民的权利保护问题,也是县域社会权利保护的"易燃点"。近年来,公众权利意识越来越强,对现阶段县域治理、县域发展、县域维稳的理念和模式提出了更高的挑战和要求。

(三)"三层互动"的县域治理比较框架

"三层互动"的县域治理比较框架如表 1-1、图 1-1 所示。

表 1-1 "三层互动"的县域治理比较框架

主体	国家(上级政府)			县域领导群体			县域社会		
关注点	财政汲取—政策贯彻	社会控制—社会活力	代理人监控	行动自主性	战略性群体利益	双重责任的平衡	公共服务供给	代理人监控	权利保护与组织

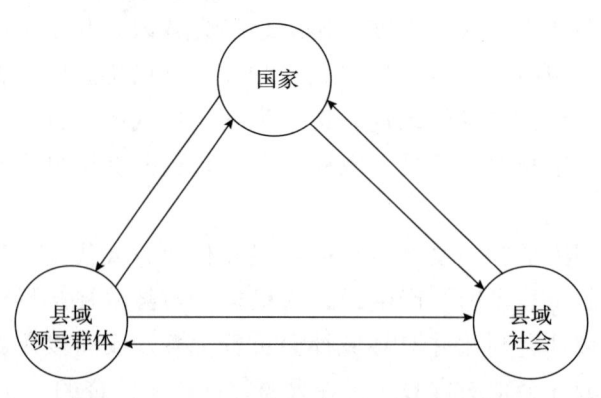

图 1-1 "三层互动"的县域治理比较框架

---

① 与权利有关的群体性事件绝大多数都发生在县域范围内,以 C 省为例,2011 年 C 省共发生各类群体性事件 1191 起,其中 796 起发生在县域范围内,占全部群体性事件的 66.83%。参见:尧超. 县域群体性事件特点观察[J]. 人民论坛,2014(8).

二、县域治理变迁的历史脉络

近代以来,晚清时期、民国时期、中华人民共和国成立初期(1949~1978年)及改革开放以来构成县域治理变迁相对独立的四个阶段,每个阶段县域治理的模式、治理主体间关系、所面临的危机均有所不同。

(一) 晚清时期的县域治理:官—绅合作模式

晚清时期的县域治理延续秦代以来皇权专制时期县域治理的主要特征并更加成熟,故晚清时期的县域治理完全可以说明整个帝制时期的县域治理模式。简言之,晚清的县域治理是基于传统规则的官—绅合作模式,即正式官僚机构的设置到县一级为止,县级以下实行"自治"。

1. 晚清时期县域治理的基本特征

(1) 县级官僚机构设置及职能。晚清时期,县衙机构、人员、职能的主要依据是《清会典》《吏部处分则例》和《钦颁州县事宜》。县域治理的主要职能是征税纳粮、教化百姓、听讼断狱、劝民农桑、灾荒赈济、兴学与科举。县域治理的主要官员是知县、县丞、主簿、典吏,均由吏部铨选,皇帝任命。县域治理实行知县负责制,行政、司法、军事、教化、科举等权力悉归知县掌握,县丞、主簿、典吏按照分工辅佐知县。县衙设置吏、户、礼、兵、刑、工"六房",皂班、壮班、快班"三班",负责县域治理的日常行政事务。"六房""三班"人员都不在朝廷正式编制之内,无固定俸禄,由知县根据县域行政事务需要和财政能力自行"辟除"。"六房""三班"吏役掌握办事实权,但报酬极低,主要依靠灰色收入生活。

(2) "编户齐民"是财政汲取和社会控制的基础。所谓"编户齐民",即除极少数特权贵族和贱民之外,绝大多数百姓都要编入政府户籍,登记姓名、年龄、职业、土地等情况,不登记是违法的。"编户齐民"下的农民不得随意迁徙,理论上人身权和财产权都依附于皇帝恩赐,对皇权专制国家承担赋税(田赋和人头税)、徭役、兵役等义务。"编户齐民"是帝制时期县域治理的本质。所谓的"皇权止于县"主要是指正式官僚机构的设置,而不是权力的延伸,即使正式官僚机构的设置也主要是农业社会官僚机构的统治能力、统治成本约束所致,并非专制逻辑本性使然。

(3) 县以下的"乡绅"治理。县域内的治理结构可以区分为两个性质

治理现代化背景下的县级政府政策转换

根本不同的部分：一是自上而下的正式官制系统。二是自下而上的乡村自治系统，即由族长、乡绅或地方名流作为本地内生性权威主导乡村治理。① 他们并不经由官方授权，也不具有官方身份，他们的治理权威主要依靠宗族、神祇、祖先、行会、村民、中人等"权力的文化网络"。② 他们对内德业相劝、化解纠纷、维持秩序、组织乡村公益，对外与正式官僚机构合作，组织地方征粮纳税、徭役兵役、乡村教化等政府委托事宜。只要能够完成县衙委托的任务，官僚机构并不过多干预乡村内部事务，为了节约治理成本，也有意无意地强化地方乡绅的治理权威。不过，"所谓乡村自治，不过是乡绅之治"，③"自治权"并非属于农民。这种自治是皇权专制统治之下、"编户齐民"统治基础之上的自治，是宗法制度和保甲制度的有机结合，具有行政权和自治权并存的二元性特征。④

2. "三层互动"的县域治理比较框架的透视

以上从正式官僚机构、"编户齐民"、乡绅治理三个方面概括了晚清时期县域治理的基本特征。现在根据"三层互动"的县域治理比较框架来进一步透视晚清时期的县域治理。

（1）"关注点"角度的分析。①中央政府的角度。一方面，"编户齐民"奠定了财政汲取和社会控制的基础，有组织的体系化强制难以抗拒；另一方面，社会是刻意原子化的，缺乏对抗有组织强制的能力。故而，在绝大多数帝制时期，源于国家的财政汲取、社会控制都不是问题，真正的问题在于这种强大汲取—控制能力缺乏外在制衡，主要依靠官僚机构的自律，一般情况下，"自我扩张"的惯性力量远大于自我约束的力量，一旦达到了传统社会的生存极限，过度的财政汲取和社会控制就会把民众推向联合造反的另一个极端，从而造成了一轮一轮的"治乱循环"。与面向县域社会的财政汲取—社会控制相比，中央政府对县级代理人的监控难题一直没有取得很好的效果，在忠诚、廉洁、为民三个方面都难以有效约束和引导县级官吏行为，县级官吏的贪腐、横征暴敛根深蒂固、绵延不绝。帝制时

---

① 王先明. 近代乡绅[M]. 天津：天津人民出版社，1997：2；张静. 基层政权——乡镇制度诸问题[M]. 杭州：浙江人民出版社，2000：18-19.
② [美]杜赞奇. 文化、权力与国家：1900-1942年的华北农村[M]. 王福明译. 南京：江苏人民出版社，2010.
③ 姚洋. 自由、公正和制度变迁[M]. 郑州：河南人民出版社，2002：67.
④ 汪玮. 中国乡镇治理的变迁逻辑和发展路径[J]. 中共宁波市委党校学报，2015（6）：79.

期，如果勉强说还有一定社会活力的话，那也不是刻意为之的结果，而是官僚体制难以克服的统治技术"瓶颈"所遗漏的"飞地"。②县域领导群体的角度。知县集行政、财政、司法、军事、教化等权力于一身，上级政府的监控尚处于比较粗疏的阶段，知县具有高度的行动自主性；对知县行动的制约主要来源于他不得不依靠的"六房""三班"的地方性属吏，以及主导乡村治理的豪绅大户（他们很多与朝廷高级官员联系密切，有的本身就是退休的高级官员）。县域治理的"战略性群体"尚未形成，县乡治理的"政治能动者"分化为知县为首的官员、吏、乡绅三部分，他们利益差别很大，但在维系和加强财政汲取—社会控制方面具有共同利益。由于缺乏现代意义上的人民主权和自治理念，县域领导者主要是接受中央政府委托行使"牧民"之责，极少数操守较好的具有"为官一任，造福一方"的辖区责任意识。③县域社会的角度。除治安与灾荒赈济之外，政府几乎不提供任何公共服务，教育、交通、邻里互助主要由乡绅出面组织。普通民众对县级政府毫无监督能力，灾祸及身时的喊冤告状也是寄希望于"青天大老爷"的人性和怜悯，豪绅大户借助自身与权力阶层千丝万缕的私人关系及组织乡村自治的平台，有一定的话语权，但私人性非常强，不是体制化的监督约束力量。民众权益的保护主要依靠县域政治能动者的自我节制，偏离官僚机构控制的"权利自组织"（如帮会）被刻意压制，宗族、行会等辅助官僚机构控制的"权利自组织"会受到鼓励和监控（见表1-2）。

（2）"三层互动"角度的分析。晚清时期的县域治理虽存在一个内生性的以"权力的文化网络"为依托的乡村秩序，但这个秩序主要是由豪绅大户出面组织和主导的，而不是民众基于现代社会权利意识、平等意识、合作意识、契约意识的自组织，普通民众是被组织进来的，与现代西方自治的运行逻辑截然不同。由于缺乏有效的自我组织，普通民众在国家及其县级代理人面前，涣散无力、任人宰割；豪绅大户借助私人与权力阶层的关系及主导乡村自治的平台，具有一定的议价能力。以暴力为依托的"编户齐民"使国家及其县级代理人有效地实现了财政汲取—社会控制，但缺乏有效制衡的权力扩张导致"自我内爆"和"治乱循环"。县域领导权力和责任统归知县，但"双重责任"和"双重监控"更多停留在原则和要求上，国家的监控百疏一密，县域内部有私利之牵制与平衡，无公权之监督；对县域领导者忠诚、廉洁、为民的行为期待更多依靠其自身操守。

表1-2 帝制时期县域治理透视

主体	国家（上级政府）			县域领导群体			县域社会		
关注点	财政汲取—政策贯彻	社会控制—社会活力	代理人监控	行动自主性	战略性群体利益	双重责任的平衡	公共服务供给	代理人监控	权利保护与组织
帝制时期	制度设计最大限度汲取—政策贯彻能力，仅受制于技术"瓶颈"	制度设计地强化社会控制能力，统治技术受制于技术"瓶颈"下的社会活力	制度设计本身存在根本性缺陷，监控能力软弱，过度依靠教育	集多种权力于一身，高度自主，主要受制于属吏和乡绅	分化为官、吏、绅三部分，在财政汲取—社会控制上有共同利益	主要对上级负责，对辖区负责依靠操守	政府供给仅限于治安和赈灾，其余乡村自治供给	普通民众无代理人监控，乡绅依靠私人关系和自治平台，具有议价能力	维权依靠怜悯与恩赐；被组织的民众而不是自组织的民众

第一章 县域治理变革的历史脉络与逻辑

帝制时期官—绅合作的治理模式虽然从今天的视角来看漏洞百出，但自成体系，也具有相应的经济、社会、文化支撑，且在朝代更替"治乱循环"中自我修复。官—绅合作的治理模式的危机是在西方文明外在力量的冲击之下形成的，外因是第一次县域治理危机的主要变量。

（二）民国时期的县域治理：碎片化过渡时期

因应晚清以来县域基层财政汲取—社会控制方面混乱、动荡、瓦解的严峻形势，民国政府采取了双重策略：一方面，推进国家权力自县向乡—村延伸和渗透；另一方面，推进县—乡—村自治。总体上，两种努力并未收到应有效果，民国时期的县域治理是一个碎片化的过渡时期：绵延千年的官—绅合作治理模式及其经济—社会—文化基础被彻底破坏；县域自治在政治理念和法律规范上确立了其正当性但缺乏实质性推进，国家权力强化了在县域社会的延伸和渗透，自治在理念上、规范上的流行与国家权力向乡村的实质性延伸渗透并未形成重塑县域治理的合力和新的县域治理模式，相反，官僚组织恶性膨胀、统治成本上升，传统的"保护型经纪人"沦为"掠夺性经纪人"，"国家政权建设内卷化"①，在贪官—劣绅的双重掠夺下，农村经济凋敝，"在此后近一百年的时间里，中国一直缺乏能定型社会基本制度框架的力量，社会制度缺乏内在的稳定根据"②。县域治理的第二次危机是第一次危机的延续，是新旧更替转型过渡的换挡期危机，是本土根基与外来制度无法有效整合的危机，是在动荡时局中县域治理价值、制度、行动碎片化的危机。

1. 县域自治的推进

1908 年 8 月，清政府在筹备立宪的总体规划方案中即筹划了城镇乡、府厅州县的自治事宜。1909 年 1 月，首先颁布了《城镇乡地方自治章程》和《城镇乡地方自治选举章程》，命令各级官员迅即筹办。《城镇乡地方自治章程》规定：城、镇、乡为地方自治的基层单位，府、州、县所在地 10 万人口以上者设为"区"，城厢以外的市镇、村庄 5 万人口以上者设为"镇"，5 万人以下者设为"乡"，分别建立"自治公所"，选举产生"议事

---

① 杜赞奇. 文化，权力与国家 [M]. 王福明译. 南京：江苏人民出版社，1994：66-68.
② 孙立平. 改革前后中国国际、民间统治精英及民众间互动关系的演变 [J]. 中国社会科学季刊（香港），1994（1）.

会"和"董事会"等机构，负责办理基层公共事务。随后，清政府颁布的《府厅州县地方自治章程》规定：自治内容为负责"地方公益事务"及"以法律或命令委任的国家行政或地方行政事务"；设议事会、参事会，掌议决自治事宜；府厅州县长官掌执行自治事宜。民国初期，1914年袁世凯颁布了《地方自治试行条例》和《施行细则》，1921年徐世昌执政时颁布了《市乡自治制》。1927年国民党建立中央政权后，继续推行县域自治。立法院先后制定了《县自治法》《县组织施行法》《县参议会组织法》《县参议会选举法》四部宪法性法律规范，完善了县域自治的制度。1939年1月26日，国民党五届五中全会通过《改进县以下党政机构案之实施案》。4月，国防最高委员会常务委员会通过《县各级组织纲要》《县各级组织纲要实施办法》。9月19日，国民政府公布《县各级组织纲要》。10月19日，行政院拟订《县各级组织纲要实施办法原则》，规定各省同时普遍实行，至迟应于六年内一律完成。从1940年起，新县制在国民党统治区内普遍推行。《县各级组织纲要》将县确定为"地方自治单位"，推行新县制度的改革。"新县制"改革的要点包括：县为地方自治单位；县拥有独立财政；县域内乡、村各级组织，既是保甲制单位，也是自治单位。按照国民党的官方统计，至1946年底，共有1395个县、市实施了"新县制"，取得了历史上地方自治的最好成绩。

虽然在制度创设上声势浩大，但县域自治的实际推行既不普遍也不真实。截至1946年，在绝大多数自治县，作为自治议决机关的县参议会尚未普遍建立；县长由省政府直接任命，而不是由县参议会间接选举，或由县民直接选举产生；县、乡、村各级自治权力被少数土豪劣绅操控掌握[①]，大多数民众被边缘化。主要原因在于：中央政府推行县域自治的主要目的是加强财政汲取—社会控制能力，县域自治不过是一件漂亮的意识形态"外衣"；民国时期，内战、外战接二连三，局势动荡，中央政府缺乏必要的权威和时间来推行县域自治；现代县域自治缺乏相应的县域内部经济基础、社会力量结构、文化网络支持。

2. 国家权力的延伸和渗透

民国时期县域治理的另一条线索就是国家权力由县向乡—村的延伸和

---

① 陈翰笙在对无锡518个村长中的104个的经济状况调查中发现，其中91.3%为地主，7.7%为富农，1%为小商人。参见：陈翰笙. 现代中国的土地问题[J]. 中国经济，1933（45）.

渗透。帝制时期，秦汉曾实行县、乡两级官制，囿于统治成本，隋唐之后，保甲制作为社会控制手段取代了乡官制，官制体系由乡镇退缩到县一级。晚清直至民国，一方面，战争、赔款、"新政"都增加了财政支出，以农业为主的经济结构决定了乡村农业税赋负担的增加；另一方面，帝国秩序崩溃、中央权威势衰、地方军阀割据。两方面的原因使中央政府对县域基层财政汲取—社会控制的需求大增。晚清以地方自治的形式向下延伸和渗透国家权力，乡镇成为一级行政建制，城镇乡的自治处于地方行政官的监督之下，"清政府企图通过正式认可绅士在地方上的控制，把绅士置于地方官员的控制之下（即把他们的职能正式纳入基层的政府部门），以此来巩固他们的统治"[①]。但"乡镇的官僚化是在民国时期完成的"[②]。1915年，袁世凯宣布取消"乡镇自治"，开始实行区、村两级制，企图把清末地方绅士领导下的非正式组织官僚化、正规化，以此来巩固县级政权。[③] 国民党统治时期，乡（镇）的官僚化在建制上基本完成，国民党强化乡（镇）控制的主要支柱有三：其一，乡（镇）基层政权建设。根据1941年的《乡（镇）组织条例》，乡（镇）正式成为国家基层政权。乡（镇）设立乡（镇）代表会议，为决策和议事机构；设立乡（镇）公所，为办事机构，内设民政、警察、经济、文化四股；乡（镇）的主要职能是编查户口、整理财政、规定地价、设立学校、推进合作，办理警卫、"四权"（选举权、被选举权、监察权、罢免权）、推进卫生、实行造产、开辟交通、实行救恤等。[④]其二，国民党的基层组织建设。效仿苏联共产党，国民党建立了完整的基层组织体系，县设县党部，县以下设立了区党部和区分部的党组织，推动党的组织向基层社会深入渗透。不过，总体而言，国民党的基层党组织建设比其基层政权建设远为滞后，前者始终是后者的附庸和寄生体。[⑤] 其三，强化基层保甲制度。民国初期，受西方以个体为社会组织单位之政治观念的影响，曾废弃了保甲制度。1931年，国民党为强化对"苏区"的围剿，重拾并强化了基层保甲制度。1931年6月首先在江西修水等43县试行；1932年8月

[①] [美]费正清，刘广京. 剑桥中国晚清史（下卷）[M]. 北京：中国社会科学出版社，1993：462-463.

[②][③][④] 周庆智. 县政治理：权威、资源、秩序[M]. 北京：中国社会科学出版社，2014：41，44.

[⑤] 王奇生. 民国时期乡村权力结构的演变[M]//周积明，宋德金. 中国社会史论（下卷）. 武汉：湖北教育出版社，2000：558-587.

颁布《剿匪区各县编查保甲户口条例》，正式开始在豫鄂皖三省红军革命根据地周围地区施行，后来先后扩大到陕西、江苏、甘肃、宁夏、湖南、绥远、福建、浙江、山东、江西、四川等省及北平、南京市；1937 年 2 月由行政院公布经过修正的《保甲条例》在全国推行。

3. 县域治理的"总体性危机"

仅就动机而言，民国时期历届中央政权对县域自治的推行三心二意，对国家权力的延伸和渗透则不遗余力，但目标是一致的，就是强化国家对县域的财政汲取—社会控制能力。可惜事与愿违，民国时期县域治理的"总体性危机"愈演愈烈，终至自下而上地瓦解了国民党的统治。

第一层，权力扩张提高了乡村税赋的压榨力度。国家权力的向下延伸导致机构和人员膨胀，权力扩张所增加的财政收益很大一部分用于抵消官僚机构和管理人员的行政成本。① 据 1942 年的粗略估计，"国民党区一级约需 164612 人，乡镇一级约需 686721 人，保甲约需 12140908 人，三项共计需要 12992241 人。"② 乡镇建制的正式化使官僚机构和雇员猛增，但上层政权缺乏有效的控制、监管手段使之忠诚、廉洁、为民。机构和人员的恶性膨胀在财政紧张与权力扩张之间形成了恶性循环：财政紧张→扩张机构和人员以提高财政汲取能力→机构人员膨胀使行政成本提升，财政更加紧张→强化扩张力度以提高压榨能力……第二层，县、乡、村政权代理人劣质化进一步加大了乡村税赋的压榨力度。杜赞奇（2010）通过对 1900~1942 年华北农村的研究，发现国家持续不断地强化对乡村的榨取，国家与社会的内在冲突越来越激烈，代理难度加大而精神和物质报酬降低，具有正义感的士绅不愿置身其中而选择退出"中介"领域，土豪劣绅的进入填补了这一空白；土豪劣绅的进入使处于国家与社会之间的县、乡、村政权代理人劣质化，保护作用逐渐消失，合谋盘剥成为他们把持公职的主要目

---

① 据于建嵘对民国时期衡山县财政状况的调查，从乡村索取如此多的税负，主要为了支付战争费用和强化县内行政。1929 年，衡山县包括地方自治费、公安费、党务费、财务费等的行政管理费支出银洋 18.7058 万元，占年财政总支出 33.73 万元的 55.44%，其中公安费达 10.42 万元，占行政费总开支的 55.76%。1935~1942 年，行政管理费总支出 190.68 万元，占同期财政总支出的 48.6%，其中党务费支出 4.62 万元，占 2.42%，行政费支出 64.99 万元，占 34.09%，地方自治费支出 27.51 万元，占 14.42%，公安费支出 77.64 万元，占 40.73%，财务费支出 15.92 万元，占 8.34%。参见：于建嵘. 岳村政治：转型期中国乡村政治结构的变迁 [M]. 北京：商务印书馆，2001：210.

② 周庆智. 县政治理：权威、资源、秩序 [M]. 北京：中国社会科学出版社，2014：41.

第一章 县域治理变革的历史脉络与逻辑

的,"保护型经纪人"转变为"赢利型经纪人"①。恶性膨胀的官僚机构和管理人员,县、乡、村政权代理人劣质化,合谋之下,农村税赋负担空前沉重,大量农民破产,乡村经济衰竭,民生凋敝,国家政权内卷化,经济、政治、社会的"总体性危机"最终导致了国民党政权自下而上的崩溃。

4. "三层互动"框架的县域治理透视

以上从县域自治的推进、国家权力的延伸和渗透、县域治理的"总体性危机"三个方面概括了民国时期县域治理的基本特征。现在根据"三层互动"的县域治理比较框架来进一步透视民国时期的县域治理。

(1)"关注点"角度的分析。①中央政府的角度。乡镇的正式官僚化和村的"半官僚化"虽然强化了中央政府的财政汲取能力,但同时亦导致行政管理费用猛增,约占同期赋税收入的一半多;权力在县域范围内向乡村的延伸和渗透并没有同步增强国家对乡村的社会控制能力,时局的动荡混乱、过度的税赋汲取、赢利型经纪人的变本加厉、农民政治观念的新变化都在很大程度上抵消了国家权力渗透的努力,国家权力在扩张,政府权威在瓦解;官僚机构和人员扩张的同时,中央政府对其的监督和控制却非常滞后,政权代理人劣质化空前泛滥,由国家—社会关系的"润滑剂"演变为国家—社会关系的"助燃剂"。②县域领导群体的角度。新旧权威的更新过渡期,县域自治徒具形式,但县长由省政府任免,县域内政治精英占据县参议会的政治平台,不复如前朝之县令大权独揽,县长的权力范围、行动自主性、合法性、权威性都受到较大影响;县域范围内,官、吏、绅的区别淡化,县域政治精英群体开始发育、成型,具有共同利益;县域官员对上、对下的责任意识都较为淡薄,国家与社会都对其缺乏有效的监督、控制,上之监督鞭长莫及,民众缺乏组织亦无力监督,县域官员群体倾向于对己负责,赢利自肥。③县域社会的角度。空前的压榨和公共服务劣质化并行:官僚机构—人员的膨胀、持续的战争和动荡、政权代理人的劣质化,都直接和间接地增加了民众税赋负担,但公共服务供给,如传统的治安和救灾却远不能满足县域社会需要;县域自治沦为县、乡、村土豪劣绅主导的"自治",普通民众缺乏有效的自我组织去参与和监督,基本的安全、生存、发展权利亦得不到保障(见表1-3)。

---

① 杜赞奇. 文化、权力与国家:1900-1942年的华北农村[M]. 王福明译. 南京:江苏人民出版社,2010.

(2)"三层互动"角度的分析。县域自治的推行不仅没有增加民众权利,却使民众深受其害,饱受空前的盘剥,却无合法手段予以反制;国家权力借助自治的外衣在乡、村扩张,虽然短期内强化了财政汲取能力,但政权边际效率下降,社会控制能力降低,国家政权内卷化趋势明显,治理权威的县域社会基础在瓦解;权威的过渡期,也是代理人监督—控制机制的过渡期,县域内部,县、乡、村政治精英游刃于国家—社会之间抱团自利,在助长了国家—社会关系的矛盾的同时,也为自身的毁灭准备了条件。

表1-3 民国时期县域治理透视

主体	国家（上级政府）			县域领导群体			县域社会		
关注点	财政汲取—政策贯彻	社会控制—社会活力	代理人监控	行动自主性	战略性群体利益	双重责任的平衡	公共服务供给	代理人监控	权利保护与组织
民国时期	财政汲取能力短期内强化;政策贯彻能力下降	政治权威的碎片化和过渡转型;社会控制能力下降	弱化	县长自主性收缩,群体自主性增强	群体开始发育、成型;抱团自肥	游刃于国家—社会之间抱团自肥;规避双重责任	非常薄弱,秩序维持、灾害救济亦难以维持	无力监督	缺乏自组织,难以维护自身权益

总体而言,民国时期的县域治理碎片化特征、过渡期的特征非常明显,县域治理呈现多样化状态,并未形成稳定的治理模式,治理主体之间也未形成稳定的关系。不同势力之间的拉锯博弈不仅未形成县域良治的合力,反而加剧了国家、社会之间的冲突,造成了县域治理的"总体性危机",为大革命和大改造准备了政治、社会条件。

(三)中华人民共和国成立初期的县域治理:行政一体化模式

"共产党政权的建立标志着政权'内卷化'扩张的终结"①。中华人民共和国成立以后,1949~1956年在广大县域内部进行了彻底的政治、经济、

---

① 杜赞奇. 文化、权力与国家:1900-1942年的华北农村[M]. 王福明译. 南京:江苏人民出版社,1994:240.

社会改造。在此基础上,1958 年前后以"人民公社"为基础单位,形成了县域治理的"行政一体化模式",党的基层组织、国家基层政权机构、经济组织、社会组织高度合一,行政权力成为贯通上下前后左右的"桥梁",基于行政隶属的命令—服从关系成为县域治理的支配性关系。

1. 县域经济、政治、社会的大改造

"不破不立",县域治理新模式的建立是从彻底摧毁和改造旧的经济、政治、社会、文化结构开始的。

(1) 经济方面。从解放战争一直持续到 1953 年的土地改革,历史上第一次在全社会范围内实现了"耕者有其田",地主、富农作为一个阶层彻底消失。1953 年开始的社会主义改造,农业生产资料经由农业合作化、农业集体化两个阶段实现了统一支配、统一管理,手工业和县域本来就很薄弱的资本主义工商业经由公私合作与和平赎买实现了公有制改造,1956 年底,农业、手工业和资本主义工商业的社会主义改造基本完成,新的社会主义社会经济结构初步形成,成为新时期计划经济的基础。

(2) 政治方面。中国共产党的组织体系及其外围组织(农民协会、妇联、青年团、工会、民兵连等)实现了县、乡、村三个层级的全面覆盖,为新的国家政权基层财政汲取、社会控制、民众组织和动员奠定了坚实的组织基础,也成为县、乡、村各治理层级的领导核心。基层政权建设方面,1954 年一届全国人大审议通过的第一部社会主义性质的《中华人民共和国宪法》正式确立了"乡、民族乡、镇"的行政建制,形成县—乡(镇)两级政权组织;村虽非一级政权组织,但由于村党支部是村级治理的核心、党组织实行下级服从上级的体制,所以村级治理实际上也被完全纳入了正式的国家权力体系。清末以来,中央政权首次借助严密的基层组织建设实现了全面的社会渗透和控制,通过"组织化连接"把一个高度分散的社会重新凝聚起来。

(3) 社会方面。经过土地改革和社会主义改造,原有的以退休官员及其家族成员、地主、族长、秀才、举人等为主的"乡村士绅"阶层彻底消失;新崛起的县、乡、村各级政治精英主要是党和政府的干部、企事业单位的负责人,他们不再扮演国家、社会之间的中介角色,而是直接贯彻执行国家意志;1958 年 1 月,全国人大常委会第 91 次会议通过《中华人民共和国户口登记条例》,该条例的颁布实施标志着身份制度和户籍制度的确立,城乡之间的社会流动、职业变更被严格限制,为政府财政汲取、社会控制、农业剩余的转移提供了制度化基础。

（4）文化方面。借助祖先崇拜、家族和谐等价值、信仰纽带等文化载体维系的"小共同体"的社区"权力文化网络"被强有力地予以破坏和抑制，新的社会主义文化符号体系凭借国家政权的力量被灌输到农村中。

2．"行政一体化"模式的形成与基本特征

中华人民共和国成立初期，政治、经济、社会、文化的全面改造为"行政一体化"县域治理模式奠定了基础；1958年户籍制度和人民公社制度的建立、1966年县—公社革命委员会的成立标志着"行政一体化"县域治理模式的成型。

1958年1月，全国人大常委会第91次会议通过《中华人民共和国户口登记条例》。该条例不仅明确规定了中华人民共和国公民都应当依照条例的规定履行以户为单位的户口登记，还正式确立了户口迁移审批制度和凭证落户制度，并首次以法规形式限制农村人口迁往城镇。1962年公安部出台《关于加强户口管理工作的意见》，将条例精神进一步具体化。上述条例建立了有史以来最严格的人口控制制度，城乡之间的人口流动、职业变更被严格限制，为政府财政汲取、社会控制、农业剩余的转移提供了制度化基础。

1958年8月，中央政治局扩大会议通过了《关于在农村建立人民公社的决议》，决定把各地成立不久的高级农业生产合作社普遍升级为大规模的、政社合一的人民公社。从8月到10月，全国74万个农业生产合作社合并成26000多个人民公社，全国农村基本上实现了人民公社化。人民公社取代乡级政权的基层行政地位，确立起"政社合一"的乡村治理模式。1962年9月，中国共产党第八届中央委员会第十次全体会议通过《农村人民公社工作条例（修正草案）》。该条例第一章第一款明确规定："农村人民公社是政社合一的组织，是我国社会主义社会在农村中的基层单位，又是我国社会主义政权在农村中的基层单位。"人民公社实行"三级所有、队为基础"的管理模式，即公社下设生产大队和生产队两个治理层次，形成"公社—生产大队—生产队"三级治理组织体系，生产资料集体所有，生活资料统一分配，生产活动统一组织，社员必须入社并参加集体劳动。公社体制通过严密的组织控制最终将所有农民转变为按计划行事、按纪律行动的整体性国家计划组织体系的执行单元。

1966年开始，各地县委、县人委与公社党委、管委会在陷入短暂的瘫痪、混乱之后，先后成立县革委会、公社革委会。县革委会、公社革委会实行党的"一元化"领导，党政合一、党经合一、党群合一、党社合一，党政军、经社群（一段时期内甚至包括司法权力）权力高度集中于革委会。在县、公社、大队三级，纵向是高度行政化的"命令—服从"关系，横向县委书记、公社党委书记、大队（支部）书记是权力结构的核心。县革委会、公社革委会的陆续成立使农民彻底政治化、社会彻底国家化，标志着"行政一体化"县域治理模式的成型。

3. "三层互动"框架下的县域治理透视

"行政一体化"的县域治理模式在20世纪50年代末期开始形成，70年代末期开始转型，历时大约20年。虽然时间短暂，但作为一种模式，在国家、县域领导群体、社会三方互动方面特征鲜明。

（1）"关注点"角度的分析。①中央政府的角度。"行政一体化"的县域治理模式的动机就是加强基层社会控制、强化农业剩余积累汲取能力、强化社会动员和组织，应该说，这个政策目标非常成功地得以实现，代价就是县域社会的内在秩序、内在活力被极度压抑。受益于高强度的意识形态教育和"高压力"的政治威慑，县级代理人虽享有很多内部政治—经济的特权，但在忠诚、廉洁方面总体保持不错的形象，至于"为民"，由于政策方向的原因，不易简单评价。②县域领导群体的角度。县、公社、大队三个主要的治理层级的领导干部彻底纳入垂直的行政官僚体系，而且以党为核心，党政军、经社群权力合一，纵向对上行动自主性较低，纵向对下及横向上领导群体的行动自主性非常高。县、公社、大队三个治理层级的领导干部取代传统的乡村士绅，成为县域内新的政治精英群体，成员相对固定，初步形成群体意识、身份意识、边界意识；在特定的政治形势下，该群体的利益在于维护和扩大内部享有的政治—经济特权，以及职位安全。由于行政控制关系纵向到底、横向到边，所以主要是对上负责、执行上级命令，基本不存在双重责任平衡问题。③县域社会的角度。公共服务供给的亮点是基层卫生、基础教育，供给成本低、覆盖面广、可及性高成为该时期基层治理的一个亮点，但最重要的温饱问题一直没有彻底解决。虽有"造反""夺权"的政策倡议，但绝大多数时候民众处于绝对的行政控制之下，主要是履行义务，谈不上权利维护和自组织，也谈不上代理人监控（见表1-4）。

治理现代化背景下的县级政府政策转换

表1-4 县域治理比较的理论框架

主体	国家（上级政府）			县域领导群体			县域社会		
关注点	财政汲取—政策贯彻	社会控制—社会活力	代理人监控	行动自主性	战略性群体利益	双重责任的平衡	公共服务供给	代理人监控	权利保护与实现
1949~1978年	财政汲取—政策贯彻力度空前	高度社会控制，严重缺乏社会活力	内部特权与高压监控并存	对上很低，对下、对内很高	维护内部特权，职位安全	主要是对上负责	基层卫生、基础教育较好	无	主要是履行义务

（2）"三层互动"角度的分析。系统的制度设计使社会国家化、县域领导群体官僚化，行政控制关系纵向到底、横向到边，虽然在汲取农业剩余积累、控制基层社会、动员和组织民众方面力度空前，但县域领导群体介于行政—自治之间的复合性与弹性消失，县域社会的内在活力、内生性秩序、自我组织能力也被严重压抑。

总体来说，清末以来，县域国家—社会关系重建的两条线路，一是"赋权于社会"，推动县域自治，二是加强国家权力的渗透和控制。中华人民共和国成立后，截至1978年的"行政一体化"县域治理模式把第二条路线的潜力发挥到最大。该模式下，对财政汲取能力、社会控制能力、民众组织和动员能力的发掘达到了极限，为中华人民共和国初期的政治—社会稳定、国家动员、城市—工业化建设做出了特有的时代贡献。不过，该模式并非通过新形势下国家—社会再平衡的方式整合国家—社会关系，而是通过国家"吞并"社会，融社会于国家的方式实现了国家—社会关系的阶段性整合，这种模式严重压抑了市场、社会的内在活力，这也是该模式治理危机的深层次来源。

（四）改革开放以来的县域治理：权力支配模式

自1978年开启的改革开放对国家与社会的关系做出了根本性调整，市场、社会获得自主性发育的空间，政府与市场、社会的边界初现，但又保持在"弱市场""弱社会"的涣散状态；县级政权以强势的政府权力为核心元素重组了有限发育的市场和社会，使之焕发活力而不致失去控制，最大限度地引导市场和社会活力为政府目标服务。改革开放 40 多年来，县域经济获得快速发展，县域社会总体稳定，权力支配的县域治理模式功不可没；但随着经济、社会的发展，权力支配县域治理模式的内在局限性日益暴露，县域治理陷入新的合法性、绩效危机，县域治理亟须转换新的模式。

1. 县域市场经济的发展

市场发育的意义在于其在国家和政府之外形成相对独立的资源配置领域，以"行政一体化模式"为起点，县域市场发育的关键是"脱行政化控制"。事实上，县域市场的发育成型得益于政府的"放权"，县域市场深层次发展的障碍也在于政府"放权"不够。市场主体方面：家庭联产承包责任制使农户成为相对独立的生产经营主体；城乡个体户和私营企业一开始就是自负盈亏的微观经济单位；绝大多数乡镇企业拥有较为独立的经营自主权；"政企分开"使县属国有企业享有较大的独立自主性，银行、电力、电信等中央企业虽在县域经营，但独立性更强；国企改革不彻底、市场主体不平等等深层次问题仍然存在，同时出现了政府企业化、权力市场化等新问题。市场机制方面：市场竞争机制、市场供求机制、市场价格机制、市场风险机制、市场监管机制逐步形成，保证了县域市场的稳定运行，但市场机制不到位、不彻底及机制扭曲的问题仍然突出。市场体系方面：一般商品市场、劳动力市场、服务市场发展较好，土地、资本等要素市场发育不完整。市场秩序方面：基本形成了健全的市场主体进入和退出秩序、市场竞争秩序、市场交易秩序，保证了市场经济的持续运行，但权力干预、监管不到位、地域保护等问题仍然存在。简言之，改革开放 40 多年已经形成了一个独立的市场领域，但离"处理好政府和市场的关系，使市场在资源配置中起决定性作用和更好发挥政府作用"的总要求仍然差距较大。

2. 县域民间社会的发育

与市场发育所提供的"自由流动资源"并列，一个介于政府与家庭之间的、广泛而松散的民间社会重新出现。①民间社会的主要成分。40 多年的经济社会发展，县域社会结构的成分已经高度复杂化、多元化，大致包括：一般民众包含普通农业经营者、以农为主兼业者、离乡打工者、县域城镇二三产业从业者、个体工商户、留守儿童老人、普通公务员等；民间精英阶层包括私营企业老板、乡村"经济能人"、教科文卫"名人"、灰黑势力的头面人物等；掌握县域行政权力的副科级以上领导干部阶层。②民间社会的组织化程度。一般民众是高度分散的，组织化程度非常低，但会因共同利益（农民负担、征地拆迁、环境污染、干群冲突、医疗事故等）以几个核心人物为主形成临时性群体；民间精英阶层人数较少，在较为狭小的县域内，私人网络一般比较密切，但缺乏正式的组织化；领导干部群体内凝聚性较强，但非正式的派系一般也较发达。规模较大、比较正式的组织基本都是行政化的"工青妇"、科协、文联、工商联等官方组织；自下而上的内生性组织以专业性的经济（农业合作社）、教科文卫体、社会服务（养老、扶贫等）等为主。村民委员会是县域社会最基层的群众性自治组织，在"村治"中是村级党组织的主要助手。③凝聚趋势与离散趋势并存。县域民间社会的发育，凝聚趋势和离散趋势并存。在经济发达地区，民间社会基础好、规模大、组织化程度高、凝聚趋势强，制度是约束其发展潜力的主要"瓶颈"。在绝大多数以农业为主的县域，民间社会基础差、规模小、组织化程度低，村居"空心化"、灰黑势力猖獗、黄赌毒和封建迷信泛滥等问题往往不同程度存在甚至较为严重，离散趋势强，民间社会的"自组织"难度很大。

3. 县域治理中的"权力支配"

权力支配是新时期县域治理的总体性特征，包含三个组成部分：县级政府自身运行的行政权力化（压力型体制）、以权力动员为主的经济—社会发展、以权力控制为主的稳定与政治—社会整合。

（1）县级政府自身运行的（行政）权力化（压力型体制）。纵向政府上下层级之间是"压力型体制"，横向上，县域治理的不同公共权力机构之间是以县委为核心的"权力同心圆"关系。

压力型体制是在政府运行中把目标管理责任制、指标量化评价、综合奖惩有机结合起来的政府任务执行机制，主要包括数量化的任务分解机制、各部门共同参与的问题解决机制、物质化的多层次评价体系三个部分。①"从本质上讲，压力型体制是在现代化和市场化压力下出现的，以赶超为目标的中国计划经济中动员体制的延伸，是中国经济转轨过程中的产物。它将经济上的承包责任制引入政治生活，用物质刺激来驱动政治过程，使各种组织、个人为了获得物质满足去争资源、争名次、争个人升迁。在经济

---

① 何显明. 市场化进程中的地方政府行为逻辑 [M]. 北京：人民出版社，2008：209.

运行上则体现为膨胀性的经济扩张。"① "压力型体制"是上下级政府之间"职责同构"② 和上级政府对下一级政府拥有支配性权力的产物,以权力为基础,以权力为动力,由权力来进行评价。

横向上,县域治理的正式权力配置是以县委为核心的"权力同心圆"结构(见图1-2),突出了县委、县委常委会、县委书记的核心地位,但没有突出制度的核心地位。在县域内部,按照法定职责来说,不同公权力机构的功能是不同的:县委、县人大、县政协及县工会、共青团、妇联等各种社团组织都履行自下而上的政治表达、政治整合功能;检察院、法院依照法律独立地行使检察权、审判权,履行司法功能;县政府履行行政功能。不同公权力组织之间并不是平等的"权力制衡和监督"关系,而是以县委为核心的"同心圆"式权力关系。《中国共产党地方委员会工作条例》(2015年修订、施行)第三条明确规定:"党的地方委员会在本地区发挥总揽全局、协调各方的领导核心作用。"第五条从决策、政策制定、干部管理权限、党组作用等方面进一步明确了党委的核心作用。从正式权力安排上看,县委是权力同心圆结构的核心,县政府、县人大、县政协、县法院、县检察院、县纪委等权力机构分处同心圆的四周。县政府、县人大、县政协、县法院、县检察院、县纪委等权力机构与县委的关系有两条线索:第一,以上权力机构的负责人、副职和主要科室干部都由党委组织部门按照干部管理权限管理(副处级以上归上一级党委组织部,副处级以下、副科级以上归县委组织部),其推荐、选举、任命、考核、奖惩皆取决于党组织。第二,县纪委直接处于县委领导之下,其他权力机构的内设党组由县委派出,受县委领导,"在本单位发挥领导核心作用","把党的主张通过法定、民主程序转化为本单位领导班子的决定"。

(2)以权力动员为主的经济发展。有学者认为,"压力型体制"和"地方政府公司化"是当前县域政治运行的两个基本逻辑。"压力型体制"是一个行政权力自上而下运行的过程,"地方政府公司化"则是一个自下而上反

---

① 荣敬本. 从压力型体制向民主合作体制的转变——县乡两级政治体制改革[M]. 北京:中央编译出版社,1998:35.
② 朱光磊,张志红. "职责同构"批判[J]. 北京大学学报(哲学社会科学版),2005,42(1).

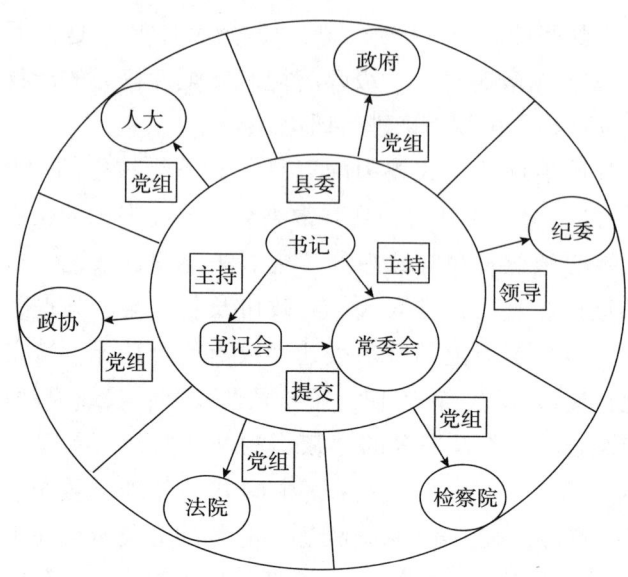

图 1-2　县域权力的"同心圆"结构

行政权力的过程。①"地方政府公司化"的内在动因有三：完成上级政府以经济增长、财政收入、招商引资为主要考核指标的任务需要；以地方行政权力整合地方政府、市场、社会资源的需要；地方（政府）利益最大化的需要。最关键的是，只有"地方政府公司化"才能够最大限度地动员、整合县域内政治、市场、社会资源为县级政府确定的目标服务。与"行政一体化"县域治理模式相比，县级政府的权力似乎缩减了，实际上不过是从独资"退缩"到51%的绝对控股，其所支配的资源总量却远超当时，权力退缩激发的市场活力所创造的财富增量源源不断增加着新的可支配资源。原来的权力运行过程中在工具、资源渠道、作用机制方面只有权力一个依靠，现在权力运行过程可以同时驾驭权力、市场两种工具、两个资源渠道、两种作用机制，实际上，权力的能量、作用范围和资源支配能力更大了②。20 世纪 80 年代地方政府行为以企业所得税、流转税和工商税等为主要财源，相应地，地方政府着力推进辖区内的工商业发展，就像"董事会一样

---

① 叶盛楠.县域政治中的政府畸变：以内蒙古 S 县农村税费改革为中心的个案［M］.呼和浩特：内蒙古大学出版社，2011.

② 孙立平：从政治整合到社会重建［J］.瞭望，2009（36）：26-29.

管理辖区内的工商企业"。① 1994年分税制改革以后，主要来源于工商企业的增值税在地方财政中的权重大大降低，营业税（主要来自建筑业和第三产业）、与土地开发—房地产发展相关的各种税收对地方财政的意义举足轻重。相应地，地方政府行为出现了从"经营企业"向"经营城市"的转变。② 县级政府利用行政权力和土地等资产权力，借助网络化的"项目平台"组织方式来经营辖区，平台采用"行政—政治—公司"三位一体统合机制来勾连和动员与城市化有关联的地方机构和组织；借助"项目平台"，通过行政审批权获得对土地等核心资源的垄断权力，通过政治动员发挥主导力量，通过公司制承担经济发展主体的角色，县域政府的权力、意志、绩效三者空前地互为推动，产生出新的活力。③ 在农业发展中，县政权力的动员、组织、引导作用亦同样显著，县级政府在发展现代农业的过程中扮演着关键角色，形成了"政府主导、专业合作组织自治、农民主体"的发展模式。④

（3）以权力控制为主的政治整合与社会稳定。虽然市场、社会已经脱离"行政一体化"，形成相对独立的领域，但是政治仍然通过直接和间接的方式有效地维系对经济—社会领域的控制。县域范围内，纵向覆盖到行政村、横向覆盖到所有单位的党组织是政治—社会整合的主要组织依托，以党的政治组织纪律作为主要的整合—控制手段；以组织为中心，以控制为手段的政治—社会整合模式很大程度上沿袭了"行政一体化"县域治理模式的特征，在新的经济、社会基础上显得很僵硬，刚性有余、韧性不足。在维护县域社会稳定方面，樊红敏（2013）对中部地区五个县的调研发现，县域政府维稳遵循"权宜性治理"的行动逻辑：县域政府的维稳理念体现为"绝对稳定观""维稳是最大的政治""摆平就是本事"；县域政府的强控型维稳机制正在形成，维稳组织不断膨胀，增压机制日臻成熟，全控型领导体制日益完善，权宜性强控网络越来越密；县域政府的维稳行动模式主要有"一把手"主导型模式、严防死守型行动模式、强行政动员型行政

---

① Jean C. Oi. Fiscal Reform and the Economic Foundations of Local State Corporatism in China[J]. World Politics, 1992, 45 (1): 99-126.
② 周飞舟. 大兴土木：土地财政与地方政府行为 [J]. 经济社会体制比较, 2010 (3).
③ 折晓叶. 县域政府治理模式的新变化 [J]. 中国社会科学, 2014 (1).
④ 刘国富. 社会治理与公共服务中的县级政府：以C县为例 [M]. 北京：中国社会科学出版社, 2011: 84-107.

模式、运动式治理行动模式。①

4."三层互动"框架的县域治理透视

新时期(1978~2018年)县域治理的主要特征在于权力主动释放了市场、社会发育的空间,激发市场—社会活力的同时,又通过系统的制度设计保证了对市场—社会的驾驭。这是解释过去40多年县域成绩的主要线索,也是理解"新常态"下县域治理和发展困境的主要线索。

(1)"关注点"角度的分析。①中央政府的角度。在前20年,财政汲取尚占有较大权重,那么2000年后以《农业税条例》的废止和大规模新农村建设为标志,中央政府更加关注"三农"有关政策在农村的贯彻落实。公共服务、民生支出虽然总体上有所增加,但是改变县域治理的既有模式困难重重。举两例为证:农村税费改革后,地方政府不仅没有如中央所期望的那样向"服务型"政府转变,反而向"公司化"政府迈进了一大步②;中央政府对县级粮食生产的财政奖补政策落实到县级政府的地方性实践,偏离了国家政策目标,浪费了财政资源,引起了农民的反感和抵制③。县域范围内,政治稳定但社会矛盾较为突出,刚性维稳模式在成本、方式、长期合理性上都引起不少争议;市场—社会活力的进一步挖掘与县域治理的深层次制度结构相抵牾。以忠诚、廉洁、为民为主要目标的县级代理人监控受制于信息、成本等效果一直不够理想。②县域领导群体的角度。20世纪80年代以来,中央政府在财政收入分配、干部管理权限、社会经济事务管理权限三个方面推动纵向行政性分权,与此同时,地方政府的横向集权不仅没有突破反而有所强化,两者相加,使地方政府的自立性、自主性都在增强。④ 县域领导群体的利益集中在职位安全、职务晋升、职务利益上,维稳、计生等"硬底线"涉及职位安全,经济增长、财政收入、招商引资等"硬指标"与职务晋升紧密相关,"三公"费用、任务奖励等直接关系到职务利益。由于县域领导群体权力来源于上级政府,监督和奖惩主要取决

---

① 樊红敏.转型中的县域治理:结构、行为与变革[M].北京:中国社会科学出版社,2013:138-190.
② 叶盛楠.县域政治中的政府畸变:以内蒙古S县农村税费改革为中心的个案[M].呼和浩特:内蒙古大学出版社,2011.
③ 龚为纲.农业治理转型——基于一个全国产粮大县财政奖补政策实践的分析[D].华中科技大学博士学位论文,2014.
④ 何显明.市场化进程中的地方政府行为逻辑[M].北京:人民出版社,2008.

于上级政府，故主要对上级政府负责。③县域社会的角度。在20世纪80~90年代，除县城外，广大农村基础教育、卫生等公共服务主要依靠自给，2000年后，强调"公共服务均等化"和"以工补农""以城带乡"，农村公共服务供给逐渐好转，但仍然存在城乡发展不平衡，供给效果差强人意，供给内容、方式民众被动接受，无权参与和评价等问题。在县乡政权代理人监控方面，自下而上的内部监督有动力、缺能力、无权力，只有涉及自身权益才以上访、集体性事件等方式有所行动，政治参与具有临时性、爆炸性的特征。在权利保护与实现方面，民众维权意识逐渐增强，但受制于强控型维稳模式，维权总体上呈"碎片化"状态，效果不佳（见表1-5）。

表1-5 县域治理比较的理论框架

主体	国家（上级政府）			县域领导群体			县域社会		
关注点	财政汲取—政策贯彻	社会控制—社会活力	代理人监控	行动自主性	战略性群体利益	双重责任的平衡	公共服务供给	代理人监控	权利保护与实现
新时期	前期重财政汲取，达到预期；后期重公共服务、民生政策贯彻，差强人意	政治稳定，社会矛盾突出，维稳模式问题大；社会活力有待挖掘	纵向监督有权力无能力，中央政府意愿强，地市政府意愿弱	较高，上级政府默许，同级不能干预	维稳、经济发展利益关联度高，公共服务利益关联度低	主要是对上负责	城乡发展不平衡，效果差强人意，民众被动接受，无权参与和评价	自下而上的内部监督有动力、缺能力、无权力	维权意识逐渐增强，"碎片化"维权，维权效果总体不佳

（2）"三层互动"角度的分析。前30年，"三层"互动基本上呈现"三赢"状态：县级政府通过改革适当让渡市场、社会发育空间，促进市场、社会发育的同时保持了对其的控制和引导，取得了县域经济发展和社会稳定的优异成绩，中央政府、县域领导群体、县域社会分享了县域经济发展和社会稳定的"红利"；近十多年来，随着经济、社会的深入发展，"三层"互动反而出现了"三输"的不良苗头，县域发展乏力，稳定的表象下矛盾重重，改革措施"碎片化"，中央政府很着急，县域社会不满意，县级领导群体很委屈。县域治理新危机的核心是县级政府的公共性、合法性、有效性出现问题，而且这些问题的出现与深层次国家治理体系的制度性安

治理现代化背景下的县级政府政策转换

排紧密相关。

总体而言,县域治理权力支配模式的精髓在于,"权力通过改革孕育了市场,然后将市场的因素打碎,再和权力融为一体重组起来"①,这是奠定县域治理30年辉煌的制度基础,也是造成现阶段县域治理新危机的"罪魁祸首"。"新常态"意味着"新需求",面对县域治理"三层"互动过程中出现的"三输"的不良苗头,理论界、政策制定者、县域治理实践者都应该深入反思:原因何在?真正的问题何在?出路何在?

三、县域治理变迁的历史逻辑

梳理和回顾县域治理变迁的四个历史阶段,从中可以发现中国县域治理截然不同于西方国家的变迁逻辑,这是理解中国县域运行、县级政策"困局"的关键,也是中国县域治理变革的关键。

(一) 四个阶段县域治理变迁的内在联系

帝制时期的官—绅合作治理模式是帝国官僚秩序与乡村内生性秩序的有机协调,是县域范围内帝国官僚和县域地主豪绅的合作治理,协调和合作的依据根植于传统的权力文化网络并以非正式规则为主,在治理实践运行中主要体现为官—绅之间的博弈和合作关系;秦以来,官—绅合作模式历经多次调整完善,宋代以后趋于稳定,具有2000多年的历史沉淀,模式的内核异常坚固,时至今日,其影响仍绵延不绝;不过,中国传统的乡村自治主导者是推选出来并被官方认可的乡村地主豪绅,权威性基于"权力的文化网络",与西方近代以来基于平等、契约、自主选举的现代自治性质、逻辑、路径截然不同。在千年的治乱循环中,官—绅合作模式已然形成一个自我维持、自我复制的低层次循环,依靠自我内生的力量难以突破该模式的窠臼。晚清以来,外来势力的强悍冲击逐渐改变了该模式赖以维持运转的基本支持性要素,瓦解了作为自治体系的官—绅合作模式。

民国时期的县域治理并不构成一个完整的模式,它在各方面都是"危机—应对"的临时拼凑的过渡性产物。民国时期的县域治理不仅没有成功地应对危机,反而由于要素的"碎片化""劣质化""过渡性"而陷入更深的

---

① 孙立平. 重启改革难在如何走出转型陷阱 [N]. 南方都市报,2012-04-08.

第一章 县域治理变革的历史脉络与逻辑

自相矛盾、自我冲突,既难以维持传统治理的水准,也难以形成新的自治的模式,在不断深化的"总体性危机"中勉力维持运转。

中华人民共和国成立初期(1949~1978年)的"行政一体化"模式是对民国时期县域治理"总体性危机"的"总体性应对",它将"单边路线"的潜力贯彻到极限,以政治、经济、社会、文化的大改造为基础,以覆盖所有层级、所有领域的党政组织为依托,以行政权力为主要工具,以"命令—服从"关系为整合链条,形成了高度自治的"行政一体化"县域治理模式,有力地解决了清末延续至民国的社会控制、社会动员、财政汲取等县域治理难题。极致难以持久,"行政一体化"把国家权力的控制动员能力发挥到极致,但经济—社会高度国家化、行政化,市场、社会领域完全被"淹没",市场、社会的内在秩序、内在活力完全无法发挥,县域治理和发展缺乏内在平衡性、长期合理性,县域治理和发展越来越僵化,"行政一体化"县域治理模式造成了新的治理危机。不同于晚清、民国时期的县域治理危机是县域治理体系无法有效控制、动员、汲取的危机,危机之源在社会,"行政一体化"县域治理模式的危机是县域治理体系控制、动员、汲取过度,彻底窒息了县域社会内在活力而造成的发展危机,危机源于治理体系本身。

新时期县域治理模式源于对"行政一体化"县域治理危机的认知、系统性政策应对和调整,以民间社会自发性探索与高层政治认可的政治合力作为发展动力。

新时期县域治理模式的主要特征就是"权力的支配性",权力通过改革推动了市场、社会的有限发育,但权力在允许市场、社会发育以发挥其活力的同时,又有意识地对其加以限制、分化,使之保持"碎片化"状态,以保证权力对其的有效控制和整合。县域治理、发展的多主体渐次形成,但县域政治—社会整合是权力单中心控制,其他主体处于依附性地位的合作关系;县域经济、社会发展主要以权力动员、推动为主,权力意志主宰经济、社会发展的格局,经济、社会自身反而缺乏充分的话语权。在较长时间内,县域治理的"权力支配模式"既保持了县域社会的总体性稳定,又有力地推动了县域经济、社会的发展,是理解改革开放中国发展奇迹的关键线索。但经过40多年的高速发展之后,县域经济、社会形势已发生质的变化,县域政治结构(治理体系)相对滞后于县域经济、社会发展的需求,又造成新的县域治理危机。

治理现代化背景下的县级政府政策转换

新时期的县域治理危机要求再次调整国家—社会关系，重新定位权力在县域治理、经济—社会发展中的作用，重构县域治理体系以满足未来经济—社会发展需求，并在新的治理平台上以更高的层次实现政治、经济、社会的整合，以及中央政府、县域领导群体、县域社会"三层"的良性互动。应该说，在现阶段的县域治理中，这种新的县域治理模式已经隐现雏形，也就是俞可平（2008）总结的"以各级党组织、各级政府、各类企事业单位和各种民间组织为主体的多元治理格局"①，不过，这种县域治理的多主体合作治理模式尚处于早期探索阶段，缺乏使之定型的引导性价值共识、支撑性政治—社会力量、保障性制度体系。

总而言之，近代以来的县域治理已经出现了四次县域治理危机，即晚清官—绅合作模式的危机、民国"碎片化治理"时期的危机、中华人民共和国成立初期"行政一体化"模式的危机，以及新阶段"权力支配模式"的危机。四种县域治理模式为帝制时期的官—绅合作治理模式、行政一体化模式、权力支配模式和多主体合作治理模式。其中，多主体合作治理模式尚在形成之中。四种县域治理模式对应四种支配性关系，即基于传统和非正式规则的官—绅之间的博弈—合作治理关系、行政一体化模式内在的上下级之间的"命令—服从"关系、新时期"权力支配"模式所蕴含的"单中心控制—多主体依附性"合作关系，以及尚处于雏形之中的多主体合作治理模式需要建构的基于"宪法性规则—遵守"的多元主体之间的平等合作关系。

县域治理变迁的根本动力是县域政治、经济、社会需求的变化，县域治理模式不能充分满足县域政治、经济、社会发展的阶段性需要，即形成历次县域治理的危机，在这个意义上，每次县域治理危机的本质是一样的，即治理形式不能适应治理内容的需要；行政一体化模式、权力支配模式也仅仅是阶段性地满足了县域政治、经济、社会发展的需要，待需求随时间的推移而在内容上更新之后便会对其提出新的挑战和需求。迄今为止的县域治理变迁仍处于治理内容变迁—治理形式危机—治理模式递嬗的螺旋式循环进程中，尚未形成县域治理"三层"之间良性循环互动的格局，也尚未形成使县域治理模式基本定型的引导性价值共识、支撑性政治—社会力

---

① 俞可平. 中国治理变迁 30 年（1978-2008）[M]. 北京：社会科学文献出版社，2008：1-23.

量、保障性制度体系。处于历史的转折点上,理论界、政策层、社会面要想形成合力,任重道远。

(二) 县域治理变迁的历史逻辑

(1) 县域治理问题与矛盾的贯穿性。中国县域治理变迁具有自身内在的贯穿性、阶段性和独特性。清末以来,县域治理面临的根本问题和矛盾具有贯穿性,国家—社会关系一直缺乏良性互动,具体体现为中央政府、县级政府、县域社会三者的互动一直存在问题,县级政府的自主性、有效监督及其对上、对下责任的平衡一直是一个没有根本解决的难题。

(2) 县域治理模式的阶段性。迄今为止,问题和矛盾的解决方式具有阶段性,阶段性的解决模式阶段性地解决了问题,但又形成层层递进的阶段性县域治理危机:清末以来的危机不断深化,至民国形成"总体性危机";中华人民共和国成立初期"行政一体化模式"虽能强有力地对治"总体性危机",但因其自身模式的特征所限,在解决旧的问题、矛盾过程中又陷入新的活力和可持续性危机;新时期有限的市场化改革在一定程度上解决了"行政一体化"模式的活力和可持续性问题,带来了40多年的县域治理繁荣和发展,但日益落后于经济社会发展的进一步需要,虚假稳定、泡沫发展等深层次问题预示着新时期县域治理的新危机。

(3) 县域治理变迁逻辑的独特性。中国县域治理变迁的独特性在于,社会自组织一直没有足够的能力产生以平等协商、规则治理为标志的内生性权威和秩序,通过自身的合作治理解决共同的难题,如自治负责人的选举—监督、公益费用提取—监督等运行性问题,水利设施、道路修复、治安、调解、垃圾处理等功能性问题。或者以内部"强人"和"能人"为核心形成权威和秩序,或者通过外部力量的介入,如政党或官僚机构,来实现"被组织"。内部"强人"和"能人"、外在的政党或官僚机构有充分理由、内在动力、足够能力维系这种"社会弱组织"状态。当功能性任务紧迫,"救亡压倒启蒙""发展是硬道理"的时候,功能性任务的需求远远超过社会自组织的供给能力,社会只能通过"被组织"来应战,"行政一体化"模式、"权力支配模式"应运而生;但这种阶段性模式本身只适合解决阶段性任务,而没有为国家—社会长期的良性互动奠定一个更为根本的制度性框架基础。新时期县域治理危机的新的独特性在于,由于40多年来新的市场、社会因素的成长,只有进一步释放市场、社会成长和发挥作用的空间，市场、社会的活力才能得到保障，弹性稳定、可持续发展才有可能，功能性任务首次与国家—市场—社会良性互动的运行性任务形成"一体两面"；方向其实已经很明确，最大的担忧来自于空间的释放、市场—社会自主性的增强是否对权威、秩序、整合构成负面影响，能否形成秩序与活力的良性平衡。

（4）"由危转机"扭转性关键变量。县域治理转型内在的需求是进一步释放市场、社会的自主性成长空间，同时把市场、社会活力引导到、保持在国家—社会良性互动的框架内，成为促进弹性稳定、可持续发展的建设性力量，而不是破坏性力量，由现在的治理危机转到新的治理陷阱。保持秩序与活力均衡的关键性扭转变量是强化独立强大的第三方协调—仲裁机制，以有效地引导、规范、转化社会自主性成长所可能产生的自组织混乱、政府—社会冲突、政府失控。社会自身难以产生强大的协调—仲裁力量，政府官僚机构也不适合再次强化社会渗透、基层延伸承担这个角色。最适合的组织依托是遍布各层次、各领域、各环节的中共党组织，这也是最适合政党本色应该和可以承担的任务。

（5）新危机可以是新契机。其实，如同清末以来历次县域治理危机一样，新时期县域治理危机也是国家—社会关系新时期递进发展的新契机。40多年后，已经具有一定基础的市场、社会因素已经今非昔比，初步奠定了多元主体合作治理的运行基础；现阶段，中央政府、县级政府、县域社会都深受"危机"困扰，三方都在寻找更好的出路、更合适的角色定位和更有效的合作模式。实际上，虽有困难、压力和风险，县域治理实现由"权力支配模式"向多元合作治理模式的发展已经是大势所趋，如何尽快推动制度"瓶颈"的突破，建设性地介入到这一进程中，推动县域治理"由危转机"的根本性变化，关键取决于政策层的决心。

第二章 县域治理现代化中的城乡关系与乡村治理变迁[①]

在中国特有的制度安排下，城乡关系是影响和理解70年乡村治理演变逻辑的重要维度。70年来，城乡关系先后经历了城乡分离、城乡失衡、城乡融合发展三个历史性阶段，"以农补工"的工业化优先政策、有限市场化与城乡非均衡发展政策、城乡融合发展政策先后成为主导城乡关系基本格局的战略性安排。具体到乡村治理演变上："以农补工"的工业化优先政策使乡村以人民公社为组织载体的集体化治理成为"城乡分治"的逻辑延伸，党、政、社、经高度合一的整体性控制和动员成为该阶段乡村治理的支配性逻辑；1978年后，因应有限市场化与城乡非均衡发展政策，联产承包责任制和"乡政村治"体制逐渐建立，党、政、社、经虽相对分离，但计生、粮款土地征收、维稳等刚性任务压力较大，压力型体制和乡村治理的行政化逻辑成为主导逻辑；2006年以来，伴随农业税取消、大规模"以工补农"，以及城乡融合发展政策的逐渐成型，传统任务压力大幅减轻，压力型体制向"三治合一"体系转变、行政化逻辑向公共服务逻辑转变成为乡村治理演变的必然趋势。

需要说明的是，本章所说的"城乡关系视角"是指每个特定发展阶段国家确立的塑造和支配城乡关系格局，进而深刻影响乡村治理和发展的基本制度、政策安排。

---

① 本章内容已经以论文形式公开发表，此处内容略有调整。参见：耿国阶. 城乡关系视角下乡村治理演变的逻辑：1949-2019 [J]. 中国农村观察，2019（6）：19-31.

治理现代化背景下的县级政府政策转换

一、城乡分离：工业化优先与乡村治理的集体化

中华人民共和国成立初期，在乡村地区，最迫切的任务是巩固政权、推进土地革命、尽快恢复农业生产。基于此，政党下乡与建立农民协会拉开了中华人民共和国乡村治理的序幕，也为后续的乡村治理演变奠定了组织基础。短时期内，在执政党的强大动员下，以上迫切任务圆满完成，但土地私有、人口自由流动、粮食市场化购销既不符合社会主义道路的基本选择，也不利于有效地汲取农业剩余。党中央很快做出了社会主义改造和优先发展重工业的政策转向，并在短时期内迅速实现了从互助组、初级社到高级社的过渡，确立户籍制度和粮食统购统销政策，以人民公社为组织载体，党、政、社、经高度合一，国家实现了对乡村的全面控制，"城乡分治"、城乡分离式发展成为1958~1978年的基本政策实践。

（一）城乡分离："城乡分治"和城乡二元发展格局的确立

工业化逻辑下，国家通过行政控制达到"以农补工""以乡助城"的目的，人民公社体制标志着城乡二元格局的形成。1953年后，由于城市工业化的快速发展，大批农村劳动力纷纷涌向城市，这一方面增加了城市的就业压力，造成了城市人口的大量失业，城市的农副产品供应更加紧张；另一方面，农村劳动力的转移直接影响农业粮食生产和供给，进而影响农业剩余的汲取。为了更好地稳定农村和支持工业化发展，国家开始实行严密的户籍制度和统购统销制度。1958年《中华人民共和国户口登记条例》的颁布标志着城乡二元户籍制度的确立。户籍制度和粮食供应制度有效控制了农村人口向城市的自由流动，粮食统购统销制度和工农业产品的价格"剪刀差"得以最大限度地汲取农业剩余，"以农补工"促进工业的原始资本积累和快速发展。随着户籍制度和统购统销制度的确立，城乡之间在就业、医疗、住房等福利制度上的差别逐渐凸显，城乡成了两个相对闭塞的空间实体。20世纪50~80年代，我国大陆城市人口比重从11.2%上升至19.4%，同时期世界城市人口比重由28.4%升至41.3%，发展中国家的城市人口比重也由16.2%升至30.5%[①]。城乡关系基本政策明确的

---

① 许涤新. 当代中国的人口 [M]. 北京：中国社会科学出版社，1988.

第二章 县域治理现代化中的城乡关系与乡村治理变迁

"城市偏向"① 是城乡二元分治、分离格局的主要因素。

(二) 政社合一：全面控制下乡村治理集体化

为了满足工业资本积累的需要，国家对乡村实行全面控制和集体动员，一方面通过集体劳动、集体经营全面控制要素流动，另一方面通过户籍制度将农民限制在乡村地区。合作社的建立为国家汲取农村资源提供了便利，但随着工业化的发展，合作社已经难以满足工业化积累的需要，建立"政社合一"的人民公社，将农村基层政权与农村集体经济组织合二为一，降低国家攫取农村资源的成本成为社会发展的需要。1958年，中共中央政治局会议通过了《中共中央关于在农村建立人民公社问题的决议》，该决议确定了人民公社体制的规模、组织结构、所有制形式与分配制度等；经过几年探索，1962年2月，人民公社制度稳定在"三级所有，队为基础"的管理模式上，一直持续到20世纪70年代末80年代初。人民公社制度以行政权力为纽带，实现了国家对乡村政治、经济、文化、社会管理的全面控制和动员。通过公社、生产大队、生产队这三级组织，政治上，国家权力实现了对乡村社会的有效控制，行政权力成为乡村管制、整合和动员的主要工具；经济上，统购统销、集体所有、集体劳动、集体分配的农村计划经济体制迅速建立，乡村经济的市场化因素几近灭绝；思想文化上，高度重视意识形态教育，乡村文化的内在丰富性、多样性和灵活性变得更加单调、僵化和趋同；社会管理上，农民在人身、生产、生活上高度依附于三级组织，自主性、积极性大幅降低，传统宗族血缘共同体及其他民间内生性社会组织的自治功能大幅压缩。同时，需要注意的是，在1958~1962年，经过曲折探索，最终人民公社的管理体制稳定在"三级所有，队为基础"上，在所有制、分配制和生产责任制等方面，大公社体制向小公社体制转变，生产队取代公社和生产大队成为基本核算单位。在当时，这种转变一方面是农业生产、分配方面显著的效率差异所致，经济压力是其内在转变的主导因素②；另一方面维持人民公社框架，"退回"到以生产队（而不是以家

---

① Lipton Michael. Why Poor People Stay Poor: Urban Bias in World Development [M]. Cambridge, M. A. Harvard University Press, 1977.
② 张大伟. "三级所有、队为基础"小公社体制在乡村的确立——基于民族志研究视角 [J]. 湖南农业大学学报（社会科学版），2010 (2).

庭）为基本核算单位，是毛泽东的政策底线。在人民公社制度框架内，"队为基础"最大限度地实现了整体性控制与农业生产效率、乡村内在治理秩序的平衡：人民公社框架使国家与农民的关系简化为国家与公社的关系，大大降低了农业剩余汲取和乡村控制的行政成本；生产队最大限度地与"熟人社区"、传统秩序吻合，较为有力地遏制了公社内部、生产大队内部的平均主义倾向，以及生产队内部集体劳动、集体分配的机会主义倾向，最大限度地实现了官僚制治理（行政权力支配）与乡村内在秩序的协调；但是，生产队与大队、公社之间更多是行政上下级关系，生产队长实质由大队和公社决定，生产队的基本所有制形式、劳动形式、分配形式统一决定，生产队无权变更，这大大限制了生产队作为一级治理单位能够发挥出的生产潜力。"队为基础"的实践也促使我们深入思考一个问题：乡村治理的"小共同体自治"是否可能？根据《农村人民公社工作条例（1962修正案）》，至少在理论上，生产队实际上是比今天的村民自治程度更高的小共同体自治，不仅有今天村自治所有的直接民主，而且生产资料共同所有、集体劳动、集体分配。但为什么在实际运作中很大程度演变为干部说了算，行政逻辑压倒了自治逻辑？这是我们反思乡村治理演变时不能忽略的一段经历。

应当说，以人民公社为组织载体的乡村治理的集体化，成因是很复杂的，有苏联模式的示范效应，也承载着当时最高领导人的"乌托邦"梦想，但不管怎样，工业化优先、统购统销、户籍制度等基本政策安排所型塑的城乡关系基本格局及维护这一格局的需要始终是促进和维持人民公社体制的主要原因之一。总体而言，依托"政社合一"的人民公社模式，国家有效地实现了对乡村社会的支配、整合和动员，较为有力地支持了工业化优先的战略性安排，同时，这种僵化的发展模式也大大阻碍了乡村社会的发展。

（三）乡村治理的"集体化困境"

集体化的乡村治理模式下，国家为了快速实现工业化，大量从农村汲取资源。据统计，1958~1978年，国家通过农业税为工业化积累资金600多亿元，通过农产品"剪刀差"为工业化积累资金3000亿元左右，通过农业储蓄为工业化积累资金100多亿元，通过这三种方式共为工业化积累3800多亿元，详见表2-1。

第二章　县域治理现代化中的城乡关系与乡村治理变迁

表 2-1　乡村为工业化提供资本积累的数量结构　　单位：亿元

年份	工农产品价格"剪刀差"	农业税	农村储蓄	年度资源转移合计	年份	工农产品价格"剪刀差"	农业税	农村储蓄	年度资源转移合计
1958	91.62	37.53	15.09	133.56	1969	127.18	34.04	-0.64	160.58
1959	114.46	38.05	2.8	155.31	1970	83.03	18.71	2.18	103.92
1960	127.29	32.26	-14.23	158.13	1971	178.63	35.51	7.23	219.18
1961	71.6	24.95	8.74	105.29	1972	185.94	32.61	1.76	220.31
1962	73.94	26.14	20.94	121.02	1973	205.5	35.05	13.46	254.02
1963	88.75	27.2	5.1	121.41	1974	199.22	34.59	11.53	245.35
1964	110.05	29.74	11.17	150.96	1975	223.78	33.86	6.88	264.52
1965	122.31	29.63	5.67	157.61	1976	207.24	33.52	3.91	244.67
1966	149.48	34.06	11.09	194.64	1977	228.14	33.6	9.21	270.95
1967	125.38	33.32	13.05	171.75	1978	253.99	32.68	13.37	297.06
1968	106.26	34.48	0.57	141.3	合计	3073.79	671.53	148.88	3891.54

资料来源：冯海发，李溦. 我国农业为工业化提供资金积累的数量研究 [J]. 经济研究，1993 (9)：60-64.

因为劳动生产率低下，加之"以农补工"使大量粮食及农副产品以"统购统销"的方式被转移到城市，农民基本温饱问题一直是人民公社时期农村社会没有根本解决的难题。据统计，1958~1978 年，我国人均粮食占有量为 273.82 千克，而学者计算表明，在我国，人均粮食供应每年达到 306.72 千克才能满足基本的温饱需求①，详见图 2-1。

在国家全面控制的乡村治理下，主导农业生产的是分配性政策而不是生产性政策，在分配性政策逻辑下，农民劳动积极性严重挫伤，农业生产效率不高，粮食总产量增长缓慢。比较 1949~1958 年、1958~1978 年、1978~1984 年三个连续的时间段就会发现，在粮食总产量、粮食单位产量、粮食人均产量三个关键性指标上，1958~1978 年这 20 年的增长幅度明显低于 1949~1958 年、1978~1984 年这两个时间段，详见表 2-2。劳动积极性受挫，劳动生产率低下，使农产品"总蛋糕"长期难以做大，实际上限制了"剪刀差"政策的实际执行效果。

---

① 陈彧. 粮食的"温饱"与"小康"——对我国粮食供求现状的微观分析 [J]. 经济问题探索，2012 (1).

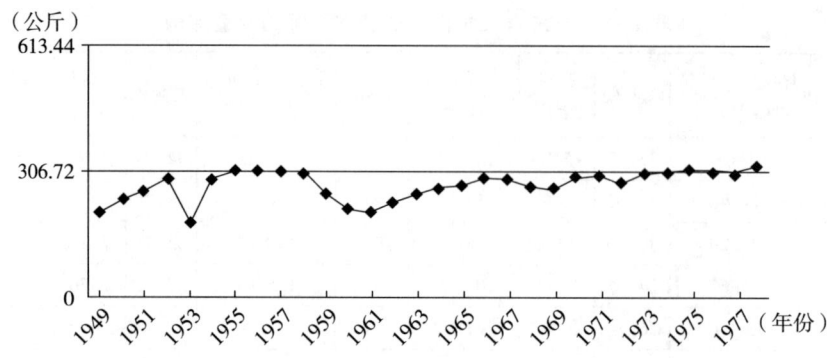

图 2-1 1949~1978 年我国人均粮食占有量

资料来源：中华人民共和国国家统计局. http://www.stats.gov.cn/.

表 2-2 1949~1984 年中国粮食总产量、单位产量及人均产量

年份	总产量（万吨）	每公顷产量（公斤）	人均产量（公斤）	时期	总产量增幅（%）	每公顷产量增幅（%）	人均产量增幅（%）
1949	11318	1029.33	208.90	1949~1958 年	6.39	4.65	4.09
1958	19765	1548.92	299.50	1958~1978 年	2.19	2.48	0.28
1978	30477	2527.30	316.60	1978~1984 年	4.95	6.12	3.55
1984	40731	3608.18	390.30				

资料来源：根据中华人民共和国国家统计局"年度数据"查询整理，http://data.stats.gov.cn/easyquery.htm? cn=C01&zb=A0D0G&sj=2016，2019 年 10 月 3 日。

二、城乡失衡：城市优先与乡村治理的行政化

以党的十一届三中全会为标志节点，延续 20 年的城乡关系格局发生了根本性变化。人民公社体制对经济、社会活力的压抑是促使以联产承包责任制为标志的"有限市场化"改革的主要动因之一。城乡关系上的有限市场化改革使资金、劳动力等生产性要素从农村大幅流向城市，以"市场"的逻辑"以乡促城"；同时，集体土地征用、买卖的国家性垄断，严格的户籍控制和福利捆绑，以及相应的大规模"人户分离"，又以"计划"的逻辑大大降低了城市发展成本。在市场逻辑和计划逻辑的双重作用下，城市快速发展，农村在经过短期繁荣之后，很快陷入低水平徘徊，城乡发展的失衡甚于计划经济时期。因应有限市场化与城乡非均衡发展政策，联产承包

第二章 县域治理现代化中的城乡关系与乡村治理变迁

责任制和"乡政村治"体制逐渐建立，党、政、社、经虽相对分离，但计生、粮款土地征收、维稳等刚性任务压力较大，压力型体制和乡村治理的行政化逻辑成为主导逻辑。

（一）城乡失衡：有限市场化与城乡非均衡发展

党的十一届三中全会后的城乡关系政策可以说是"有限市场化"：在农村，打破"政社合一"，促进党、政、社、经分离和农村经济的市场化，实行家庭联产承包责任制，恢复乡政体制；允许劳动力、资本等生产性要素在城乡间自由流动；坚持统购统销、严格的户籍控制，强化计划生育政策，在集体土地征用、买卖上坚持国家垄断。正是这种"有限市场化"的政策安排加剧了已经存在的城乡发展的失衡。第一，在资金和劳动力流动方面，放弃了1978年以前严格控制政策，允许市场自由选择，要素自由流动；在城乡、工农"获利"机会完全不同的前提下，资金、劳动力大幅流向城市和工业，资金、劳动力的自由流动反而比计划经济时期更有利于工业和城市发展。第二，在土地、户籍方面维系严格的制度性控制，集体土地不能按照市场价格买卖、交易和入市，获取土地"溢价"，只能用于乡村自给自足的生产生活，或者按照国家规定的政策价格"被征收"，改革开放以来大规模的城市扩张和基础设施建设受益于这种政策性低成本土地征收和供给；严格的户籍控制使进城务工人员大规模"人户分离"，城市享受了其劳动力红利，而不需要支付相应的教育、医疗、住房等公共服务和社会保障成本，大大降低了城市和工业发展的成本。

数据显示，这种"有限市场化"政策使城乡发展进一步失衡。一方面，在"有限市场化"的驱使下，农村大量资金和劳动力流向城市。1983年我国农民工数量约200万人，2018年农民工总量则高达28836万人[1]。1978年我国农村贷款为150亿元，农村存款166亿元，农村金融资源流失率为9.64%，而2004年这一比例达到60.27%[2]。另一方面，廉价的乡村土地资源和控制性的户籍制度大大降低了城市化的成本。1981~1991年，城市建成区面积共增加6573平方公里，1992~1999年，共增加6565.8平方公里。

---

[1] 国家统计局. 2018年农民工监测调查报告 [EB/OL]. http://www.stats.gov.cn/ztjc/qjd/tjdt/201904/t20190429_1662313.html.

[2] 李敬，冉光和. 农村金融资源流失与城乡居民收入差距 [J]. 统计与决策，2007 (10).

1999~2008 年，新增城市建设用地 18632.86 平方公里，征用农民土地 13925.49 平方公里，征地占新增建设用地面积的 74.74%。① 据统计，20 世纪 80 年代至 21 世纪初，土地出让、转让所造成的资源流失最少每年达 100 亿元以上，改革开放后的 20 余年里，国家通过征地从农村转移的土地资源收益超过 2 万亿元②。户籍制度由原来的全面控制变为有限控制，尽管大量农村剩余劳动力转移进城，但在城乡二元的户籍制度下，农村廉价劳动力的巨大人口红利促进了城市化的快速发展，而进城农民却被排斥在城市社保体系之外。"有限市场化"政策一方面有利于城市化的快速发展，另一方面却导致乡村人口流失（空心化），并伴随诸如教育、医疗、养老、城乡收入差距拉大等社会问题，城乡发展进一步失衡。1978~2012 年，尽管城乡居民收入都快速增长，但城乡收入差距却越来越大，2012 年城乡收入差距约是 1978 年的 80 倍（见表 2-3）。

表 2-3　1978 年、2000 年、2012 年我国城乡居民人均收入比较

年份	城镇居民人均可支配收入（元）	农民人均纯收入（元）	城乡人均收入差距（元）
1978	343.4	133.6	209.8
2000	6280.0	2253.4	4026.6
2012	24564.7	7916.6	16648.1

资料来源：陈锡文等．中国农村改革 40 年［M］．北京：人民出版社，2018．

（二）"家计村治乡政"：压力型体制与乡村治理的行政化

"家计村治乡政"使国家与农民的关系还原为乡村组织与 2 亿农户的关系。家庭联产承包责任制使农村经济市场化，家庭取代生产队成为基本的经济核算单位，农户独立核算、自主经营，农户与村、乡镇的关系主要是契约关系、经济关系，而不再是依附关系。村民自治使农村治理社会化，村内各种力量（宗族、经济能人、官员近亲等）可以通过选举的方式合法进入"村治"舞台，发挥自己的作用和影响力；村自治组织与乡镇政权是"指导与被指导"关系，而不是行政上下级关系。在乡镇一级，"政社合一"的人民公社解体，恢复"乡政"体制，强调党的领导，同时促进党、政、

---

① 刘守英等．土地制度改革与转变发展方式［M］．北京：中国发展出版社，2012：182．
② 贺文华，胡茜．农村土地流失的原因及对策研究［J］．商场现代化，2006（30）．

第二章 县域治理现代化中的城乡关系与乡村治理变迁

社、经的适度分离。如果说人民公社体制使国家与农民的关系简化为国家与公社的关系，有效降低了农业剩余汲取和乡村控制的行政成本，那么，"家计村治乡政"使国家与农民的关系重新回到乡村组织与2亿农户的关系，上级政策执行、农业剩余汲取和乡村控制的有效性重新成为一个考验乡村治理能力的难题。

1. 压力型体制与乡村治理的行政化

一方面，联产承包责任制、"乡政村治"及劳动力的自由流动使农民获得了空前的生产自主性、人身自由、政治权利和选择空间，也使政府对农民和农村的"管制"难度相比集体化时期空前增加。另一方面，作为"压力型体制"① 的末梢，任务的刚性压力趋向增大，20世纪70年代末期以来，计划生育政策的执行越来越严格，"一票否决"成为常用的政策工具；随着农民负担的加重②，粮款征收成本和难度逐渐加大；随着计划生育、农民负担、土地征用、环境污染等因素引发的农民上访等事件增加，乡村治理中维稳的压力增加；与此同时，不同于之前人民公社对生产、生活资源的高度垄断和控制，乡镇政府和村级组织缺乏必要的资源和手段支持来完成这些任务。乡镇政府和村级组织面临的巨大任务压力使"乡政村治"、政社分离、村民自治的政策初衷大打折扣，为了完成各项刚性任务，乡村治理的行政化动员成为不得不考虑的选择和该阶段乡村治理的主导性逻辑。需要注意的是，该阶段乡村治理的行政化逻辑虽然明显，但是在完成诸多压力性任务时，正式权力的非正式运作等现象亦同样显著③，体现了乡村"熟人社会"及绵延千年的乡村治理逻辑的顽强的"内在韧性"。

刚性任务压力和行政有限性之间的鸿沟是理解乡村治理的行政化逻辑与半正式治理、正式权力非正式运作的关键。一方面，作为"压力型体制"末梢的乡镇政府完成粮款征收、土地征用拆迁、计划生育、维稳等各项刚性任务的主要举措就是"行政化动员"，即以党委政府为核心，动员一切可以动员的力量为完成阶段性任务服务：横向上，抑制党、政、社、经的分

---

① 荣敬本等. 从压力型体制向民主合作体制的转变：县乡两级政治体制改革 [M]. 北京：中央编译出版社，1988.
② 以农业税为例，2000年比1994年农业税费增长101.3%。资料来源：国务院发展研究中心. 调查研究报告 [R]. 2006. 1994年农业税为231亿元，2000年农业税为465亿元。
③ 孙立平，郭于华. "软硬兼施"：正式权力非正式运作的过程分析——华北B镇定购粮收购的个案研究 [A]. 清华社会学评论（特辑），厦门：鹭江出版社，2000.

离，最大限度地把横向资源纳入党委政府的行政化动员体系中来；纵向上，通过干部包村、发展村庄代理人、目标管理等措施，最大限度地把村干部和村级治理纳入行政化动员体系；刚性任务必须完成、"管制难度"增加、行政资源匮乏是行政化动员的原动力，党的核心领导地位是行政化动员的法理依据，党的基层系统是实现行政化动员的主要组织依托。另一方面，行政的有限性又使半正式治理、行政权力的非正式化运作成为行政化动员必要的"补充"：横向上，党政系统与乡镇司法机构、经济、社会组织的基础性分离使党政系统难以再像人民公社时期一样直接下达行政命令，而只能借助交易、私人关系、人情、面子、大道理等方式，软硬兼施，寻求乡镇司法机构、经济、社会组织，以及村级组织和村干部对乡镇"中心任务"的支持；纵向上，乡镇政权与2亿农户打交道，不得不高度依赖村级组织和村干部这个中介，但同样亦不能直接给村级组织和村干部下达行政命令，在实行干部包村、发展村庄代理人等举措的同时，亦不得不"化公为私"，借助私人关系、相互帮忙照顾等非正式资源和非正式方式，软硬兼施，寻求村干部合作，完成行政任务；乡村半正式治理、正式权力非正式化运作，正面效应是行政与社会的有机结合，节约行政资源和成本；负面效应是容易导致乡村精英合谋侵害民众利益，甚至借助灰色、黑恶势力完成行政任务。总体而言，行政化逻辑在乡村治理中处于支配性地位，联产承包导致的市场化逻辑、村民自治导致的社会化逻辑处于服从性地位。

2. 行政化与集体化的区别和联系

以人民公社为组织载体的集体化是对农民、生产资料（主要是土地）、生活资料，以及劳动形式的整体性控制，在这种形式下，政府对农民和农村的"管制"不是问题，真正的问题是"管制"的成本和效益是否合算；乡村治理的行政化是联产承包责任制、"乡政村治"基本确立，在政社、政经基础性分离的基础之上，农民获得了空前的生产自主性、行动自由、政治权利和选择空间的前提下，乡镇政府和村级组织为了完成上级任务，不得不采取的组织手段。两者延续的组织基础就是中华人民共和国初期"政党下乡"确立的执政党在乡镇治理中的渗透性力量、严密的组织体系和领导核心的地位。

（三）乡村治理的"行政化困境"

（1）成本高昂。为完成计划生育、收粮收款、土地征收、维稳等刚性任务，乡镇不得不采取行政化动员的非常手段，但事实证明，行政化动员的方式成本高昂。以农业税征收为例，国税总局原副局长许善达透露，北京在废除农业税前，能征收约 8000 万元农业税，征收直接成本就有 6000 万元，早就没有什么征收的价值了。① 行政化逻辑的另一种成本就是乡镇政府机构膨胀，乡镇财政成为"吃饭财政"，人员、行政经费支出成为乡镇运行的主要支出；为了维系乡镇财政运行，又不得不加大税费收取力度，进一步导致国家与社会关系的恶性循环。

（2）行政化逻辑不利于乡村长治久安。一方面，行政化逻辑往往为了完成阶段性任务，不顾成本，不择手段，不计后果，机会主义倾向严重，甚至利用乡村"黑恶势力"完成任务，饮鸩止渴，严重恶化了党群、干群关系，积累了社会矛盾，不利于实现乡村治理的长治久安。另一方面，行政化逻辑抑制了乡村层面党、政、社、经、司法的相对分离，很大程度上绑架了村自治组织，不利于乡村治理社会基础、社会资本的培育和长远意义上国家与社会的良性互动。

三、城乡融合：一体化发展与乡村治理的公共服务化

"现代化要求消除城乡差别，而现代化过程却产生了城乡差别，这种差别的存在将会制约现代化的进程。"② 我国改革开放 40 多年的现代化进程中，在经济社会发展取得了巨大成就的同时，城乡社会发展不平衡是新时期国家治理面临的突出问题。尽管国家开始强调公共服务型治理，并通过项目制等政策性措施"以城带乡"，但由于缺乏社会性、市场性及乡村自身治理能力的支持，导致乡村发展和乡村治理出现对国家政策的"依赖"现象。党的十九大报告提出实行城乡融合发展，标志着中国城乡关系进入新时代。2019 年 5 月，《中共中央国务院关于建立健全城乡融合发展体制机制和政策体系的意见》进一步把党的十九大"城乡融合"和一体化发展的战略部署落到实处。需要注意的是，虽然近年来"城乡融合"和一体化发展在部分地区进展较为明显，但总体上仍然是国家主导的宏观性政策导向，是一种长远的发展趋势，在大部分地区还没有成为现实。

---

① 参见：http：//www.sina.com.cn.，2011 年 6 月 26 日。
② 徐勇．论现代化中后期的乡村振兴［J］．社会科学研究，2019（2）．

(一) 城乡融合: "城乡互补"与城乡一体化发展

(1) 从"以城带乡""以工补农"到"城乡融合"一体化的政策发展。以 2006 年正式废除农业税为标志,国家财政资源开始向农村和农业倾斜,但是财政资源的倾斜并未改变"有限市场化"的两个基本侧面。"以城带乡""以工补农"的主要实施形式是"项目制",通过交通、饮水、土地整治、村居等具体项目的实施来扶持农村和农业发展,应该说,各种项目的实施有效地缓解了城乡非均衡发展的局面,但城乡非均衡发展的体制机制障碍并没有得到根本性解决。

(2) "城乡融合"一体化发展政策的确立及其内涵。伴随工业化、城市化进程的深入推进,"以乡助城""以城带乡"的单向发展逻辑与城乡失衡发展的现实表明,协同性"双向互助"的城乡融合关系是城乡社会均衡发展之道。党的十九大提出实行城乡融合发展,《关于建立健全城乡融合发展体制机制和政策体系的意见》进一步把"城乡融合"和一体化发展的战略部署落到实处。城乡融合不仅仅是经济发展单一目标的融合,而是追求全面融合、良性互动、共同发展的全方位城乡关系新格局。城乡融合发展的具体内涵是把城乡当作一个有机整体,放在开放的、公平的、公正的发展环境中,让城乡资源要素对流畅通、产业联系紧密、功能互补互促,推动城乡生产方式、生活方式及生态环境向一体化方向和谐发展,最终实现人的全面发展和人与自然的和谐相处①。城乡融合发展不是城市的单极发展,而是城乡两极的协同发展。城乡融合将打破传统城乡要素单向流动的"怪圈",既不是"以乡助城",也不是"以城带乡",而是将城乡社会看作一个有机系统,依据城乡特点,发挥城乡社会各自的优势和功能。最主要的是通过城乡融合体制机制实现城乡共同"造血"、合理"输血",使城乡共同体的每一部分共享社会发展成果。

(二) 党组织领导下"三治合一"治理体系与乡村治理的公共服务转向

"城乡融合"一体化发展政策的有效实施需要相应的乡村治理支撑,强化党组织领导下"三治合一"治理体系建设,强化乡村组织的公共服务属

---

① 许彩玲,李建建.城乡融合发展的科学内涵与实现路径——基于马克思主义城乡关系理论的思考 [J]. 经济学家, 2019 (1).

第二章　县域治理现代化中的城乡关系与乡村治理变迁

性，促进乡村治理的公共服务转向，是有效贯彻落实"城乡融合"一体化发展政策的必然要求。

（1）新时代乡村治理体系建设的政策部署。有效贯彻落实"城乡融合"一体化发展政策，乡村治理需要充分发挥乡村社会的内生力量，与政策性、社会性、市场性等外生力量有机结合，并将其制度化、法律化、常规化。党的十九大报告提出，"加强农村基层基础工作，健全自治、法治、德治相结合的乡村治理体系"。《关于建立健全城乡融合发展体制机制和政策体系的意见》进一步提出，"建立健全党组织领导的自治、法治、德治相结合的乡村治理体系，发挥群众参与治理主体作用，增强乡村治理能力。强化农村基层党组织领导作用，全面推行村党组织书记通过法定程序担任村委会主任和村级集体经济组织、合作经济组织负责人，健全以财政投入为主的稳定的村级组织运转经费保障机制"①，为新时代乡村治理体系和治理机制建设做出了明确的政策性部署。

（2）乡村治理的公共服务转向。21世纪初期以来，乡镇政府和村级组织所面临的压力性任务，如计划生育、收粮收款等，或者彻底解决或者大幅缓解，与此同时，乡村治理和乡村发展中乡镇政府和村级组织的公共服务职能日益突出，如环境卫生、社会保障、治安调解、老幼照护、教育医疗、技术—融资等生产性服务。《关于加强乡镇政府服务能力建设的意见》（中办发〔2017〕11号）史无前例地强调乡镇政府职能转变，要求"强化服务功能，健全服务机制，创新服务手段，增强服务意识，提升服务效能"加强乡镇政府服务能力。城乡融合发展要求"推动公共服务向农村延伸、社会事业向农村覆盖，健全全民覆盖、普惠共享、城乡一体的基本公共服务体系，推进城乡基本公共服务标准统一、制度并轨"，对乡村公共服务供给和乡镇政府以及村级组织提供公共服务的能力提出了更高的要求。

（3）公共服务逻辑应当成为乡村治理的支配性逻辑。乡村治理的行政化逻辑和公共服务逻辑两者截然不同。乡村治理的行政化逻辑更多的是基于压力型体制和上级安排部署的刚性任务而不得不采取的非常规动员，主要是"对上"，而且具有明确的管理目标责任导向，上一级政府是任务分解

---

① 中共中央、国务院. 关于建立健全城乡融合发展体制机制和政策体系的意见［EB/OL］. http://www.gov.cn/zhengce/2019-05/05/content_5388880.htm.

者、责任确定者,也是考核验收者。公共服务逻辑则在根本取向上与之相反,公共服务主要是面向本地群众、本地需求的,本地群众的需求和满意度,以及与之相应的如何在公共服务供给方面形成乡村组织与民众的良性互动成为主导的一面,上一级政府主要是发挥督促、监督作用。现阶段乡村治理中,行政下乡与村民自治下沉两种现象并存①,应当说,行政下乡体现了解决问题的行政化逻辑;村民自治下沉,"自治单位从行政村向自然村下沉,激活了村庄社会积累的内生性资源,使得以自然村为边界的社区社会组织兴起,为农民提供了平等参与和民主协商公共事务的空间"②,有利于扩展公共服务的逻辑。应该说,行政下乡有利于更好地在乡村治理中贯彻和实施国家政策意图,也有利于解决乡村治理中道路、水利等方面的基础设施建设问题,但行政的内在局限性使"行政下乡虽然取得了显著成效,但仍无法解决基层治理中的诸多难题"③,乡村治理中的常规性公共服务(如环境卫生、治安调解、老幼照护、民风民俗、扶持互助等)则需要更多依赖内生性自治组织。进一步地,乡村治理上一阶段占支配性地位的行政化逻辑应该逐步让位于公共服务逻辑,只有乡村治理中的行政化、市场化、社会化统一到"公共服务"这一支配性逻辑下,乡村治理的公共服务转向才能取得实质性进展。

(三) 乡村治理公共服务转向中的新挑战

随着城乡关系政策导向的根本性变化,乡镇治理由压力型体制向党组织领导下"三治合一"治理体系的转变,以及行政化逻辑向公共服务逻辑的转向势在必行,但是这一过程并不轻松。

(1) 压力型体制和行政化逻辑积重难返。乡镇处于国家—社会交接的一线,属于压力型体制的末梢,在压力型体制中"讨价还价"的能力极低,很多任务、目标的确立和考核身不由己;虽然以计划生育、收粮收款为代表的旧任务压力消失或者趋缓,但以扶贫、环境保护、公共服务为代表的新任务压力却在加大,与之相应的各种责任、检查、考核使乡村基层疲于应付;乡村组织由于缺乏必要的资源和手段来完成上级规定的考核任务,再加上积年形成的"行政化"惯性,乡村组织往往在执行政策时不自觉地

---

①②③ 赵晓峰,魏程琳. 行政下乡与自治下沉:国家政权建设的新趋势 [J]. 华中农业大学学报 (社会科学版), 2018 (4).

第二章 县域治理现代化中的城乡关系与乡村治理变迁

重返"行政化逻辑",个别地区的行政下乡现象甚至更加严重。

(2)公共服务的内生性不足。2006年后,以农业税取消为标志,国家财政开始向农村、农业发展倾斜,在任务压力大幅减轻、干群关系缓解的同时,乡镇政府和村级实际收入下降,乡镇政府、村级组织仅靠国家的转移支付难以维持其自身运转,更不用说还要为乡村提供公共服务,乡镇治理陷入另一种困境,即乡镇治理的悬浮化和村治的空心化。环境卫生、社会保障、治安调解、老幼照护、教育医疗文化等公共服务供给具有很强的"内生性"特征,供给有效性很大程度上取决于乡村内生性的自我服务能力,国家政策扶持、资本下乡、社会组织支持仅仅是外在辅助性的。从现阶段来看,国家大规模政策性扶持在很多地方不仅没有提高乡村自我服务能力,反而形成一种"依赖"心理,进一步加剧了乡镇治理的悬浮化与村级治理的空心化。总体上,在现阶段,乡村两级组织自我服务供给的积极性、能力、资金持续性等方面均存在严重问题。

(3)外部扶持与乡村自主治理的结合有待探索。"城乡互补""城乡融合"与"城乡一体化发展"政策导向下,乡村振兴、农业农村的发展不能主要依靠国家政策支持、资本下乡、社会组织支持等外生性力量,根本之道还在于提高乡村组织服务乡村发展的能力。也只有如此,政策性、社会性、市场性等外生力量才能与乡村社会的内生力量有机结合,在乡村社会扎根立足,转化为可持续的建设性力量。现阶段,"新常态下乡村总体性治理正在遭遇制度建设滞后及选择性、策略性和运动性的治理困境",大规模的外部政策性扶持用技术化的工作方法代替了总体性制度设计,侧重短期效率,具有策略性、选择性、运动性的特征,在一定程度上不仅没有提升,反而抑制和弱化了乡村自主治理能力和机制[①]。这种政策取向如不能根本改变,则不利于乡村治理公共服务转向的可持续性和有效性。

四、本章小结

从城乡关系的视角透视乡村治理70年演变的逻辑,可以发现:
(1)在城乡分离阶段,城乡关系的基本政策导向是工业化(尤其是重

---

① 张丙宣,苏舟.乡村社会的总体性治理:以桐乡市的"三治合一"为例[J].中共杭州市委党校学报,2016(3).

工业）优先，为此需要稳农业保工业、稳农村保城市。统购统销政策（保证农业剩余汲取）和户籍制度（保证农村控制）成为派生性政策。城乡政策是人民公社形成的主因之一，人民公社的组织形式使国家与农民的关系简化为国家与公社的关系，最大限度地保证了农业剩余汲取和农村控制的双重任务。人民公社的治理形式内蕴的乡村治理逻辑即整体性控制逻辑。

（2）在城乡失衡阶段，城乡关系的基本制度和政策安排是"有限市场化"，即在城乡发展上实行计划和市场双轨制：劳动力、资金要素实行市场机制；土地、户籍、社保、人口生育、粮款征收等维系和实行计划体制。政策效果是计划机制和市场机制在城乡间的运行都有利于城市化和工业化，城乡发展进一步失衡。"家计村治乡政"是"有限市场化"政策在乡村的落实和延伸，也使国家与农民的关系还原为乡村组织与2亿农户的关系。基本政策安排的市场化、社会化侧面提高了"管制"难度，"计划"侧面派生了刚性任务；两者结合导致了乡村治理的"压力型体制"和"村治乡政"的行政化。联产承包责任制衍生了市场化逻辑，"村治"衍生了社会化逻辑，但两者都服从和服务于乡村治理的行政化逻辑。

（3）城乡融合阶段，城乡关系的基本制度和政策安排是"城乡融合"一体化发展：大规模政策性扶持，强化农村基础设施建设与公共服务供给，促进城乡基本公共服务（教育、医疗、社保等）均等化是主要政策内容。在治理体系上，加强党组织领导下"三治合一"的治理模式探索，推动乡村治理体系的公共服务转型。在相应的运行逻辑上，内在地要求公共服务逻辑成为支配性逻辑，行政化逻辑、市场化逻辑与社会化逻辑都应服务于乡村治理的公共服务逻辑（见表2-4）。

表2-4 城乡关系视角下乡村治理演变的逻辑

	城乡关系战略和政策	乡村治理体系	乡村治理逻辑
城乡分离阶段	工业化优先：农业汲取（统购统销）；农村控制（户籍制度）；稳农村保城市，稳农业促工业	治理体系：人民公社体制成型和长期延续，"三级所有，队为基础"，国家与农民的关系简化为国家与公社的关系 性质：代理型政权，主要是执行上级命令 逻辑关系：直接相关，主因之一	整体性控制逻辑

第二章 县域治理现代化中的城乡关系与乡村治理变迁

续表

	城乡关系战略和政策	乡村治理体系	乡村治理逻辑
城乡失衡阶段	城乡发展实行计划与市场双轨制（有限市场化）：劳动力、资金要素实行市场机制；土地、户籍、社保、人口生育、粮款征收等维系和实行计划体制 城乡发展失衡进一步加剧：以乡助城，以农促工；农村、农业自力更生	治理体系："家计村治乡政"，国家与农民的关系还原为乡村组织与农户的关系 性质：代理型政权与谋利型政权经营者并存 逻辑关系：基本政策安排的市场化、社会化侧面提高了"管制"难度，"计划"侧面派生了刚性任务；两者结合导致了"压力型体制"和"村治乡政"的行政化	行政化逻辑是支配性逻辑；市场化逻辑与社会化逻辑"复活"并影响行政化逻辑
城乡融合阶段	从"以城带乡""以工补农"到"城乡融合"一体化 强化农村基础设施建设与公共服务供给，促进城乡基本公共服务（教育、医疗、社保等）均等化	治理体系："三治合一"的政策探索和总体性治理，推动乡村治理体系的公共服务转型 性质：推动代理型政权、谋利型政权向公共服务型治理体系转变 逻辑关系：城乡融合一体化发展政策的内在要求和逻辑延伸	公共服务逻辑应当成为支配性逻辑；行政化逻辑、市场化逻辑与社会化逻辑都应服务于公共服务逻辑

第三章 习近平县域治理思想研究

在县域治理方面,习近平同志既有切实的实践经验,亦有丰富的理论思想。习近平同志1982年3月至1985年5月在河北正定工作期间先后担任县委副书记、县委书记,在县委领导职务上亲民、务实、清廉,勇于担当,开拓创新,政绩卓著,期间的讲话、文章、书信蕴含着丰富的县域治理思想,是"一堂蕴意深刻的县域治理公开课";其后,在地(市)委书记、省委书记、中央总书记的职务上也高度关注县域治理、县域经济社会发展。党的十八大以来,习近平同志在河南兰考、河北阜平等地考察调研讲话中,特别是在中央党校县委书记研修班及会见全国优秀县委书记时的讲话中,全面阐述了其对县域治理和县级领导班子建设的若干思考,对县域治理、县委书记队伍建设提出了新的时代要求。结合当前县域治理和发展的背景,系统总结习近平同志的县域治理思想,有助于深化对当前县域治理的认识,提高县一级全面有效贯彻落实"四个全面"的战略布局的政策自觉性。本章主要依据习近平正定工作期间的文集《知之深 爱之切》,党的十八大之后有关县委书记队伍建设的文集《做焦裕禄式的县委书记》,参考《摆脱贫困》《习近平谈治国理政》两本书,结合其在正定工作期间的领导行为,整理分析其县域治理的基本思想和时代价值。

一、县域治理的特征和重要性

(一)县域治理的特征

县域是一个相对完整的社会,县级政府功能齐备。"一个县就是一个基本完整的社会,'麻雀虽小,五脏俱全'。"[1]"一个县,大的有几十万、上

---

[1] 习近平. 做焦裕禄式的县委书记[M]. 北京:中央文献出版社,2015:2.

百万人口，经济、政治、文化、社会、生态等各方面的功能齐备。"① 县在组织设置、决策权力、运行功能、资源配置方面都有相对完整性、相对独立性，可以说是除了层级差异之外，县在这些方面与中央、省市级政府基本相同。县一级工作，从政治、经济、文化到群众的衣食住行、生老病死，无所不及。

县域社会的相对封闭性带来人际关系的挑战。习近平专门提到，"我国是一个人情社会，县级地域不大，人际关系比较紧密，亲属圈、朋友圈、同事圈比较热络。领导干部有权，自然找的人就多。面对老领导、老同事、老同学、老朋友、老下属，还有远的近的各路亲戚，如何正确对待和把握是对领导干部一个很现实的考验。当官是一个充满诱惑的岗位，有的人不当官品行还是端正的，人还是敦厚的，不会去做什么为非作歹的事情。但是，当坐上了一定位置、戴上桂冠就不同了，他不主动谋私，但面临的种种诱惑和陷阱很多，被动的、被迫的、被忽悠的、被引诱的事情太多了"②。习近平同志的这段话深刻指出了由于县域社会的相对封闭性，社会上流行的"关系学"在县域之内对县级领导干部的挑战和诱惑要更加严峻，可谓一针见血、经验之谈。

县域治理具有城乡结合、工农结合的特点。习近平在正定工作期间，经过认真调研，为正定县确定了走"半城郊型经济"发展的路子，因为正定县"既具有'城郊型'经济依托于城市、商品生产比较发达、城乡联系比较密切、工农结合比较紧密的某些特点，又具有一般农村经济的某些特点，是两类经济结合的中间型经济"③。其实，不仅是正定，我国绝大多数县都具有城乡结合、亦城亦乡、亦工亦农的基本特点，"县城是城市与乡村、传统与现代、中心与边缘地带的'接点'部位"④，这是县域治理的一个基本特点。

（二）县域治理在国家治理体系中的定位

郡县治，天下安。"在我们党的组织结构和国家政权结构中，县一级处

---

①② 习近平. 做焦裕禄式的县委书记 [M]. 北京：中央文献出版社，2015：44，52.
③ 习近平. 知之深 爱之切 [M]. 石家庄：河北人民出版社，2015：122.
④ 徐勇. "接点政治"：农村群体性事件的县域分析——一个分析框架及若干个案为例 [J]. 华中师范大学学报（人文社会科学版），2009（6）.

在承上启下的关键环节,是发展经济、保障民生、维护稳定、促进国家长治久安的重要基础"[①],也是干部干事创业、锻炼成长的基本功训练基地。习近平把县域治理最大的特点形象地概括为既"接天线"又"接地气"。即对上,要贯彻党的路线方针政策,落实中央和省市的工作部署;对下,要领导乡镇、社区,促进发展、服务民生。强调县一级工作做好了,党和国家全局工作就有了坚实基础。[②]

(三)县域治理是"四个全面"的战略布局落到实处的关键

党的十八大以来,党中央从坚持和发展中国特色社会主义全局出发,提出并形成了"四个全面"战略布局。"四个全面"能否落到实处,关键在基层。习近平特别强调,"现在,县级政权所承担的责任越来越大,需要办的事情越来越多,尤其是在全面建成小康社会、全面深化改革、全面依法治国、全面从严治党进程中起着重要作用。"[③]

二、县域治理的原则和方法

(一)县域治理的基本原则

在河南省兰考县委常委扩大会议上的讲话中,习近平提出了县域治理的三个基本原则。[④]

第一,把强县和富民统一起来。实现强县和富民的统一,就要在发展路径选择和发展成果共享上有全面把握,既要善于集中资源办大事、增强县域经济综合实力和竞争力,又要注重鼓励城乡居民创业增收和勤劳致富,持续提高城乡居民生活水平。

第二,把改革和发展结合起来。在县域经济社会发展过程中,改革和发展是一个问题的两个方面。要把改革和发展有机结合起来,以改革促发展,努力走出一条好的发展路子。当前,我们正处于爬坡过坎、攻坚转型的紧要关口,只有坚定不移地深化改革,才能破除体制障碍和束缚,释放动力、激发活力,才能创造优势,实现更好更快发展。就县域治理而言,

---

[①][②][③][④] 习近平. 做焦裕禄式的县委书记 [M]. 北京:中央文献出版社,2015:2-3,52-53.

要把发展潜力转化为发展优势,根本靠改革。只有正确认识改革和发展的关系,既重视改革,又着眼发展,才能够真正把握县域治理的深层次矛盾,从而坚定有序地主动推进改革。

第三,把城镇和乡村贯通起来。当前,我国已经进入工业化和城市化加速发展的新阶段,这也是以工促农、以城带乡的新阶段。"推进新型城镇化,一个重要方面就是要以城带乡、以乡促城,实现城乡一体化发展。要打破城乡分割的规划格局,建立城乡一体化、县域一盘棋的规划管理和实施体制。要推动城镇基础设施向农村延伸,城镇公共服务向农村覆盖,城镇现代文明向农村辐射,推动人才下乡、资金下乡、技术下乡,推动农村人口有序流动、产业有序集聚,形成城乡互动、良性循环的发展机制。"①

(二)县域治理的工作方法

围绕县域治理的基本特点,习近平同志提出了"高、新、实"的县域治理工作方法。"所谓'高、新、实'就是领导工作起点要高、标准要高,思想作风新、领导方法新,工作扎实、讲究实效。"②

(1)工作起点要高、标准要高。"标准决定质量,有什么样的标准就有什么样的质量,只有高标准才有高质量。'取法于上,仅得为中;取法于中,故为其下。'……确立什么样的标准,决定着有什么样的成效。"③

(2)思想作风新、领导方法新。"在目前这样一个伟大的历史性转折时刻,各级领导干部都要面临一个重新学习的任务。""要学习和掌握科学领导方法",要向书本学习,在实践中学习,向内行、专家学习,向老同志学习。④

(3)工作扎实、讲究实效。"领导作风和工作作风要有一个突破性的变化,就是一定要树立求实精神,抓实事,求实效,真刀真枪干一场。衡量一个干部的好与差就是看他能不能办实事,能不能打开局面。要坚决扭转议而不决、决而不行、唱高调、尚空谈等假大空的恶习。"⑤ 习近平同志到正定之后,通过调研很快发现,这个全国闻名的高产县竟有不少农民连温

---

① 习近平. 做焦裕禄式的县委书记[M]. 北京:中央文献出版社,2015:53.
② 习近平. 知之深 爱之切[M]. 石家庄:河北人民出版社,2015:133.
③ 习近平. 做焦裕禄式的县委书记[M]. 北京:中央文献出版社,2015:36-37.
④ 习近平. 知之深 爱之切[M]. 石家庄:河北人民出版社,2015:133-134.
⑤ 习近平. 知之深 爱之切[M]. 石家庄:河北人民出版社,2015:135.

饱都不能保证。粮食亩产超千斤，但经常是交完征购粮，剩下的就不够自己吃了。习近平同志认为，"吃饭问题是解决正定问题的当务之急"，高征购造成了正定农业结构比例失调，必须及时纠正。习近平同志跑省进京，向上级部门如实反映正定人民的生活状况和存在的困难。1982年初夏，国务院派出调查组和省委、地委一起对正定的情况进行深入调查后认为，正定反映的问题是真实的，要求是合理的。上级决定把正定粮食征购任务减少2800万斤，初步缓解了正定农民口粮紧张问题。① 直面县域发展中真正的问题，敢于担当不回避，习近平同志可以说是工作中实事求是的典型。

三、县域治理的定位和规划

（一）重视调查研究

习近平同志高度重视调查研究。"做好基层工作，关键是要做到情况明。"② "当县委书记要走遍全县各村，当地市委书记要走遍各乡镇，当省委书记要走遍各县市区。我履行了这一条。我在正定当县委书记时走遍了所有村，有时候骑着自行车下乡。我当市委书记、地委书记期间走遍了福州、宁德的乡镇。当时，宁德有四个镇没有通路，我去了三个，后来因调离了，有一个没去成。……我到浙江当省委书记以后，全部县市区走遍了，之后对浙江发展提出了'八八战略'，就是发挥八个方面优势、采取八个方面举措。这是什么？这就是要亲自摸清吃透情况，掌握第一手材料。"③ 习近平到正定之后，"骑着自行车到各地了解情况"④。习近平担任正定县委书记之后，主持制定的《县委一班人要遵守的六项规定》提出，"要在调查研究上狠下功夫，实现新的突破。县委常委都要在农村和厂矿学校建立若干联系户和联系点；每年要有三分之一以上的时间深入基层，研究新情况，解决新问题；每人每年要有计划、有目的地摸透几件事，从中找出规律性的东西，并亲自或主持写出两篇以上有指导意义的文章"⑤。

---

①④ 程宝怀，刘晓翠，吴志辉. 习近平同志在正定 [N]. 河北日报，2014-01-02（02）.
② 习近平. 做焦裕禄式的县委书记 [M]. 北京：中央文献出版社，2015：21.
③ 习近平. 做焦裕禄式的县委书记 [M]. 北京：中央文献出版社，2015：39-40.
⑤ 习近平. 知之深 爱之切 [M]. 石家庄：河北人民出版社，2015：106.

（二）县域发展规划要立足资源禀赋

"不同的县有着不同的资源和禀赋"①，县域发展规划必须符合并最大限度地发挥自身资源禀赋，"要坚持从实际出发谋划事业和工作，使想出来的点子、举措、方案符合实际情况，不好高骛远，不脱离实际"②。以正定县确立"半城郊型经济"发展规划为例，习近平到正定工作两年后，通过深入调查了解，已经基本掌握了正定的县情，1984年2月，习近平正式提出了正定发展"半城郊型经济"的设想。习近平认为，"我县虽行政区划不属于城市郊区，在国家计划、方针政策、领导体制方面不具有城郊的优势，但是我县有优越的地理位置，毗邻石家庄市，交通发达，市场广阔，人多地少，劳力充沛，文化技术基础较好，又具备很多发展'城郊型'经济的有利条件。"③ "发展'半城郊型'经济，一方面要把我县毗连城市的各种优势充分挖掘出来，利用起来，依托城市，服务城市，起到为城市拾遗补缺的作用，促进经济发展；另一方面要立足本地资源和条件，搞好农工商综合经营，获取较高的经济效益。不丢城，不误乡，利城富乡。"④

确定下来的规划要有严肃性和连续性。"对定下来的工作部署，要一抓到底、善始善终，坚决防止走过场、一阵风。县委书记多数任职就几年，不能有临时工的思想。有的人到了县委书记岗位上，想的是反正干不长，不如弄点大动静出来，也好显示自己的能耐和政绩，为自己晋升提拔铺路。这样的观点要不得。一个县里，规划几年一变，蓝图几年一画，干不成什么事。要有'功成不必在我'的境界，一张好的蓝图，只要是科学的、切合实际的、符合人民愿望的，就要像接力赛一样，一棒一棒接着干下去。"⑤正定县确立了发展"半城郊型经济"的思路之后，经济取得迅速发展。1985年，立足国家发展的总体要求，县里又制定了《正定县经济技术、社会发展总体规划》，提出了正定经济"三步走"发展目标和"对外开放、对内搞活、依托城市、开发智力、发展经济、致富人民"的发展方针，成为指导正定发展的长期规划。

---

① 习近平. 做焦裕禄式的县委书记 [M]. 北京：中央文献出版社，2015：7.
② 习近平. 做焦裕禄式的县委书记 [M]. 北京：中央文献出版社，2015：8.
③ 习近平. 知之深 爱之切 [M]. 石家庄：河北人民出版社，2015：122.
④ 习近平. 知之深 爱之切 [M]. 石家庄：河北人民出版社，2015：123.
⑤ 习近平. 做焦裕禄式的县委书记 [M]. 北京：中央文献出版社，2015：9.

四、县域治理的重点任务

整理、分析习近平同志有关县域治理的讲话及其县域治理实践可以发现,习近平同志始终把发展、改革、民生、稳定视为县域治理的重点任务。

(一)发展

经济发展要坚持"创新、协调、绿色、开放、共享"五大发展理念。这五大发展理念"是'十三五'乃至更长时期我国发展思路、发展方向、发展着力点的集中体现","对破解发展难题、增强发展动力、厚植发展优势具有重大指导意义"。具体到县一级,县域经济的发展要注重质量、效益,注重发展后劲和内生动力。"一个地方发展要有一定速度,更要注重质量和效益,其中因地制宜、突出特色很关键。特色就是优势,就是潜力。"①"我国经济发展进入新常态,保持经济社会持续健康发展,必须转方式、调结构,必须实施创新驱动发展战略,必须推动新型工业化、信息化、城镇化、农业现代化同步发展。做好这些工作,县一级十分重要。"②

县域经济发展的策略。习近平同志认为,经济发展要走一条"双向开放"和"双向开发"的道路。"双向开放"即对内、对外同步开放;"双向开发"即资源与市场同时开发。③ 实施"双向开放"和落实"双向开发"策略,根本在于要树立起"市场—技术—资源"的发展战略思想。习近平同志认为,走"市场—技术—资源"的道路,有利于对自然资源进行更深层次的开发,有利于提高资源利用率和综合经济效益。④

县域发展要高度重视扶贫开发工作。扶贫开发,"一是要紧紧扭住发展这个促使贫困地区脱贫致富的第一要务,立足资源、市场、人文旅游等优势,因地制宜找准发展路子,既不能一味等靠、无所作为,也不能'捡进篮子都是菜',因发展心切而违背规律、盲目蛮干,甚至搞劳民伤财的'形象工程'、'政绩工程'。二是要紧紧扭住包括就业、教育、医疗、文化、住房在内的农村公共服务体系建设这个基本保障,编织一张兜住困难群众基

---

① 习近平. 做焦裕禄式的县委书记 [M]. 北京:中央文献出版社,2015:28.
② 习近平. 做焦裕禄式的县委书记 [M]. 北京:中央文献出版社,2015:10.
③ 习近平. 摆脱贫困 [M]. 福州:福建人民出版社,1992:121-122.
④ 习近平. 摆脱贫困 [M]. 福州:福建人民出版社,1992:123.

本生活的安全网，坚决守住底线。三是要紧紧扭住教育这个脱贫致富的根本之策，再穷不能穷教育，再穷不能穷孩子，务必把义务教育搞好，确保贫困家庭的孩子也能受到良好的教育，不要让孩子们输在起跑线上。"[1] "以造血为主，输血为辅"，"贫困地区发展要靠内生动力"，贫困地区发展离不开国家扶持，但根本要依靠转变经济形式、提高区域生产力，所以要致力于发展方式的多维化、经济形势多样化、经济模式多元化。[2]

（二）改革

"改革是决定当代中国命运的关键一招。"党的十八届三中全会对全面深化改革做出了全面部署，理论上和实践上都有一系列创新突破。在改革方面，县一级政权的中心任务是深入学习贯彻三中全会精神，把全面深化改革的战略部署在县域内落到实处。"全面深化改革，县一级要做什么事，能做什么事，要不等待、不观望，坚持问题导向，积极主动作为。"[3] "要牢牢把握全面深化改革正确方向，克服惧怕困难、畏首畏尾的思想，保持与时俱进、锐意进取的精神状态，敢啃硬骨头，敢于涉险滩。对符合实际、看准了的事情，就大胆干；对妨碍科学发展、社会和谐的思想观念障碍和体制机制弊端，就坚决改；对改革中出现的新生事物，就勇于试，在实践中不断探索和积累经验。"[4]

习近平在正定工作短暂的三年时间内，大力解放思想、推进县域综合改革，效果显著：1983年在河北省率先推行"大包干"；围绕"半城郊型经济"的定位，大力调整县域产业结构，推行以农业为主的多元化经营；乡镇企业实行"一包三改"（"一包"就是包经济指标翻番。"三改"就是改企业干部委任制为选聘制，改工人固定录用制为合同制，改固定工资制为浮动工资制）；围绕"看、用、养、招"四个字，打破用人框框，广招四方贤士，博揽英才，起用良才，引进外才；超前谋划，多方协调，借势打造以"荣国府"为代表的旅游产业。

---

[1] 习近平. 做焦裕禄式的县委书记 [M]. 北京：中央文献出版社，2015：29-30.
[2] 习近平. 摆脱贫困 [M]. 福州：福建人民出版社，1992：121.
[3] 习近平. 做焦裕禄式的县委书记 [M]. 北京：中央文献出版社，2015：10.
[4] 习近平. 做焦裕禄式的县委书记 [M]. 北京：中央文献出版社，2015：28.

(三)民生

领导干部要"心中有民","把解决民生问题放在各项工作的首位"。习近平同志指出,"要心系群众、服务人民,坚持党的群众路线,保持同人民群众的血肉联系,在思想感情上贴近人民群众,把解决民生问题放在各项工作的首位,下大气力解决好群众反映强烈的突出问题,下大气力做好关心困难群众生产生活的工作,多办顺应民意、化解民忧、为民谋利的实事"①。

县域民生保障的重点是社会保障和公共服务体系建设,尤其是在就业、医疗、养老、文化、教育等方面推行均等化的公共服务。

(四)稳定

我国绝大多数的社会矛盾、群体性事件都发生在县域之内,县级政治承上启下,是"国家上层与地方基层、中央领导与地方治理、权力运作与权力监控的'接点'部位;县域社会城市与乡村、传统与现代、中心与边缘地带的'接点'部位,比较容易发生群体性事件"②。对此,习近平同志指出,"县一级处于社会矛盾的前沿,县委书记处在维稳第一线,一定要履行好责任。前些年,瓮安、孟连、陇南等事件说明,突出矛盾和突发事件背后都存在复杂的利益冲突,都存在干部作风问题,也都存在工作上处置不当的问题。对突出矛盾要有责任意识,主动去解决而不是回避推卸,努力做到发现在早、处置在小。对突发事件要临危不惧、沉着冷静、敢于负责,关键时刻要亲临现场、靠前指挥、果断处置"③。

五、县域治理的组织和干部保障

习近平同志对县一级职能、运转和县委书记的角色有亲身的感悟,因而特别重视县域治理的组织和干部保障,尤其是县委书记队伍的建设。

---

① 习近平. 做焦裕禄式的县委书记 [M]. 北京:中央文献出版社,2015:30.
② 徐勇. "接点政治":农村群体性事件的县域分析——一个分析框架及以若干个案为例 [J]. 华中师范大学学报(人文社会科学版),2009(9).
③ 习近平. 做焦裕禄式的县委书记 [M]. 北京:中央文献出版社,2015:10.

(一) 党建要为党的中心工作服务

"党的建设历来是为党的中心工作服务的。教育实践活动的成果，要用改革发展的实际成效来检验。"①整党必须同改革紧密结合，为改革和发展经济服务。②"县委书记担负着领班子、带队伍、抓发展、保稳定的重任。大家要加强学习，加强实践，加强党性锻炼。要坚定理想信念，坚守共产党人精神家园，做到有追求、有境界。要勤奋工作，对党的事业高度负责，对人民群众高度负责，带头解放思想、改革创新，坚持求真务实、艰苦奋斗，真正做到为官一任、造福一方。要心系群众、服务人民，坚持党的群众路线，保持同人民群众的血肉联系，在思想感情上贴近人民群众，把解决民生问题放在各项工作的首位，下大气力解决好群众反映强烈的突出问题，下大气力做好关心困难群众生产生活的工作，多办顺应民意、化解民忧、为民谋利的实事。"③

(二) 县委和县委书记的重要性

治理好一个县，关键要建立一个强有力的县委，县委书记这个岗位很重要。习近平指出，县委是我们党执政兴国的"一线指挥部"，县委书记就是"一线总指挥"，是我们党在县域治国理政的重要骨干力量。尤其是对于直接面对农村，特别是贫困地区一线工作的县一级政权和县委书记来说，工作如何，将直接影响到全面建成小康社会目标的实现。

在领导方式上，县委书记要做学法、遵法、守法、用法的模范，善于运用法治思维谋划县域治理。要牢记法律红线不可逾越、法律底线不可触碰，做决策、开展工作多想一想是否合法、是否可行，多想一想法律的依据、法定的程序、违法的后果，自觉当依法治国的推动者、守护者。

(三) 县域领导干部作风建设的要求

在领导作风上，县一级同人民群众的联系更直接，其不良作风将直接损害群众利益、伤害群众感情。老百姓看党，最集中的是看县委一班人，

---

① 习近平. 做焦裕禄式的县委书记 [M]. 北京：中央文献出版社，2015：52.
② 习近平. 知之深 爱之切 [M]. 石家庄：河北人民出版社，2015：202-211.
③ 习近平. 做焦裕禄式的县委书记 [M]. 北京：中央文献出版社，2015：30.

特别是县委书记。县委书记作风不好,党在当地群众心目中的形象就会大打折扣。1983年12月,在习近平同志主持下,正定县委出台了《关于改进领导作风的六项规定》,要求各级领导干部总揽全局,抓大事,谋大势;反对官僚作风,注重工作实效;搞好班子团结,维护班子统一;坚持以身作则,不搞不正之风;努力加强学习,不断提高领导水平;树立雄心壮志,为"四化"创优争先。① 时至今日,形势、问题变了,但领导干部作风建设的这些要求并不过时。在党的群众路线教育实践活动中,习近平同志结合县域治理的特点,对县一级领导干部提出了作风建设的四点要求。

第一,正确认识和处理人际关系,做到既有人情味又按原则办,"既要坚持原则、出淤泥而不染,有莲花精神,也要有足够的智慧,要能对付。"第二,下决心减少应酬,保持健康的工作方式和生活方式。"领导干部自觉追求健康的工作方式和生活方式,久久为功,庸俗的东西就近不了身。宁静以致远,淡泊以明志。"第三,实实在在做人做事,不搞"假大空"。"领导干部要把实实在在做人做事作为改进作风、增强党性的一个重要方面,对党、对组织、对人民、对同志忠诚老实,做老实人、说老实话、干老实事,襟怀坦白、公道正派,敢于担当责任,勇于直面矛盾,善于解决问题。"第四,对一切腐蚀诱惑保持高度警惕,防微杜渐。"'从善如登,从恶如崩',思想的口子一旦打开,那就可能一泻千里。干部不论大小,都要努力做到慎独慎初慎微,'不以恶小而为之'。"②

(四) 县委书记队伍建设的要求

焦裕禄是习近平学习的榜样,习近平同志也希望广大县委书记以焦裕禄为榜样,"做焦裕禄式的县委书记"。为此,提出了"四有""四个人"的要求。

"四有",即心中有党、心中有民、心中有责、心中有戒。必须始终做到心中有党。对党忠诚,是县委书记的重要标准。衡量一个县委书记当得怎么样,主要看这一条。必须始终做到心中有民。县委书记是直接面对基层群众的领导干部,必须心系群众、为民造福。必须始终做到心中有责。干部就要有担当,有多大担当才能干多大事业,尽多大责任才会有多大成

---

① 习近平. 知之深 爱之切 [M]. 石家庄: 河北人民出版社, 2015: 105-107.
② 习近平. 做焦裕禄式的县委书记 [M]. 北京: 中央文献出版社, 2015: 43-49.

就。必须始终做到心中有戒。要始终牢记,我们的权力是党和人民赋予的,是为党和人民做事用的,姓公不姓私,只能用来为党分忧、为国干事、为民谋利。①

"四个人",即做政治的明白人、发展的开路人、群众的贴心人、班子的带头人。"做政治的明白人",就是要对党绝对忠诚,始终同党中央在思想上、政治上、行动上保持高度一致,自觉执行党的纪律和规矩,真正做到头脑始终清醒、立场始终坚定。"做发展的开路人",就是要适应和引领经济发展新常态,把握和顺应深化改革新进程,回应人民群众新期待。"做群众的贴心人",就是要心中始终装着老百姓,先天下之忧而忧,后天下之乐而乐,真正做到心系群众、热爱群众、服务群众。"做班子的带头人",就是要真正做到事事带头、时时带头、处处带头,真正做到率先垂范、以上率下。②

要树立正确的政绩观。"在县委书记这个岗位上,很多人都想干一番事业,这种想法和干劲是必须有的。我当年到了正定,看到老百姓生活比较贫困、经济社会发展水平比较落后的情形,心里很着急,的确有一股激情、一种志向,想尽快改变这种面貌。但是,干事创业一定要树立正确政绩观,做到'民之所好好之,民之所恶恶之'。要求真务实、真抓实干,做工作自觉从人民利益出发,决不能为了树立个人形象,搞华而不实、劳民伤财的'形象工程'、'政绩工程'。"③

六、本章小结

2014年3月18日,"习近平在河南省兰考县委常委扩大会议上的讲话"中的一段话是理解其县域治理思想和灵魂的钥匙:

"我们这一代人,是深受焦裕禄同志的事迹教育成长起来的。几十年来,焦裕禄同志的事迹一直在我脑海中,焦裕禄同志的形象一直在我心中。记得一九六六年二月七日,《人民日报》刊登了穆青等同志的长篇通讯《县委书记的榜样——焦裕禄》,我当时上初中一年级,政治课老师在念这篇通

---

① 习近平. 做焦裕禄式的县委书记 [M]. 北京:中央文献出版社,2015:3-12.
② 习近平. 做焦裕禄式的县委书记 [M]. 北京:中央文献出版社,2015:67-68.
③ 习近平. 做焦裕禄式的县委书记 [M]. 北京:中央文献出版社,2015:7.

治理现代化背景下的县级政府政策转换

讯的过程中几度哽咽,多次泣不成声,同学们也流下了眼泪。特别是念到焦裕禄同志肝癌晚期仍坚持工作,用一根棍子顶着肝部,藤椅右边被顶出一个大窟窿时,我受到深深震撼。

后来,我当知青、上大学、参军入伍、当干部,我心中一直有焦裕禄同志的形象,见贤思齐,总是把他当作榜样对照自己。焦裕禄同志始终是我的榜样。一九九〇年七月十五日,我任福州市委书记时,以《念奴娇》的词牌填了一首《追思焦裕禄》,发表在《福州晚报》上。李雪健主演的电影《焦裕禄》,我看过不止一遍。我到中央工作后,二〇〇九年四月到河南调研时专程来过兰考,瞻仰了焦裕禄烈士纪念碑,参观了焦裕禄同志事迹展,看了焦裕禄同志当年栽下的泡桐树,看望了焦裕禄同志亲属,开了一个学习焦裕禄精神座谈会,专门就学习弘扬焦裕禄精神作了一个讲话,提了五个方面的要求。我当时说是如愿以偿。

昨天,一踏上兰考的土地,我的心情依然很不平静。在焦裕禄同志纪念馆,尽管看的、听的都比较熟悉,但我还是想多看一看、多听一听,因为每一件实物、每一个故事都能引起我的心灵共鸣。我们住在焦裕禄干部学院,出门就看得见焦裕禄同志当年栽的泡桐树,睹物思人,也别有一番感慨。"

诗言志。"依然月明如昔,思君夜夜,肝胆长如洗。路漫漫其修远矣,两袖清风来去。为官一任,造福一方,遂了平生意。绿我涓滴,会它千顷澄碧。"这段笔端饱含感情的话语道出了习近平县域治理的心之所系、情之所钟、思之精髓。

总体而言,习近平同志县域治理的思想要点包括:县一级处在承上启下的关键环节,县域治理具有自身的特点和规律;县域治理要坚持强县和富民统一、改革和发展统一、城乡贯通的基本原则,坚持"高、新、实"的工作方法;县域发展规划要基于县域的资源和禀赋,要保持规划的连续性;县域治理的重点任务是发展、改革、民生、稳定;县委和县委书记队伍建设在县域治理中极其重要,是县域治理的组织和干部保障。焦裕禄精神是理解习近平县域治理思想的钥匙。习近平的县域治理思想是马克思主义理论与县域治理实践有机结合的成果,既为当前的县域治理和发展提供了政策指导,也为今后县域治理创新提供了方向性指引。

习近平的县域治理思想,既"接地气",注重问题导向,强调求真务实,又具有马克思主义的理论高度、中国特色社会主义事业建设的政治高度，是新的时代形势下，马克思主义理论与县域治理实践有机结合的成果，是在县域治理实际中运用好毛泽东思想活的灵魂的典型，是对我党及中华民族优良传统的继承、发扬和超越。习近平的县域治理思想，既为当前的县域治理和发展提供了政策指导，也为今后县域治理创新提供了方向性指引。

第Ⅱ部分

治理现代化背景下的县级政策转换：
对县域运行性政策执行的考察

第四章 县级政府的权力配置：政策与转换

对于县级政府的组成和运行而言，最重要的因素就是权力配置，上级权力配置政策的组合基本决定了县级政府的基本面貌。但县级政府的主要行动者（以县委书记为主的县级领导干部）也并非完全忠实地贯彻上级权力配置政策，完整地实现其政策意图，而是根据县情、自身利益判断、政策压力等因素综合考虑，按照自己的偏好和利益尽可能地重新转换和构造县级权力版图，以实现自身的利益最大化、权力最大化、行动自由的最大化。

一、县级政府权力配置的政策组合

在权力配置方面，政策由中央直接制定，省、市基本没有再阐释、再细化的权力，政策结构主要是中央层级不同政策的组合，而非中央、省、市不同层级政策的组合。

（一）权力主体

在县一级，最重要的权力主体包括县委、县政府、县人大、县纪委、县政协①、县法院、县检察院。每个县都有隶属省军区、市军分区的武装部，按照惯例，武装部政委属于县委常委，出席县委常委会议，武装部长属于县政府党组成员，列席政府常务会议。但一般而言，只有在涉及国防、

---

① 按照正式规范，政协的法定职责是"参政议政，民主监督"，并不是享有法定权责的国家权力机构。但在实际上，政协基本享有与人大相当的待遇、地位和影响力。此处的权力是从实际权力影响力上讲的。

征兵、民兵训练等议题上,他们才会积极发言,其他地方事务,他们尽量不参与,所以未将其列为县域内重要权力主体。另外,作为县委内设部门的县委办公室、组织部、宣传部、政法委也拥有极大权力,甚至在某种意义上比人大、政协、检法机构更有实权,但是他们都可以归属为县委的权力。

(二) 政策依据

赋予权力,并规范、调整其权力关系的主要政策性依据包括《中华人民共和国宪法》(2004)、《中国共产党党章》(2012)、《中国共产党地方委员会工作条例》(2014)、《中华人民共和国地方各级人民代表大会和地方各级人民政府组织法》(2004)、《中国人民政治协商会议章程》(2004)、《中华人民共和国人民检察院组织法》(1983)、《中华人民共和国人民法院组织法》(2006)、《中国共产党党组工作条例(试行)》(2015),以及正在试点中但会深刻影响县域权力配置的两个"进行时"政策:《关于贯彻落实党的十八届四中全会决定进一步深化司法体制和社会体制改革的实施方案》,涉及县域权力配置的主要内容是"推动省以下地方法院检察院人财物统一管理""法官、检察官统一由省遴选、管理并按法定程序任免""地方各级法院、检察院经费上收省级统一管理";《党的纪律检查体制改革实施方案》,涉及县域权力配置的主要内容是"推动党的纪律检查工作双重领导体制具体化、程序化、制度化,落实查办腐败案件以上级纪委领导为主,各级纪委书记、副书记提名和考察以上级纪委会同组织部门为主,强化上级纪委对下级纪委的领导"。并且未来可能的环保、审计部门省级以下垂直管理都有可能削弱县级政府的横向控制能力。

(三) 政策性权力配置

中国共产党的县级委员会是县级权力主体的核心。

1. 县委权力的政策性定位

"党必须按照总揽全局、协调各方的原则,在同级各种组织中发挥领导核心作用。"[①]"党的地方各级委员会在代表大会闭会期间,执行上级党组织

[①] 《中国共产党党章》(中国共产党第十九次全国代表大会部分修改,2017年10月24日通过)序言。

的指示和同级党代表大会的决议,领导本地方的工作,定期向上级党的委员会报告工作。"① 《中国共产党地方委员会工作条例》(以下简称《条例》)把党章的原则性规定进一步具体化,《条例》第三条规定:"党的地方委员会在本地区发挥总揽全局、协调各方的领导核心作用,按照协调推进'四个全面'战略布局,对本地区经济建设、政治建设、文化建设、社会建设、生态文明建设实行全面领导,对本地区党的建设全面负责。"②《条例》第五条进一步细化了县委的职责职权:"党的地方委员会主要实行政治、思想和组织领导,把方向、管大局、作决策、保落实:(一)对本地区重大问题作出决策。(二)通过法定程序使党组织的主张成为地方性法规、地方政府规章或者其他政令。(三)加强对本地区宣传思想文化工作的领导,牢牢掌握意识形态工作领导权、话语权。(四)按照干部管理权限任免和管理干部,向地方国家机关、政协组织、人民团体、国有企事业单位等推荐重要干部。(五)支持和保证人大、政府、政协、法院、检察院、人民团体等依法依章程独立负责、协调一致地开展工作,发挥这些组织中党组的领导核心作用。(六)加强对本地区群团工作和统一战线工作的领导。(七)动员、组织所属党组织和广大党员,团结带领群众实现党的目标任务。"③ 县委的职责职权又可进一步细化为县委全委会的职责职权、县委常委会的职责职权、县委书记的职责职权。《条例》第九、第十、第十一条分别做出了具体规定:第九条,"党的地方委员会在党代表大会闭会期间,执行上级党组织的指示和同级党代表大会的决议、决定,领导本地区的工作"④。第十条,"常委会在全会闭会期间行使党的地方委员会职权,主持经常工作"⑤。第十一条,"党委书记主持党的地方委员会全面工作,组织常委会活动,协调常委会委员的工作,对党委工作负主要责任"⑥。

---

① 《中国共产党党章》(中国共产党第十九次全国代表大会部分修改,2017 年 10 月 24 日通过)第二十六条。
② 《中国共产党地方委员会工作条例》第三条。
③ 《中国共产党地方委员会工作条例》第五条。
④ 《中国共产党地方委员会工作条例》第九条。
⑤ 《中国共产党地方委员会工作条例》第十条。
⑥ 《中国共产党地方委员会工作条例》第十一条。

2. 县委与其他权力主体的关系

县委是县级政务的权力核心，有明确的干部制度、组织制度、工作制度作为保障。

首先，干部制度保障。第一，县域内所有副处级以上领导干部都由市委组织部管理、考核、监督，县域内所有科级、副科级干部由县委组织部管理、考核和监督，是否支持县委工作是考核、晋升的主要标准之一。第二，县政府、县人大、县政协、县检法机构的主要负责人都纳入县委的议事决策轨道：县人大、县政协主要负责人列席县委常委会；"担任政府正职的党委副书记主持政府全面工作，组织政府党组活动"①；县委全委会委员"人选应当包括书记、副书记和常委会其他委员，一般还应当包括同级政府领导班子成员，同级人大常委会、政协、法院、检察院主要负责人，同级党委和政府有关部门主要负责人，同级工会、共青团、妇联主要负责人，下一级党委和政府主要负责人"②。第三，县委"按照干部管理权限任免和管理干部，向地方国家机关、政协组织、人民团体、国有企事业单位等推荐重要干部"③。

其次，组织制度保障。第一，通过党组来贯彻县委的决策、传递县委权力。党组的设立就是为了"更好发挥党总揽全局、协调各方的领导核心作用"④，"县级以上人大常委会、政府及其工作部门、政协、法院、检察院和工会、妇联等人民团体，一般应当设立党组"⑤。"党组必须服从批准其设立的党组织领导"⑥，"党组的任务，主要是负责贯彻执行党的路线、方针、政策；讨论和决定本单位的重大问题；做好干部管理工作；团结党外干部和群众，完成党和国家交给的任务；指导机关和直属单位党组织的工作"⑦。第二，通过对政府、人大、政协、检法机关县域权力主体主要议事会议内容、程序把关来传递县委权力。《条例》规定，地方党委"通过法定程序使党组织的主张成为地方性法规、地方政府规章或者其他政令"，"支持和保

---

① 《中国共产党地方委员会工作条例》第十一条。
② 《中国共产党地方委员会工作条例》第七条。
③ 《中国共产党地方委员会工作条例》第五条第四款。
④ 《中国共产党党组工作条例》第一条。
⑤ 《中国共产党党组工作条例》第五条。
⑥ 《中国共产党党章》第四十六条。
⑦ 《中国共产党党章》第四十七条。

第四章　县级政府的权力配置：政策与转换

证人大、政府、政协、法院、检察院、人民团体等依法依章程独立负责、协调一致地开展工作，发挥这些组织中党组的领导核心作用"①，隐含着县委对县政府、县人大、县政协、县检法机关重要会议内容、程序的审查监督权。

最后，工作制度的保障。第一，"对口"和常委分工制度。县委工作部门与人大、政府的很多工作部门能够"对口"衔接，如政法委对应公检法、外侨委对应外侨办、组织部对应人事局等。另外，县委常委分工负责不同政务领域，在所分工负责的范围内具有实际的最高协调、监督权力。第二，党组工作汇报制度。"建立健全党组向批准其设立的党组织请示报告工作制度。党组每年至少作1次全面报告，遇有重大问题应当及时请示报告。执行党中央和上级党组织以及上级单位党组某项重要指示和决定的情况，应当进行专题报告"②。第三，党委、纪委监督检查制度。"建立党组书记述职制度。批准设立党组的党组织根据需要可以听取党组书记报告履职情况。建立党组及其成员履职考核制度，由批准设立党组的党组织负责，纪律检查机关、党委有关工作部门、党的机关工作委员会参与。考核应当每年开展1次，可以与党组工作报告和领导班子年度考核、民主生活会结合开展。党组及其成员执行本条例情况，应当自觉接受纪律检查机关及其派驻机构、本单位基层党组织和党员群众的监督，纳入巡视监督范围和党员定期评议内容"③。第四，目标管理责任制。目标管理、责任到人、政绩考核是地方政府基本的管理制度之一，作为"一把手"的县委书记是县级政府目标管理责任书的第一责任人，尤其是在维稳、计生等"一票否决"的考核领域。"压力型体制"赋予了县级政府"一把手"隐含的权力。

（1）县人大与县政府。对于县人大、县政府的政策性权力配置，首要政策依据是《中国共产党党章》《中国共产党党的地方委员会工作条例》《中国共产党党组工作条例》，其次是《中华人民共和国地方各级人民代表大会和地方各级人民政府组织法》（以下简称《组织法》），《组织法》对县级人大、县级政府的职权做了详细规定。

县人大是县级权力合法化的中心。县委就县域内人事、财政、重大事

---

① 《中国共产党地方委员会工作条例》第五条。
② 《中国共产党党组工作条例》第十九条。
③ 《中国共产党党组工作条例》第二十九条。

务做出决策之后，按照正式程序，并不直接给政府下命令，而是按照程序推荐给县人大（或下达给县人大党组），经由人大的审议以人大决定的形式正式传递给县政府。《组织法》第八条对县级人民代表大会的职权做了具体规定，第四十四条对县级人大常委会的职权做了具体规定。县人大的内部权力关系主要是县人大常委会主任、主任会议、县人大常委会议、县人代会之间的权力关系。县人大外部权力关系主要是县人大与县委，县人大与县政府、县检法机构的权力关系。县人大与县委的权力关系调整主要政策依据是《中国共产党党章》《中国共产党党的地方委员会工作条例》《中国共产党党组工作条例》，以及实践性规则。县人大与县政府、县检法机构的权力关系调整要同时依据《中华人民共和国地方各级人民代表大会和地方各级人民政府组织法》。

县人民政府是行政执行机关。《组织法》第五十九条详细规定了县级人民政府的职权。从政策依据上看，县政府面对的外部权力关系比较复杂，同时接受县委、上级政府、县人大的多头领导。县委与县政府之间是领导与被领导的关系。县政府与上一级的市政府也是领导与被领导的关系，市政府"领导所属各工作部门和下级人民政府的工作"，县政府执行"上级国家行政机关的决定和命令"。依据《组织法》，县人大是法定的权力机关，选举产生县级人民政府，决定县域内重大事务并交由县政府执行，县人大监督县政府执行并具有撤销、罢免权。县政府内部权力关系相对比较简单，县政府实行行政首长负责制，县长主持县人民政府工作（第六十二条），同时《组织法》第六十三条亦规定，"政府工作中的重大问题，须经政府常务会议或者全体会议讨论决定"。

（2）县政协组成和运行的主要政策性依据是《中国人民政治协商会议章程》（2004）（以下简称《章程》）。《章程》第四十五条规定了县政协全体会议的职权，第四十七条规定了县政协常委会议的职权，第四十八条规定了县政协主席、政协主席会议的职权。县政协的外部权力关系主要是县政协与县委的关系，规范性政策依据主要是《中国共产党党章》《中国共产党党的地方委员会工作条例》《中国共产党党组工作条例》。

（3）县人民检察院和县人民法院。县人民检察院是县级法律监督机关，《中华人民共和国人民检察院组织法》第五条对县级人民检察院的职权予以明确规定。县级人民检察院与上一级人民检察院之间是领导与被领导的关系。县级人民检察院检察长、副检察长、检察委员会委员和检察员均由县级人大选举产生，并由县级人大监督工作。县人民法院是县级法律审判机关，《人民法院组织法》(2006)第二十条、第二十一条对县级人民法院的职权予以明确规定。县人民法院与市中级人民法院之间是业务指导与被指导的关系。县级人民法院院长、副院长、法院审判委员会委员和法官均由县级人大选举产生，并由县级人大监督工作。县人民检察院、县人民法院与县委的权力关系主要由《中国共产党党章》《中国共产党党的地方委员会工作条例》《中国共产党党组工作条例》规范和调整。

二、权力的支持网络：多中心并列和交错

按照网络权力理论，权力是嵌于社会网络中的个体或组织在网络交换和协调过程中对其他个体或组织的控制能力和影响能力。处于复杂的社会网络中的个体（组织）能否拥有足够的控制和影响能力，不仅取决于其正式的职位、职权，更取决于其所依托的网络和其在网络中的位置。正式权力结构中的位置、家族背景、个体特性、资源禀赋、政治关系等都构成网络权力的来源。① 正式权力只是权力运作的起点，权力能否转化为行动者的控制、影响能力，还要取决于其能否在"当地"获得足够的网络支持，将正式的法定权力转化为内生性的行动权威。

（一）县域权力配置中非正式网络

"关系"是中国政治运行的基本机制之一。② "关系是重要的权力之源，行动者的权势地位和声望不仅取决于职位，而且也取决于其在社会关系网络和社会活动中的影响力，庇护关系网络和地方精英网络构成地方政治行动者的权力基础，地方政治场域的权力结构远不是表面的各种规章制度明确界定的那么简单，这种非正式的关系网络型塑了地方政治场域的权力结构。"③

---

① 孙国强，张宝建，徐俪凤. 网络权力理论研究前沿综述及展望[J]. 外国经济与管理，2014，36（12）.
② 冯军旗. 中县干部[D]. 北京大学博士学位论文，2010.
③ 樊红敏. 县域社会：权力实践与日常秩序——河南省南河市的体验观察与阐释[M]. 北京：中国社会科学出版社，2008. 在冯军旗调查的案例县，有副科级以上干部5人的政治家族21个，4人的政治家族15个，3人的政治家族35个，2人的政治家族90个。参见：冯军旗. 中县干部[D]. 北京大学博士学位论文，2010.

赢得县域政治精英的支持和合作,更多依赖心照不宣的相互照顾和交易,以及必不可少的利益平衡。县是一个相对封闭、狭小的政治活动场域,一般而言,县域之内,副科级以上的干部都相互认识,彼此之间的关系也是错综复杂。第一,县域内副科级以上绝大多数干部都属于本地人,而且"政治家族化"① 现象非常严重。县处级领导干部一般在本市范围内进行交流,并且不得在本人成长地担任县(市)党委、政府及纪检机关、组织部门、人民法院、人民检察院、公安部门正职领导;人大、政协的正职,县委、县政府、人大、政协的副职要求相对宽松,可以由本县人担任,但交流干部一般占绝对多数。以 A 县为例,副处级以上领导干部 33 人,交流干部 22 人,A 县本地干部 11 人②,比例为 67% : 33%。11 人的县委常委中,县外交流过来的 8 人,A 县本地 3 人,比例是 73% : 27%。县委书记、县长、纪检书记、组织部长、法院院长、检察院检察长、公安局长都是严格按照规定异地交流过来的。副科级、正科级干部共 502 人,基本都是 A 县本地人担任,A 县以外的只有 17 人,比例为 97% : 3%。③ 县域政治的相对封闭性、政策执行骨干力量的本地性,以及"政治家族性",使县域内的利益关系网络、软权力网络极其复杂,这是"同心圆"式正式权力结构之外庞大但并不隐蔽的存在。第二,副处级以上领导干部,尤其是县委书记、政府县长,虽然法定任期是 5 年,但实际上交流频繁④,短暂的任期施政离不开县域政治精英的配合和支持,要把体制性权力转换为县域内政治权威,还需要积极主动地适应、驾驭县域关系网络。适应、驾驭的过程更多依靠情感的沟通、地位的尊重、利益的照顾、心照不宣的平衡,严厉的体制性硬权力、冷冰冰的规章制度再次遇到一堵软绵绵的墙。

(二) 县域权力配置中的非正式权力

赢得骨干部属的忠诚和支持更多依赖庇护关系的建立。作为终身制的

---

① 冯军旗. 中县干部 [D]. 北京大学博士学位论文,2010.
② 根据笔者对调研案例县的统计:A 县本地副处级以上干部包括:县人大主任 1 人,县政协主席 1 人,县委副书记 1 人,县委宣传部长 1 人,县委政法委书记 1 人,人大副职 2 人,政协副职 3 人,政府副县长 1 人。
③ 笔者在 A 县工作调研获取资料。
④ 学者对河南省某市的调查发现,从 1978 年至 2008 年,103 位县委书记平均任职年限为 34 个月。参见:谢玉安. 县委书记队伍建设调查——以河南某市为例 [N]. 中国县域经济报,2009-09.

第四章　县级政府的权力配置：政策与转换

公务员，其对权力的态度可以选择积极支持、消极配合、消极抵制、积极反对几个类型，积极反对很少见，消极配合、消极抵制更为常见但不是领导者需要的，领导者需要的是积极支持。县域治理的核心行动者（例如县委书记、县长）要将体制性权力转换为部属的支持性行动需要正式权力运用以外的激励。现阶段，对绝大多数部属而言，最重要的激励措施就是与领导者之间建立庇护—被庇护关系，为自己的仕途发展铺路。庇护关系是上下级之间一种特殊的私人关系，以基于默契的保护与效忠、恩惠与支持的交换为主要内容，拥有较高政治、经济地位的个人（庇护者）利用自己的影响力和资源为地位较低者（被庇护者）提供保护和恩惠，而被保护者则有义务提供额外的私人效忠和支持。① 进一步而言，不同于正式权力安排的单中心结构，庇护—被庇护关系是多中心的。理论上，县委书记、县长、县人大主任、县政协主席构成当然的中心，每一个县委常委也完全有能力以自己为中心构建一个小圈子。以 A 县为例，A 县政协主席张××长期在 A 县本地任职，曾经担任过 A 县人民政府的常务副县长，张××在 A 县干部晋升时有很大的发言权，据知情者透露，2014 年 12 月科级干部调整 2/3 都是他的人，因为他在 A 县根基深厚，而且本人乐于与人建立庇护—被庇护关系，图谋仕途发展的干部也会想方设法积极与他建立关系，久而久之，关系网络和势力根基形成良性循环，即使县委书记也会尊重他的建议；与此形成鲜明对比的是，该县人大主任李×体制性权力比政协主席更有利，但其不喜欢搞这一套，所以关系网络和势力根基非常薄弱，在干部调整时影响力很小，一般干部届时也不会去找他。② 庇护关系是正式制度之外私人之间的忠诚、支持和合作，一旦建立，会非常有利于领导者即期任务的推行。但从长远来看，庇护关系的泛滥使正式权力私人化，侵蚀了正式规章制度的严肃性。

权力的非正式关系网络本质上是多中心的。"正式政治最好由等级制金字塔来代表，而非正式政治则由蜘蛛网来代表"③。非正式权力的"蜘蛛网"既消解权力安排的组织（个体）"单中心"，也消解制度的严肃性。但这种消解并没有突出制度的中心性，而是使博弈更加复杂、激烈、隐蔽，实力

---

① Scott J. C. Patron-client Politics and Political Change in Southeast Asia [J]. The American Political Science Review, 1972 (66): 91-113.
② A 县调研访谈记录：ZHL, 2017-11-23。
③ 邹谠. 中国革命再阐释 [M]. 牛津：牛津大学出版社, 2002: 173.

和利益成为理性博弈的主要影响变量,正式的规章制度形式化、表面化、边缘化。现阶段,正式的意识形态教育缺乏塑造干部心灵的能力,绝大多数领导干部缺乏坚定的信仰、信念,实力和利益成为理性行为的指向标;针对权力运行的制度建构粗疏、实用性差,也难以有效地引导和规范权力行为。缺乏足够坚实有力的价值引导、制度规范,正式权力结构与非正式权力网络的复杂交织,使县域治理博弈的江湖色彩很浓。

三、县级政府对政策性权力配置的再转换

中央政府的权力配置政策在县级政府既有忠实的贯彻执行,亦有实质性的转换,在贯彻党的领导方面得到较好贯彻,在遏制权力过分向个人集中、约束和监督权力方面则有实质性变化。县级政府的主要行动者既有足够的动力去推动权力政策实施的再转换,也有一定的空间去操作,结果就是县级权力运行的"再规则化"。

(一)再转换的需求和动力

(1)个体与组织权力扩张的本性。从内在本性而言,任何拥有权力的个体和组织都具有扩张权力的内在冲动,"有权力的人们使用权力一直到遇有界限的地方才休止"(孟德斯鸠)。从县委、县委书记的角度出发,其倾向于在权力运行中强化、扩大自身权力,这无可厚非,既是权力的本性使然,亦有外在的客观理由。

(2)巨大的任务压力。中国地方政府的政策执行模式可以概括为"压力型体制"。所谓压力型体制,主要指一级政治组织(特别是县、乡基层)为了实现经济赶超或完成上级下达的各项指标而采取的数量化任务分解的管理方式和物质化的评价方式。为了完成经济赶超任务和各项指标,该级政治组织(以党委和政府为核心)把这些任务和指标层层量化分解,下派给下级组织和个人,责令其在规定的时间内完成,然后根据完成的情况进行政治和经济方面的奖惩。由于这些任务和指标中一些主要部分采取的评价方式是"一票否决"制(即一旦某项任务没达标,就视全年工作成绩为零,不得给予各种先进称号和奖励),所以各种组织实际上是在这种评价体

第四章 县级政府的权力配置:政策与转换

系的压力下运行的。① 在实践中,对地方政府压力最大的就是以 GDP 和财政收入为代表的经济赶超、维稳和计划生育。压力型体制是一套把行政命令与物质利益刺激结合起来的机制。② 每年年初,县委书记和县长都要代表县级政府与上一级政府签订目标责任书,作为第一责任人承担巨大的任务压力,尤其是在维稳(群体性事件)、经济增长、招商引资、财政收入、计划生育、环境保护等"硬指标"面前。巨大的任务压力促使其有动力集中权力以统合县域资源完成任务,而第一责任人、县级任务"总承包人"的身份又默示了其调度指挥权。

(3)捉襟见肘的资源压力。在财政资源方面,除极少数发达地区外,绝大多数县级财政压力很大,县级政府直接向70%的人口提供了大约70%的公共服务,平均县级财政自给率为50%。③ 财政供养人员的80%左右属于县。④ 1987~2008年县级财政的自给率分别为 0.78、0.77、0.73、0.72、0.73、0.71、0.78、0.45、0.48、0.50、0.50、0.52、0.51、0.43、0.43、0.43、0.47、0.46、0.46、0.42、0.40、0.41。⑤ 受制于有限的财政资源,绝大多数县的财政优先目标是"保工资、保运转、保稳定",在提供公共服务、促进经济发展方面有心无力,一段时期内"土地财政""经营城市"的运作模式补充了资金缺口,但是长期来看无异于"饮鸩止渴",副作用甚大而且不可持续。在权力方面,按照《地方政府组织法》,省级政府和市级政

---

① 荣敬本. 从压力型体制向民主合作体制的转变——县乡两级政治体制改革 [M]. 北京:中央编译出版社,1998:28-29.
② 杨雪冬. 市场发育、社会成长和公共权力建构——以县为微观单位 [M]. 郑州:河南人民出版社,2002:107.
③ 王雍军,李民吉. 中国的政府间转移:目标、制度和实施机制 [J]. 中央财经大学学报,2002(7).
④ 所谓财政供养人口,是指由财政来支付个人收入及办公费用的人员。中国财政供养人员主要由三部分组成:首先是党政群机关人员,主要供职于党委、人大、政府、政法机关、政协、民主党派及群众团体等机构;其次是各类事业单位人员,供职于教育、科研、卫生等诸多领域;最后是党政群机关和事业单位的离退休人员。财政部在2012年出版的最新的《2009年的地方财政统计资料》中披露的数据显示,到2009年底,全国不包括中央的地方财政供养人口为5392.6万人,其中在职人员3815.24万人,离退休人员1391.35万人,还有其他人员185.98万人。这接近5400万的财政供养人口都是有公务员编制或者事业单位编制的体制内人员,除此之外,中国还存在大量的准财政供养人员,包括现有60余万个村委会及8万余个居委会。村委会和居委会工作人员本身并不属于上述三种人员中的任何一种,既不是公务员,也非事业单位人员,但是中国各地的居委会和村委会干部大多参照事业单位管理,由财政发工资。
⑤ 陶勇. 中国县级财政压力研究 [M]. 上海:复旦大学出版社,2014:87.

府的职权列举基本一样,即执行权、制令权、管理权、保护权、领导权、监督权,县级政府除了没有"制令权"之外,其他也基本一样。但是,除了明示的"列举权力"之外,"剩余权力"统归上一级政府,即列举每一级政府职责的最后一条都是"办理上级国家行政机关(上级人民政府)交办的其他事项",省、市、县政府之间"职责同构性"①,"剩余权力"的统摄性,再加上党委系统的强化,使省级、市级、县级政府之间权力升序排列,政府层级越高权力越大,责任降序排列,政府层级越低责任越重。

(4)政治生态压力。对县级主政者尤其是县委书记而言,虽然他是县域治理、稳定、发展的第一责任人,但面临政治生态的压力。第一,虽然"党委书记主持党的地方委员会全面工作,组织常委会活动,协调常委会委员的工作,对党委工作负主要责任",但是除他之外的其他县委常委都是由上一级政府党委、组织部门考核、任命的,他是班长,但是班委会成员却不是他选择的,县委书记对新选拔副处级干部具有极大的推荐权力,但对于现任副处级干部却并不能轻易撤换,在缺乏西方意义上的"组阁权"的前提下,如何赢得他们的支持和合作,很考验县委书记的政治能力。第二,多年以来,很多地方的政治生态恶化,县域政治家族化、派系化②,已经形成一个或者数个利益集团,对于一个志在务实施政的县委书记而言,在推动政务实施的过程中,要应对和克服县域政治生态的不利影响往往需要耗费巨大精力,也需要集中权力。

权力内在的扩张本性,外在的任务压力、资源压力、政治生态压力又赋予了权力集中以"情境合法性",县级主政者推动权力集中的需求和动力十足。

(二) 再转换的空间

(1) 政策冲突。以法院为例,《人民法院组织法》第四条规定,"人民法院依照法律规定独立行使审判权,不受行政机关、社会团体和个人的干涉"。另外,《中国共产党地方委员会工作条例》(以下简称《条例》)第五条规定,地方党委"支持和保证人大、政府、政协、法院、检察院、人

---

① 朱光磊,张志红."职责同构"批判 [J]. 北京大学学报(哲学社会科学版), 2005, 42 (1).

② 冯军旗. 中县干部 [D]. 北京大学博士学位论文, 2010.

民团体等依法依章程独立负责、协调一致地开展工作,发挥这些组织中党组的领导核心作用"。这个基本原则当然没问题,但在实践中很容易具体地演变为"何谓'支持和保证'"、如何在制度上防范个别领导人的错误行为借助于党的领导平台演变为对法院独立审判权的不当干预。坚持县委的领导,有政治敏感性,也有具体的干部制度、组织制度、工作制度作为保障;但坚持法院独立审判,相应的支持保障制度付之阙如。一段时期内,在个别领导人的错误导向下,政法委的工作重点不是协调公、检、法、司各方职能,而是过多地直接介入和干预办案,这就是教训。

(2) 政策模糊性。《条例》对县委全委会、县委常委会职责职权的规定采取列举法,比较具体;《条例》对县委书记职责职权的规定则比较有原则性,"主持党的地方委员会全面工作,组织常委会活动,协调常委会委员的工作,对党委工作负主要责任",隐含着责权不对称,也隐含着弹性和操作空间。虽然在职责职权上,县委全委会高于县委常委会,县委常委会高于县委书记,但县委书记是县委常委会会议的组织者,县委常委会是县委全委会的组织者,"组织"隐含着权力。

(3) 政策与实践的差距。实践操作中,权力监督不到位、权力支持不到位非常"吊诡"地并存。以县委书记的权力配置为例,作为县域治理的核心领导者,县委书记的权力配置非常重要,既要赋予其相对独立的人事、财政调度权和政策制定权,以保证其施政的相对独立性、完整性,又要加强对其的监督,以避免其滥用权力。观察县委书记现有的职权、职责配置,尚有较大缺陷。第一,合法权力太小,实际权力过大。一方面,在《中国共产党地方委员会工作条例》等规章制度中,明确规定了县委、县委常委、县委书记办公会的权力责任,并没有明确规定县委书记的职权、职责,县委书记的职权表述是第五条"党委书记主持党的地方委员会全面工作,组织常委会活动,协调常委会委员的工作,对党委工作负主要责任"。除"主持""组织""协调"之外,还要"负主要责任",但是按照原则来说,常委会决策是集体决策,县委书记仅仅具有一票投票权,对重大决策也仅仅是一票职责。"对党委工作负主要责任"和重大事项常委会集体决策之间就隐含着权责不对称。换言之,完全依照制度规定,县域治理中,权力最大的是县委常委会而不是县委书记。县委书记是县域治理考核的第一责任人,是县域治理的核心领导者,但缺乏明确的、独立的人事、财政调度权和政策制定权。另一方面,比较反讽的是,在县域内部,县委书记通过"非制

治理现代化背景下的县级政府政策转换

度化运作"所实际取得的权力经常大于县委常委会、县委,县委书记的指示无人敢反驳,县委书记想办的事无人敢阻拦。县里的人事、财政调度和政策制定表面上是县委常委会集体决策,实际上很大程度上取决于县委书记的意志。第二,对上权力太小,对平级、对下权力太大。人事上,县委书记是县域治理的核心领导者,但县域内副处级以上领导干部都归市委组织部管理,县委书记虽有很大的发言权,但并不能决定县域治理中其主要助手的配置;财政资源上,大多数县域自身财政资源较少,比较依赖上级政府的一般性转移支付和项目性转移支付,在上级政府和部门面前发言权很小;在目标考核、职位升迁上,除了少数比较突出的外,绝大多数难分伯仲,考核的优劣排序、升迁的提名与否很大程度上取决于上级政府的主观意志。对下,不过是链条关系的进一步延伸;对平级,通过强调党的领导,县委的核心地位往往实际上强化了个人权威,党委横向集权演变为党委书记横向集权[①]。第三,与承担责任压力对比权力不足,与监督疲软、追责软弱相比权力过大。一方面,在实际政府过程中,上级政府、县域内其他行动者都把县委书记视为县域治理的核心领导者,是县域改革、发展、稳定的第一责任人,但按照法定权力而言,县委书记缺乏明确、具体、相对独立的人事、财政调度权和政策制定权,更多通过"非制度化运作"取得。另一方面,现行体制对县委书记的监督比较疲软,自下而上的监督不可能,平级监督比较疲软,自上而下的监督是主渠道但不到位;事后的责任追究基本上也比较软弱,除非因为严重违纪违法被纪委立案查处,否则单独追究县委书记重大决策失误、政绩工程泛滥、渎职或不作为的现象几乎没有。现阶段,县委书记频繁流动[②],任期制缺乏严肃性,加剧了权力配给失衡的严重性,使其行使权力的随意性、短期性、功利性更强。

(三) 再转换的内容

(1) 县委权力重心的转移。虽然《党章》和《地方委员会工作条例》(以下简称《条例》)对县委的职能定位都是"总揽全局、协调各方的领导核心作用",《条例》第五条进一步细化了县委的职责职权,即"党的地方

[①] 何显明.市场化进程中的地方政府行为逻辑[M].北京:人民出版社,2008:429-430.
[②] 学者对河南省某市的调查发现,从1978年至2008年,103位县委书记平均任职年限为34个月。参见:谢玉安.县委书记队伍建设调查——以河南某市为例[N].中国县域经济报,2009-09.

委员会主要实行政治、思想和组织领导,把方向、管大局、作决策、保落实",但在县域治理实践中,绝大多数都是具体事务,执行性、操作性较强,绝大多数事务的意识形态敏感性、政治敏感性不是很强,涉及思想、政治上领导的领域往往是"说的多,做的少"。县委主要的权力集中在人权、财权、事权上。以 A 县为例,2014 年共召开县委常委会议 37 次,月均 3 次,按照上级要求群众路线教育学习 4 次,讨论党建 3 次,其他都是人事、财政、事项等县域治理的具体问题。"总揽全局、协调各方""把方向、管大局、作决策、保落实"的政治职责、政治权力定位转移到以人权、财权、事权为主要内容的行政职责、行政权力,县委成为"第一政府"。

(2) 县委权力的横向强化。依照《条例》要求,县委的职责是对"本地区重大问题作出决策",但县域治理事务的具体性和执行性使"本地区重大问题"基本都是人事安排、财政资源分配、事务处理的具体问题,除此之外,几乎没有多少"重大问题",既然处于"领导核心"的政治高度,不可能要求县委大权旁落,"弃实务虚"。《条例》要求,县委"对本地区经济建设、政治建设、文化建设、社会建设、生态文明建设实行全面领导",县域治理捉襟见肘的资源压力和巨大的任务压力使县委为完成规定的各项任务指标,趋向于强化县委权力,以更好地统筹调度县域内资源为完成任务服务。在克服政府管理体制固有的"条的分散性"和"块的分散性"[①],集中县域资源实现某种行政目标时,县人民政府处于复杂的"条块"、法理关系之中无能为力,只能借助党的组织体系和领导体系进行整合,要求地方各种组织和机构服从地方党委的意志[②]。

(3) 县委书记权力的强化。在很多地方,县委权力的强化最后进一步演变为县委书记的权力强化,县域之内,县委书记说一不二唯我独尊。首先是县委的运行逻辑使然。理论上,县委全委会是县域治理的最高决策机构,但由于县委全委会基本一年就召开 1~2 次,而且由于成员构成、会期等因素,县委全委会作为决策主体理性讨论、利益整合的功能并不突出,仪式感较强,县委常委会提请县委全委会决定的事项基本没有不通过的。县委常委会"在全会闭会期间行使党的地方委员会职权,主持经常工作",是县域治理实际上的最高决策机构。县委常委会议事与决策的特征比较明

---

① 林尚立. 权力与体制:中国政治发展的现实逻辑 [J]. 学术月刊, 2001 (5).
② 何显明. 市场化进程中的地方政府行为逻辑 [M]. 北京:人民出版社, 2008:429-430.

显,使人事安排、资源分配、事务处理的理性讨论、利益整合得到较好的体现。书记专题会议由书记主持,副书记和其他有关常委会委员等参加,主要任务是对拟提交县委常委会审议的事项先行酝酿。一般而言,经由书记专题会议酝酿后提交常委会讨论决定的,一般都能通过,原因有二:第一,既然书记专题会议已经酝酿提交了,说明该方案已经先行经过县委书记、两位县委副书记审查把关同意了,虽然同为常委,他们在党组织内部的权力位阶更高,影响力更大,更具有发言权,除非涉及原则性分歧,其他常委一般会尊重他们的意思,虽然《条例》明文规定"书记专题会议不得代替常委会会议作出决策"。第二,因为酝酿提交的是专题事项,与该专题事项有关的常委已经参加书记专题会议,并发表意见,即提交常委会讨论决定的方案业已吸纳有关常委的意见并同意提交;提交常委会讨论时,与该专题事项工作关联度不大的常委一般不会贸然发言反对,因为对议题的了解程度、业务熟悉度、利益关切度都不支持,你无法想象一个分管组织、纪检、政法的常委与一个分管城市建设的常委激烈地辩论一项城市规划方面的审议方案。经由县委常委会、书记专题会议,权力进一步向县委书记集中。假如县委书记作风比较民主,比较善于发挥集体领导作用,对讨论事项没有明确的价值偏好,则书记专题会议的先行"酝酿",县委常委会的讨论,容易各抒己见,充分发挥集体决策理性提升、利益整合的功能。反之,县委书记很容易通过私下沟通左右书记专题会议,通过书记专题会议左右县委常委会议,通过县委常委会左右县委全会。《条例》提出了要求,但并没有明确相应的监督机制和救济机制。其次是目标管理责任制的逻辑使然。政治承包制在明确了下级政府总负责人任务指标的同时,也给予或默示了其统摄全局的权力。"为了突出总承包人的行政责任,确定地方行政首脑是总承包人和第一负责人的身份,所有打包下发的权力最终要集中于一个人。这个人必须对所有的承包任务负全部和最终的责任,为此,上级政府必须给予地方行政首脑统摄全局的权力。"[1]既然签订岗位目标责任书时,要求地方政府的一把手负总责,"唯一把手是问",那么这其实就在客观上赋予了地方主政者大权独揽的合法性,其结果则是地方政府的横向集权很大程度上进一步演变为地方主政者的横向集权。县域之内,这个

---

[1] 周黎安.转型中的地方政府:官员激励与治理[M].上海:格致出版社,上海人民出版社,2008:192.

最终的"一把手"很显然只有县委书记。经由此,县委"统揽全局、协调各方"、对"本地区重大问题作出决策"的权力演变为县委书记"统揽全局、协调各方,拥有人事任免权和经济社会文化发展的最终拍板权"[①]。

(4) 行政权力的强化。一是权力结构的整体性行政化。县委的政治职能定位更多转向人权、事权、财权的行政性职能定位,县委的核心领导地位决定了县域权力结构整体的行政化转向。县人大、县政协、县检法机构本身的行政化也非常明显,本应承担的政治功能、司法功能弱化,自身运行行政化比较严重,整个机构运作亦被纳入整体的行政化运行逻辑。二是县域治理运行的行政化动员模式。县人大、县政协、县工青妇等典型的承担政治功能的机构,县法院、县检察院等承担司法功能的司法机构也被纳入县域目标管理责任制行政化动员、考核体系。

(四) 再转换的方式

(1) 强化党委领导的人事制度、组织制度、工作制度。县委作为县域治理的权力核心,有明确的人事制度、组织制度、工作制度作为支撑。强调县域内县委"党的领导核心"作用,就会强化县委对本级组织机构,尤其是县人大、县政府、县政协、县法院、县检察院、县纪委在人事、组织、工作方面的领导,把县人大、县政府、县政协、县法院、县检察院、县纪委的运行纳入县委主导的工作轨道。县域是一个相对狭小的"权力场",过度强化党委领导的人事制度、组织制度、工作制度很容易导致县委事无巨细都要直接管理,在某种程度上违背了县委"统揽全局、协调各方"、对"本地区重大问题作出决策"的职能定位。

(2) 围绕中心工作设立领导小组,重构县级政府的组织和制度。县域内行政化动员的常用组织策略是围绕重要工作设立相应的各种领导小组,最重要的领导小组通常由县委书记担任组长,按照工作任务需要,县人大、县政府、县政协、县法院、县检察院、县纪委负责人及其相应的职能部门会被纳入领导小组之中,并被赋予相应的分工和责任。以招商引资为例,"县级政府为推动招商引资工作,都设立了相应的领导小组,一般以县级主要领导作为组长,各职能部门作为成员。领导小组以组织化的方式开展工

---

① 樊红敏. 转型中的县域治理:结构、行为与变革——基于中部地区5个县的个案研究[M]. 北京:中国社会科学出版社,2013:27.

作，使招商引资在县域范围内成为一种常规化、制度化的工作。建立例会制度、成立项目指挥部、设立招商工作组等都是县级政府行政动员推动招商引资的方式。"[1] 领导小组打破了常规的官僚科层制结构分化，有利于动员、整合不同机构、部门的力量去完成中心工作，但也强化了主要负责人的权力，在某种意义上重构了县域治理的组织和制度。

（3）强化县域内的目标管理责任制。县作为稳定、发展、改革、民生的一线总指挥部，是中央、省、市目标管理责任制的基层综合执行组织载体，由于绝大多数县的绝大多数乡镇已经缺乏独立、完整、系统的人权、财权、事权，在功能意义上已经难以称之为完整的一级政府，因而，县域内的目标管理责任制更多是县级政府内部的自我管理。每年年初，县委全会确定年度发展的主要经济社会目标，通过每年年初的县人代会做出法定决定，交由县级人民政府执行；县级人民政府召开各部门、各乡镇参加的年度政府全会，将年度目标进一步分解细化为具体的考核性指标，具体分配到各部门、各乡镇，分别与负责的乡镇、部门签订岗位目标责任书，明确年底考核奖罚规则，极少数重要指标（如维稳、群体性事件、安全生产等）并有可能预缴抵押金。需要注意的是，目标、指标的设定一般要适当高于省、市下达的目标，一是政绩竞争的考虑，二是为了留有余地以备年底综合统筹，三是某些注定不可能完成的指标也是为了向部门、乡镇转嫁负担、推卸责任，使形式上对上有所交代。岗位目标明确后，责任人需要动员各种资源，既包括公共资源也包括私人资源[2]，来完成承担的各项指标、任务，在采取的方式、手段上，责任人具有很大的自由度，只要不是很出格或者导致不良影响，发包人一般不会干预。

（4）强化个体权威。强化县委的领导很容易在具体操作中演变为强化县委书记的领导，只要经过政治生态、县域内政治派系的"隐性权力考验"，来自于正式公共权力机构的约束和监督几乎不存在。有学者根据对县域领导干部的访谈，归纳了县委书记的实际职权：统揽全局，协调各方，

---

[1] 樊红敏. 转型中的县域治理：结构、行为与变革 [M]. 北京：中国社会科学出版社，2013：93.

[2] 在政府过程中，一个引人深思的现象是，越到基层，公、私界限越来越模糊，至少不像中央、省级政府那样界限比较清楚；县乡基层干部不仅经常"公器私用"，典型的如公款吃喝、公车私用、公款送礼、工作时间联系个人私事等，也经常性地"以私济公"，典型的如动用私人关系完成工作任务、工作时间之外忙于公务等。

拥有人事任免权和经济社会文化发展的最终拍板权；县委书记是常委会的召集人和主持人，但常委们要围着"一把手"的思路转；法院、检察院也受县委书记领导；县委书记和县长的关系更像是"一把手"和"副手"的关系；"一把手"左右一个县的发展方向。① 这与《地方委员会工作条例》第十一条规定的"党委书记主持党的地方委员会全面工作，组织常委会活动，协调常委会委员的工作，对党委工作负主要责任"相去甚远，可以说，县委书记成为县委的化身，县委书记实际上履行了县委的职权。

四、县级政策性权力配置再转换的效应

县级政府对政策性权力配置的再转换，使县域实际权力格局及以权力为核心的县级政府运行与中央政府的政策预期有很大的偏离。

（一）县域内权力格局进一步失衡

（1）县域内治理主体间权力失衡：政府、市场、社会。按照现代治理理念，公共事务的治理应该由政府组织、市场组织、社会组织协同合作进行。国家治理现代化也强调在发挥党委政府主导作用的同时，积极发挥市场主体、社会组织的协同作用。具体到县域，除在少数发达地区外，绝大多数中西部县域，市场组织、社会组织的发育非常薄弱，政府、市场、社会三者之间权力配置严重失衡。除少数发达地区基础较好外，绝大多数中西部县域，市场组织、社会组织既无力摆脱政府的支配，也无力建设性补充政府的不足。可以说，在发达地区，市场、社会的发育已经具备较为良好的基础，县域管理向县域治理转变的突破点在于制度转变；而在中西部县域，市场、社会的发育过于孱弱，县域管理向县域治理转变的首要任务是"去行政化"，给它们独立的发育、成长空间。

（2）公权组织之间的权力失衡。县域治理中，县委、县政府、县人大、县政协、县纪委、县法院、县检察院是比较重要而且功能各异的公共权力组织。中国共产党是建设中国特色社会主义事业的领导核心，具体到县域治理，县委是领导核心，县委要发挥"统揽全局，协调各方"的作用。县

---

① 樊红敏. 转型中的县域治理：结构、行为与变革 [M]. 北京：中国社会科学出版社，2013：27-29.

委领导核心作用的发挥必须基于人大、政协、纪委、检法组织机构功能的基本划分，唯此才能在县域治理中相互补充、良性循环，维护县域的长治久安，进而为国家治理打下坚实的基础。实际运行过程中，往往机构分化但功能不分化，相应组织被纳入以县委为核心，以领导小组为组织载体，以目标责任制为管理手段，以运动化为主要运作方式的行政动员体制中，政治表达功能、纪律监督功能、独立司法功能被弱化或者边缘化，配合县委县政府的阶段性中心任务成为主旋律。人大、政协、纪委、检法机构组织功能弱化、组织运行逻辑行政化，短期内有利于县委"统揽全局"，但使组织性质发生异变，不利于长久的县域治理。

（3）权力位阶的失衡：制度、组织、领导者。按照《中国共产党党章》《中国共产党地方委员会工作条例》《地方人大和政府组织法》等相关制度，在县域治理过程中，制度、组织（县委、县政府）、领导者（县委书记、县长）的权力位阶应该是：制度大于组织，组织大于领导者。但在实际县域治理过程中，实际的权力位阶排序经常性地颠倒为：领导者大于组织，组织大于制度。

（二）权力的运行过程：单中心的回归和强化

权力的正式结构与非正式网络都是常态的，制度安排的不足、目标管理责任制的盛行、运动型治理方式的频繁使用等因素使县域治理"行动中的权力"又在一定程度上向单中心（县委和主要领导）集中。

既有治理格局下，县级政务的执行性、事务性非常强，内在地有利于权力的集中。我国政府治理链条中，县是最完整的基层政权，"县处于国家与社会相连接的关键位置，它是自上而下的意志贯彻与自下而上的意志表达的汇集点，是国家与社会的联结点"，"同时，从我国政权体系内部的运转来看，基本上是权力逐级上收、矛盾逐层下递、压力逐层加大，省和市这两个中间层级在一定程度上既不最终承受压力也不直接面对矛盾，于是矛盾与压力都集中交织在县这一级"[①]。中国治理体制的特点就是"治官权"与"理事权"的分设：中央、省负责管理官员、制定政策；县市政府处于行政链条末端，负责"理事"，直接面对民众、具体事务，具体贯彻落实。[②]

[①] 贺东航，孔繁斌. 公共政策执行的中国经验[J]. 中国社会科学，2011（5）：70.
[②] 曹正汉. 中国上下分治的治理体制及其稳定机制[J]. 社会学研究，2011（1）.

第四章 县级政府的权力配置：政策与转换

县域治理的主要任务就是结合本县实情贯彻落实中央、省、市制定的各项政策，处理具体事务，而不是像省、市一样，成为文件收发的中转站。执行性强、事务性强，内在地有利于强化县域治理结构的"行政性"，县级治理结构与省、市比较，"机构分化但功能不分化"① 的特点更加明显。

压力型体制和目标管理责任制有利于县级权力的集中。县处于压力型体制的末端，实际运作过程中，县级政权一直存在着权力、资源有限与责任无限的结构性矛盾：一方面，"没钱""没权""没人""没地"；另一方面，"执行上级政策不讲条件"②。功利化的目标管理责任制使之更甚，在签订岗位目标责任书时，"为了突出总承包人的行政责任，确定地方行政首脑是总承包人和第一负责人的身份，所有打包下发的权力最终要集中于一个人。这个人必须对所有的承包任务负全部和最终的责任，为此，上级政府必须给予地方行政首脑统摄全局的权力"③。既有政府治理体系、压力型体制、目标管理责任制等多种因素都促进了"地方政府的横向集权"④。

基础性权力的不足使常规性体制的事务办理能力不够，对专断性权力的依赖亦有利于县级权力的集中。迈可·曼（1988）区分了两个层面的国家权力：一是国家的专制权力（despotic power），即国家精英可以在不必与市民社会各集团进行例行化、制度化讨价还价的前提下自行行动的范围（range）；二是国家的基础性权力（infrastructural power），指的是国家事实上渗透市民社会，在其统治的领域内有效贯彻其政治决策的能力（capacity）。⑤ 按照其类型划分，中国的县域治理可以归入"强专制权力—弱基础性权力型"，县级政府看上去很强大，但实际上对居民信息的掌握、行为的规范能力远远不够，依靠常规的科层制体系维护稳定、发展经济往往捉襟见肘，只能转而依靠专断性权力，采取行政动员的方式去"刚性维稳"，利用行政力量推动经济发展。

"运动型"治理方式促进了县级权力的集中。现阶段县域治理在维稳、经济发展、城市建设方面大量采取围绕"阶段性中心任务"集中力量突击

---

① 樊红敏. 县域政治运作形态学分析：河南省 H 市日常权力实践观察 [J]. 东南学术，2008（1）.
② 于建嵘. 县政运作的权力悖论及其改革探索 [J]. 探索与争鸣，2011（7）.
③ 周黎安. 转型中的地方政府：官员激励与治理 [M]. 上海：上海人民出版社，2008：192.
④ 何显明. 市场化进程中的地方政府行为逻辑 [M]. 北京：人民出版社，2008：429-430.
⑤ Michael Mann. States War and Capitalism [M]. Oxford：Blackwell，1988：5-9.

的"运动型"方式。"运动型治理机制以政治动员来打断、叫停官僚体制各就其位、按部就班的常规机制,通过自上而下的各类运动方式调动资源和注意力来追求某一目标或完成某一特定任务。"① 运动型治理机制中,机构分化但功能不分化,不同性质的公权力组织统一纳入以县委为核心,以领导小组为组织载体,以目标责任制为管理手段,以"百日行动""专项治理"等为形式,以运动化为主要方式的行政动员体制中,政治表达功能、纪律监督功能、独立司法功能被弱化或者边缘化,配合县委县政府的阶段性中心任务成为主旋律。"运动型"治理方式使县委"统揽全局"的权力进一步强化,人大、政协、纪委、检法等机构组织功能弱化、组织运行逻辑行政化。

中国固有的治理传统有利于县域权力运行的集中。现代社会是一种"抽象社会","程序性""观念性""非人格化"是重要特征,"在现代社会中,绝大多数的互动过程涉及的机制、知识或观念都与个人的具体特征或人际的具体关系无关。而且更进一步说,这些机制赖以运作的基础正是对人格关系的克服"②。但"抽象的形式化权威"在很大程度上是西方治理传统的产物,在中国的治理传统中,规则在中国具有非常强的工具性特征,"具体的实体性权威"(个人或者组织)的约束力远远高于"抽象的形式化权威"③。具体到县域治理,权力的实体性代表是县委、县委书记,至于制度,只有在口头上才能获得足够的尊重。

权力运行过程中权力向单中心的回归主要不是一个"制度化过程",而是一个"非制度化运作"的过程。权力运行过程中权力向县委书记集中最为典型。县委书记是县域治理考核的第一责任人,是县域治理的核心领导者,但按照正式规章制度,县委书记并不具有独立的人事、财政调度权和政策制定权。

(三)县域权力运行的失范较严重

权力运行的失范是权力格局失衡的逻辑结果。在绝大多数中西部县域,市场组织、社会组织的孱弱使其根本没有能力去建设性地补充政府职能的

---

① 周雪光. 运动型治理机制:中国国家治理的制度逻辑再思考 [J]. 开放时代, 2012 (9).
② 李猛. 论抽象社会 [J]. 社会学研究, 1999 (1):2.
③ 耿国阶. 中国国家治理体系现代化的脉络、逻辑和进路 [J]. 青海社会科学, 2014 (4):18.

不足，亦没有能力监督政府职权的滥用；政府职权的扩张既有充分理由，也没有外在阻力。公权组织之间的权力失衡虽然保证并突出了县委的领导核心地位，但在县委职能定位、职权履行上缺乏具体的监督和约束机制，使县委实际职能定位、职权履行偏离政策预期，并为县委书记的集权奠定基础。制度、组织和县委书记个体权威三者之间的权力位阶失衡则最集中、最突出地体现了权力配置政策的内在不足和缺憾。

外在监督、约束的不到位助长和纵容了县域权力运行的失范。现在体制下，对县级政府权力运行的监督，平级无奈、下级无权、民间无力，主要依靠上级政府，但是由于"信息不对称"、"政绩共同体"、纵向错综复杂的"庇护关系网络"等因素，上级政府对县域权力运行的监督，尤其是对县域主要领导的监督，很难做到及时、准确、系统、全面。

（四）县域政府运行的行政化、"企业化"

一方面，以中央政府为主的上级政府对县级政府的权力、职责、资源配置做出了框架性限定；另一方面，通过层层传递的压力型体制来督促、引导县级政府的行为。意外的政策性后果是县级政府运行的过度行政化、过度"企业化"，县级政府的施政重心很大程度上不再是县域善治、县域公共服务，而是完成上级规定的考核任务。

行政化和"企业化"共存于县级政治的运行过程中，相互作用，成为支配和理解县域政府过程的两种贯穿性逻辑。行政化使县委职能定位、职权履行的重心发生了由政治到行政的转变，亦使县域权力向县委、县委书记高度集中，在结构上、运行上把承担政治功能的县人大、县政协，承担纪律监督功能的县纪委，承担独立司法功能的县检法机构通通纳入县委的工作轨道、县委书记的统一指挥之下。行政化有利于强化县委、县委书记的领导地位，也有利于短期内集中资源、调动各部门力量完成阶段性中心任务，但其内在的权力失衡并不利于长远的县域治理现代化。"企业化"使县级政府更像一个"垄断公司"，县委书记是董事长，县长是总经理，以超额完成上级规定的任务指标、县域领导干部升迁为主要驱动力，以政府权力为主要资源，以经济增长、财政收入为主要目标，以招商引资、经营土地、项目建设为主要手段，按照企业的逻辑来运作。"企业化"固然带来了城市基础建设的大发展、房地产业的繁荣、县级政府财政收入的最大化，以及一段时期内总体经济的繁荣，但也使县级政府施政重心偏离了公共职责,偏离了县域基本公共服务,偏离了建设"服务型政府"的核心政策目标。即使表面上看上去很好的经济增长数字也因为全要素生产率缺失等深层次原因缺乏后劲,危机重重。①

权力配置、任务安排通过压力型体制行政权力的层层传递自上而下,行政化和"企业化"是县级政府完成上级任务安排的主要努力方向,也是自下而上摆脱"压力型体制"的束缚以实现自身利益最大化的努力方向。

(五)纵容和刺激了县域政府行为的功利性、短期化、机会主义

压力型体制指标设置的刚性,财政资源的捉襟见肘,数量化政绩考核体系内蕴的片面性,县级主要领导频繁的流动②,教育、民生、环保等公共服务投资期长不易短期彰显政绩,县级权力监督约束疲软等多种因素纵容和刺激了县域政府行为的功利性、短期化、机会主义。体现在维稳方面,"花钱买平安""用人民币解决人民内部矛盾""信访销号"等丧失基本原则、饮鸩止渴的政府行为屡见不鲜;体现在发展方面,大肆举债搞建设、透支公共财政、招商引资造假、政绩工程泛滥,随处可见。

为什么县域治理实践中"主要领导的权力凌驾于组织之上,组织的权力凌驾于制度之上"? 可以说,主要原因在于县域治理主要制度的设计有违公共管理的基本规律和政治学的基本公理③,尤其是对县域治理核心行动者(以县委书记为代表)的权力配置不尽合理,既缺乏对其权力的制度性支持,又缺乏对其权力的制度性约束,看似矛盾的权力支持不够与权力约束不力并存。

在权力的正式制度安排上,突出了县委(常委会)作为权力同心圆之中心的位置,但权力的正式安排并没有突出制度凌驾于县委之上、调节县域治理公权力组织之间关系的地位。缺乏明确的制度安排来界定不同县域公权力组织的权限、调节不同县域公权力组织之间的关系,不具有明确的纠纷调处和救济机制。另外,虽然强调县委常委会的集体领导、集体决策,

---

① 金飞. 经济奇迹的另一面:生产率缺失的中国市区县经济增长 [M]. 太原:山西人民出版社,2014.

② 学者对河南省某市的调查发现,从 1978 年至 2008 年,103 位县委书记平均任职年限为 34 个月。参见:谢玉安. 县委书记队伍建设调查——以河南某市为例[N]. 中国县域经济报,2009-09.

③ 县域治理的很多制度设计过于简单、粗糙、高调,违背了公共管理的基本规律和政治学的基本公理。参见:俞可平. 我们违背了哪些政治学公理 [EB/OL]. 财新网,2015-12-07, http://opinion.caixin.com/2015-12-07/100882641.html.

第四章 县级政府的权力配置：政策与转换

但小圈子沟通酝酿的盛行、书记专题会议的前置使权力实际上向县委书记、县长为代表的核心行动者集中，正式制度安排虽然没有赋予县委书记独立的人事、财政调度权和政策制定权，但制度安排同时也给其预留了后门，使其可以通过"非制度化运作"获得大致相同的人事、财政调度权和政策制定权，而不必对等负责。可以说，单中心的同心圆结构在突出县委（常委会）组织地位的同时，弱化了制度的地位，并为县委书记可能的集权、滥权预留了空间。

以关系为基础的地方性"软权力网络"是对县域权力的核心行动者施政最大的考验，实际上也是对其权力行使最有力的牵制和约束。不过，体制性安排所赋予的正式职权是其适应、收编、整合、驾驭地方性"软权力网络"最有力的武器；制度安排虽然对其正式的权力支持不够，但却为其"非制度化"操作预留了足够的空间。县域权力的核心行动者可以站在绝对优势的高度，与地方政治精英沟通、谈判、照顾、引导、约束其利益，在不同派系之间纵横捭阖，最大限度地换取其支持、合作；可以为部分部属提供保护、恩惠、特殊的关心和照顾，以换取对其个人的忠诚、对工作特别的支持。需要再次强调的是，地方性"软权力网络"是最大的权力牵制，但对其适应、收编、整合、驾驭基本是依靠非制度化操作；这种过程，以利益和实力的理性博弈为主要内容，经常是违背规章制度的原则和精神的。

对县域权力的核心行动者而言，一旦战胜了地方性"软权力网络"的考验，县域之内，来自其他公权力组织的制度化监督和约束基本是软弱无力的。在实际政府过程中，上级政府、县域内其他行动者都把县委书记视为县域治理的核心领导者，是县域改革、发展、稳定的第一责任人，正式制度安排虽没有赋予其相对独立的人事、财政调度权和政策制定权，但制度安排、县域治理的诸多特点有利于其权力集中，其完全可以通过"非制度化运作"获得大致相同的权力。一旦他实际获得了这种权力，制度安排对其监督、约束的疲软立刻加倍放大，平级监督聊胜于无，自下而上的监督基本不可能，自上而下的监督是主渠道但不到位；事后的责任追究基本上也比较软弱，除非因为严重违纪违法被纪委立案查处，否则单独追究县委书记重大决策失误、政绩工程泛滥、渎职或不作为的现象几乎没有。

制度设计要尊重基本的公共管理规律和政治学公理，不能过于高调，也不能无视基本的文化传承、社会结构、政治格局。以此反观县域治理中

治理现代化背景下的县级政府政策转换

"制度的弱势",可以说,制度设计不尽合理,制度本身缺乏足够的引导—规范能力,无力引导制度—人性—文化的良性循环是一个主要原因。其实,县域治理中的绝大多数政治精英都是非常理性的,在实力、利益的博弈中,很懂得理性计算、趋利避害,最大限度地谋划自身利益,制度设计只有最大限度地尊重其博弈规律,才能最大限度地引导和塑造其博弈行为。

第五章 县级政府的财政资源：政策与转换

对县级政府的实际运行过程而言，最重要的是权力配置，其次就是财政资源的收支、盈亏。以身体为例，权力配置好比县级政府的骨架，财政资源则是贯穿流通其中的血液。

一、县级政府的财政资源配置政策

1994 年的分税制改革确定了现行中央与地方各级政府财政体制的基本框架，20 多年来，历经多次调整完善，但基本框架保持不变。这是把握、理解现阶段县级财政资源配置和县级财政实况的政策前提。

（一）主要政策依据：分税制及其完善调整

1994 年的分税制改革的主要目的就是理顺中央与地方（省级行政区）的财政关系，增强中央财政能力。主要内容包括：延用包干体制下的中央、地方财政支出范围；将税种统一划分为中央税、地方税和中央地方共享税；核定地方净上划中央收入基数，实行税收返还和 1∶0.3 增量返还；逐步建立较为规范的转移支付制度。《国务院关于实行分税制财政管理体制的决定》（国发〔1993〕第 85 号）第三条具体界定了中央—地方的事权和支出划分、中央与地方收入的划分，该文件中所指的"地方"包括了省级及省级以下市、县、乡各级政府。实际上，该文件主要区分了中央与省级行政区之间收入、支出责任的划分，对于省级以下收入支出如何划分并未涉及，基本上把权力交给了省级政府。省级政府在本级政府和下级政府之间的财权分配上，基本上比照中央—省分税制的原则和精神进行重新安排划分。以辽宁省为例说明，根据《国务院关于实行分税制财政管理体制的决定》，辽宁省制定下发了《辽宁省人民政府关于实行分税制财政管理体制的决定》（辽政发〔1994〕50号），划分了省—市之间的收支权责①，具体内容如表5-1所示。

表5-1 辽宁省对市分税制财政管理体制的具体内容

	收入	支出
省级	中央四部所属企业（石油、石化、电力、有色金属）及鞍钢交纳增值税的25%部分，本钢、辽河化工总厂交纳增值税的12.5%部分，鞍钢、本钢、辽河化工总厂交纳营业税的50%部分，本钢、辽河化工总厂交纳所得税的50%部分，金融（包括银行及非银行金融企业，下同）、保险企业交纳的营业税，省直企业（公司）交纳的所得税，省直企业上缴利润，省直单位罚没收入、行政性收费收入，以及其他收入等	省级基本建设投资，企业挖潜改造资金，科技三项费用，省级行政、事业单位经费，公检法支出，价格补贴支出，其他支出等
市县	增值税的25%部分（鞍钢、中央四部企业除外，本钢、辽河化工总厂为增值税的12.5%部分），营业税（不含金融、保险企业营业税，鞍钢、本钢、辽河化工总厂为营业税的50%部分），城市维护建设税（不含铁路部门、银行总行、保险总公司等部门集中交纳的城建税），市以下企业所得税（本钢、辽河化工总厂所得税为50%），上缴利润及亏损补贴，个人所得税，固定资产投资方向调节税，资源税（原油、天然气资源税除外），房产税，车船使用税，印花税，屠宰税，农牧业税，耕地占用税（包括中央下放的30%部分），农业特产税，契税，遗产税和赠予税，排污费收入，水资源费收入，教育费附加收入，以及市县的其他收入等	市县基本建设投资，企业挖潜改造资金，简易建筑费，科技三项费用，城市维护费，支援农村生产支出，农林水利气象等部门事业费，工业交通商业等部门事业费，文教卫生科学事业费，其他部门事业费，抚恤和社会福利救济费，行政管理费，公检法支出，价格补贴支出，其他支出等

---

① 主要内容是划分省—市收入，文件明确："这次体制改革，重点是通过分税确定收入划分问题，支出划分范围和内容没有变动，省与市县的支出划分，仍按原体制规定执行。"

第五章　县级政府的财政资源：政策与转换

续表

	收入	支出
省市分享	原油、天然气资源税，城镇土地使用税，土地增值税，国有土地有偿使用收入等，作为省与市县的共享收入。原油、天然气资源税实行省市"五五"分成，该税种根据行业特点，集中到油田法人所在地盘锦市统一实行核算、划缴及分成。城镇土地使用税、土地增值税、国有土地有偿使用收入，实行省市"五五"分成。为调动市县组织收入的积极性，中央四部企业25%增值税及鞍钢留市12.5%增值税，以及金融、保险企业营业税，在划作省级收入的基础上，增量省市"七三"分成（省70%、市30%）	

由于中央只是提出了"权责一致""因地制宜"等大致的原则和精神，没有明确要求，所以不同的省在省以下各级政府收支划分方面标准、方式、比例差别很大。但总体上有几个相似的特征：第一，在财权、收入划分上，省级政府只划分省与市的收支，市与县的收支划分权力放给市级政府，"各市要根据本决定研究制定对所属县（市、区）的财政管理体制，并报省备案。凡属中央、省级收入，不得以任何方式纳入市收入范围。市对县（市、区）的体制要有利于县级经济的发展，壮大县级财力，并通过体制改革进一步理顺分配关系，调动县级增收节支的积极性。"① 第二，在支出责任上，大致维持分税制原状，划分很不明确，即使划分明确也因为"压力型体制"的存在，上级政府也可以很轻松地推给下级。第三，在原则上，不同省—市、市—县之间在标准、方式、比例上虽有差异，但基本原则保持一致，即上级政府有权决定下级政府的收入划分。第四，在结果上，财政收入呈现出层层上收的情况，省级财政日子比市级财政好过，市级财政又优于县级财政，基层政府的财政困难集中体现在县级政府身上。②

分税制实施过程中，以县为核心的基层政府财政困难问题逐渐凸显，并引起了学者和政策制定者的注意，随后也有相应的政策调整。2002年12月，国务院以"国发〔2002〕26号文"批转财政部《关于完善省以下财政

---

① 《辽宁省人民政府关于实行分税制财政管理体制的决定》（辽政发〔1994〕50号）。
② 乡镇与县级政府相比，很难称得上是一级完整的政府，随后农业税收取消与"乡财县管"，乡镇已经不能称之为一级财政了。

治理现代化背景下的县级政府政策转换

管理体制有关问题意见》，明确要求"突出重点，适当增强财政困难县（含县级市、旗，下同）、乡（含镇，下同）的财力"[1]。下面以辽宁省为案例说明。

为落实《国务院批转财政部关于完善省以下财政管理体制有关问题意见的通知》，规范省市政府分配关系，辽宁省于2003年5月12日制定下发了《辽宁省人民政府关于进一步完善省市财政管理体制的决定》（辽政发〔2003〕17号），主要内容是对省—市收支做出明确划分，主要内容如表5-2所示。

表5-2 辽宁省完善省市财政管理体制的主要内容

	收入	支出	主要变化
省级	增值税10%，营业税30%，企业所得税20%（地处大连市的省属企业所得税40%），个人所得税（含个人储蓄存款利息所得税）15%，房产税50%，省直单位罚没收入、行政性收费收入、国有资产收益、其他收入和由省集中征收的各项收费等	省级安排的基本建设支出、科技支出、农林水利气象支出、农业综合开发支出、社会保障支出和企业挖潜改造支出；省级单位的行政管理、公检法司支出，教育等各项事业费支出；1999年以来中央下划的煤炭、有色企业政策性补贴支出和高等院校、地质勘探等事业单位经费支出；对困难市、县的转移支付补助支出；其他支出等	
市县	增值税15%，营业税70%，企业所得税20%（不含地处大连市的省属企业所得税），个人所得税（含个人储蓄存款利息所得税）25%，房产税50%，资源税、固定资产投资方向调节税，城市维护建设税、印花税、城镇土地使用税、土地增值税、车船使用税、屠宰税、筵席税、农业税、农业特产税、耕地占用税、契税、国有资产经营收益、国有企业计划亏损补贴、市以下单位罚没收入、行政性收费收入，以及其他收入等	市级安排的基本建设支出、科技支出、农林水利气象支出、农业综合开发支出、社会保障支出和企业挖潜改造支出；市级单位的行政管理、公检法司支出，教育等各项事业费支出；对困难县、乡的转移支付补助支出；其他支出等	

---

[1] 《国务院批转财政部关于完善省以下财政管理体制有关问题意见的通知》（国发〔2002〕26号）。

第五章　县级政府的财政资源：政策与转换

续表

	收入	支出	主要变化
省市分享	省市共享的财政收入包括增值税、营业税、企业所得税、个人所得税和房产税五个税种。 （1）增值税。将原省级增值税下放到市。增值税实行中央、省、市按比例分享：中央分享75%，省分享10%，市分享15%。 （2）营业税。将原省级营业税下放到市。除继续作为中央收入的营业税外，其他营业税作为省市分享收入按比例分享：省分享30%，市分享70% （3）企业所得税。将原省级企业所得税（不含地处大连市的省属企业）下放到市。除按中央规定继续作为中央固定收入的企业所得税外，其他企业缴纳的企业所得税，按属地征收，中央、省、市按比例分享：2003年中央分享60%，省分享20%，市分享20%；2003年以后年度，视中央对地方分享比例调整政策相应调整。其中，属于跨地区经营、集中缴库的企业所得税，按相关因素和上述分享比例在有关市之间进行分配 （4）个人所得税（含个人储蓄存款利息所得税）。实行中央、省、市按比例分享：2003年中央分享60%，省分享15%，市分享25%；2003年以后年度，视中央对地方分享比例调整政策相应调整 （5）房产税。实行省与市按比例分享：省分享50%，市分享50%		将原省级增值税、营业税、所得税、城镇土地使用税、土地增值税等税种收入下放到市

同时，文件明确规定，"各市政府要参照省政府完善省市财政管理体制的原则，加快完善和规范市以下财政管理体制。市县级财政要切实履行好市管县、县管乡镇的职责，保证基层政权正常运转、困难县乡公教人员工资、农村义务教育基本经费等支出需求。市以下各级财政收入范围的划分也要实行按税种或按比例分享的办法，要将税源分布广、征收潜力大的税种划为县乡级财政收入，保证市县财政收入的合理比重，确保县乡财政有稳定的收入来源"。

辽宁省下辖的辽阳市于1999年9月开始实施分税制财政管理体制，实施以来出现了不少问题，依据国发〔2002〕26号和辽政发〔2003〕17号文件，为解决分税制实施以来出现的新问题，进一步规范市与县（市）区政

治理现代化背景下的县级政府政策转换

府分配的关系,建立更加适应市场经济要求的收入和财力增长机制,辽阳市于 2003 年 8 月 26 日制定下发了《辽阳市人民政府关于进一步完善市以下财政体制的决定》(辽市政发〔2003〕36 号),在"沿用 1999 年市以下分税制财政体制划分的收入格局的基础上,自然转换省对市财政体制,通过适当调整市本级收入企业范围和部分共享税种及共享比例,重新确定市与县(市)区财政收入范围,相应核定市与县(市)区体制划转基数和财政支出范围",主要内容如表 5-3 所示。①

表 5-3 辽阳市完善市以下财政体制的主要内容

	收入	支出	主要变化
市本级	土地增值税 100%,跨地区经营集中缴纳的企业所得税 20%部分,个人储蓄存款利息所得税 25%部分,国有资产经营收益,原市本级承担的国有企业计划亏损补贴,市直单位征收的罚没收入和行政性收费收入,以及应归市本级的其他收入。市级收入企业包括中石油辽阳石化分公司及所属企业、中石油辽阳化纤公司及所属企业、中石油辽阳石化分公司产品销售中心、鞍钢集团弓长岭矿业公司、鞍钢集团弓长岭矿业公司石灰石矿、中国联通有限公司辽阳分公司、辽宁省通信公司辽阳分公司、辽宁移动通信有限责任公司辽阳分公司、辽阳电业局、辽阳邮政局 10 户企业的全部地方税收(鞍钢集团弓长岭矿业公司和鞍钢集团弓长岭矿业公司石灰石矿资源税除外)。其中,将市级收入企业中的中石油辽阳石化分公司及所属企业、中石油辽阳化纤公司及所属企业、中石油辽阳石化分公司产品销售中心的增值税 15%部分按 10∶5 比例与宏伟区共享,鞍钢集团弓长岭矿业公司的增值税 15%部分按 13∶2 比例与弓长岭区共享	市级财政主要承担市本级国家机关正常运转所需支出,以及为保证市本级经济、事业发展和社会稳定所需支出,具体包括:市本级行政管理费支出;市本级基建支出;保证市本级社会稳定和社会保障支出;实行宏观调控、调整地区经济结构所必需的支出;按规定由市本级承担的对县(市)区的专项支出和配套资金;农林水气象支出和农业综合开发支出;市属企业挖潜改造支出、科技三项费支出和城市维护费支出;公、检、法、司经费支出(其中公安经费支出包括白塔区、文圣区、太子河区公安部门支出);教育支出;应由市本级承担的工业、交通、商贸、文体、卫生、科学管理部门的事业费支出;政策性补贴支出;对困难县、乡的转移支付补贴支出;应由市本级承担的其他支出	

---

① 《辽阳市人民政府关于进一步完善市以下财政体制的决定》(辽市政发〔2003〕36 号)。

第五章　县级政府的财政资源：政策与转换

续表

	收入	支出	主要变化
县（市）区	城镇土地使用税100%，资源税（包括原油天然气资源税），农业税，农业特产税，耕地占用税，筵席税，县（市）区属国有企业计划亏损补贴，县（市）区以下单位的罚没收入和行政性收费收入，以及应归县（市）区级的其他收入	县（市）区财政主要承担本地区国家机关正常运转所需支出，以及为保证本地区经济、事业发展和社会稳定所需支出，具体包括：行政管理、公、检、法、司经费支出；安排的基本建设支出；保障社会稳定支出；所属企业挖潜改造支出和科技三项费的支出；支农和农田水利建设支出；城市维护费支出；教育支出；工业、交通、商贸、文体、卫生、科学管理部门的事业费支出；政策性补贴支出；应由县（市）区级承担的其他支出	
市本级与县（市）区共享	增值税、营业税、企业所得税、个人所得税、房产税、契税和印花税实行市本级与县（市）区按比例共享，其中扣除中央和省共享部分后，市本级与县（市）区的共享比例分别是：增值税5∶10，营业税35∶35，企业所得税5∶15，个人所得税12.5∶12.5，房产税15∶35，契税40∶60，印花税60∶40。城市维护建设税、教育费附加、车船使用税、固定资产投资方向调节税实行市本级与县（市）区级次共享。其中城市维护建设税白塔区、文圣区、太子河区全额纳入市本级国库，辽阳县、灯塔市、弓长岭区、宏伟区的分别入各自县（市）区库；教育费附加、车船使用税、屠宰税和固定资产投资方向调节税白塔区、文圣区、太子河区、宏伟区全额纳入市本级国库，辽阳县、灯塔市、弓长岭区的分别入各自县（市）区库		

资料来源：笔者根据资料自制。

2006年，农业税全面取消，以及同时期城乡居民（农民）医疗保险、养老保险等公共服务和社会保障支出的大幅增加，使县级财政更加困难。

| 治理现代化背景下的县级政府政策转换

2005年,财政部关于印发《关于切实缓解县乡财政困难的意见》的通知(财预〔2005〕5号),明确要求"省、市级财政要合理调节财力分布,加大对困难县乡的财力支持"①。随后连续多年(2005~2009年)配套制定了《中央财政对地方缓解县乡财政困难奖励和补助办法》。2010年,财政部制定《关于调整和完善县级基本财力保障机制的意见》(财预〔2010〕443号),并由国务院办公厅同意转发(国办发〔2013〕112号),该意见明确提出以实现县乡政府"保工资、保运转、保民生"为主要目标,全面推进县级基本财力保障机制建设。同时,围绕农村税费改革出台专项转移支付办法〔财政部关于印发《农村税费改革中央对地方转移支付办法》的通知(财预〔2003〕355号)〕,积极推动省财政直管县改革〔财政部关于推进省直接管理县财政改革的意见(财预〔2009〕78号)〕,围绕西部地区基层政权建设、边境地区、国家重点生态功能区、资源枯竭城市、国家贫困县等制定专项资金支持计划。②新一届领导集体更加重视县级财力保障问题,2012年8月29日,受国务院委托,时任财政部长谢旭人专门在第十一届全国人民代表大会常务委员会第二十八次会议上做了《国务院关于县级基本财力保障机制运行情况的报告》的专题汇报。2013年8月,财政部印发《中央财政县级基本财力保障机制奖补资金管理办法》(财预〔2013〕330号),经国务院同意,国务院办公厅以"国办发〔2013〕112号"予以转发。2016年,为合理划分中央与地方财政事权和支出责任,国务院制定下发《国务院关于推进中央与地方财政事权和支出责任划分改革的指导意见》(国发〔2016〕49号)。

(二)县级政府财政资源配置政策存在的问题

不可否认的是,就其原初政策目的而言,分税制根本理顺了中央—地方的财政关系,总体上是成功的。但分税制实施的政策副作用也超出想象,主要体现在省以下财政关系较为混乱、县级财政困难,迄今为止,虽然出

---

① 财政部关于印发《关于切实缓解县乡财政困难的意见》的通知(财预〔2005〕5号)。
② 关于印发《2012年中央对地方资源枯竭城市转移支付管理办法》的通知(财预〔2012〕305号);关于印发《西部地区基层政权建设资金管理办法》的通知(财预〔2013〕90号);关于印发《边境地区转移支付资金管理办法》的通知(财预〔2013〕267号);关于印发《2012年中央对地方国家重点生态功能区转移支付办法》的通知(财预〔2012〕296号);关于印发《2012年中央对地方均衡性转移支付办法》的通知(财预〔2012〕300号)。

第五章 县级政府的财政资源：政策与转换

台了若干相应的补偿性政策，但相应的弥补和对冲效果有限。

1. 政策形式上，以党政文件为主

现阶段，各级财政关系的调整，主要形式还是各级政府下发的政府红头文件，缺乏相应的法律支撑，财权、财力、事权、事责划分政策性太强，随意性强，稳定性差。中央与地方分税制财政关系的基本确立依据的是《国务院关于实行分税制财政管理体制的决定》（国发〔1993〕第85号）。随后，对中央—地方分税制财政关系的完善和调整都以文件形式进行：1997年的证券交易印花税、金融保险营业税调整；2002年的所得税收入分享改革；2004年的出口退税负担机制改革；2008年的跨省市总分机构企业所得税分配办法；2013年的中央财政县级基本财力保障机制奖补办法；2014年的中央对地方转移支付制度的改革；2016年推进中央与地方财政事权和支出责任划分的改革。应该说，中央和省之间的财政收支划分虽然采取党政文件形式，稳定性差，但是规范性还是很强的；省市之间、市县之间财政关系的调整同样采取党政文件的形式，但是规范性却差很多，而且越到基层规范性越差，加之各地不平衡，原则、标准、比例非常多样化，局部地区甚至处于混乱状态。

2. 政策内容上，财权、财力、事权、事责划分不彻底

1993年的《国务院关于实行分税制财政管理体制的决定》虽涉及财政支出、财政转移支付、预算制度、国债、国企利润等，但无疑税收是其核心内容。一般而言，政府收入包括税收、使用者付费、国有资本（资源）收入、债务四大类，分税制强调分税，而相应较为忽略后三者的分配，导致使用者付费、国有资本（资源）收入、债务三大类出现收入边界不清晰、收取不规范等问题。税收在总的政府收入中比重不高，使这个问题尤为突出。2014年，我国广义政府收入33.17万亿元，其中，税收收入11.92万亿元、非税收收入2.12万亿元、政府性基金5.41万亿元、五项社会保险（含城乡居民基本养老保险）基金收入合计3.98万亿元、国有资本经营收入0.17万亿元、国债余额实际数9.57万亿元。税收收入占广义政府收入比重为35.9%。税收之外的其他政府收入则分属费、租（利）、债，所占比重为64.1%。[①]

---

① 王玉玲. "分税制"到"分级制"：财政管理体制的优化[J]. 地方财政研究，2016 (2).

3. 政策执行中，压力型体制的行政运作逻辑扭曲了政策性财政关系

压力型体制是贯穿我国纵向政府层级间关系运作的支配性逻辑。① 压力型体制下，下一级政府领导干部的任命、考核、监督主要取决于其直接上级，行政权力是支配性要素，行政逻辑是贯穿性逻辑，下一级政府在直接的上下级政府间财政收支、事务权责划分上讨价还价的能力很弱，这直接导致了上级政府更多考虑本级财政责任，较少考虑、较少承担辖区财政责任②，尽可能地把稳定性强的优质税源划归本级政府，稳定性差的劣质税源划归下级政府，把支出责任尽可能地下移，下级政府有财权无财力、有事责无事权，"财力逐级向上集中，事责逐级向下转移"的政策实施状况。

4. 政策效果上，县级财权与事权、财力与事责不匹配问题最突出

（1）大多数以农业为主业的县，有财权无财力。"财权与事权相匹配"的原则与中国区域发展条件存在巨大差异和差距的现实相悖。对于那些以农业为财源基础的县来说，即使赋予其一定的财权，也不过是"画饼充饥"，税源单薄，无法组织到与事权相匹配的财力，尤其对于那些发展条件不好或者不具备发展条件的地方更是如此。在这种原则下，只能是两种结局：要么造成许多县有财权而无财力，当地财政无法正常运转，甚至发不出工资；要么是为了财力而进行掠夺性开发和破坏性发展，导致生态、环境不断恶化。在现实中，这两种结局同时出现了。③

（2）事责、支出责任主要由上级政府确定，相应财力配套不足。第一，有些事务支出明确归属中央、省级、市级政府，但实际执行中却下放到县级政府，县级政府被动地配套财力予以执行。第二，法定支出增长等要求增加了县级财政支出压力。目前《中华人民共和国教育法》《中华人民共和国科学技术进步法》和《中华人民共和国农业法》均规定各级政府在教育、科技、农业方面投入的增长幅度要高于其财政经常性收入。第三，来源于上级政策要求的，县域内"吃财政饭"人员的工资增长、养老保险改革、城乡医疗保险、养老保险、基础教育、环境保护方面的支出压力巨大。第四，达标政策太多、太烂、太过随意，给基层财政带来困难。近几年中央

---

① 荣敬本. 从压力型体制向民主合作体制的转变——县乡两级政治体制改革 [M]. 北京：中央编译出版社，1998.

②③ 刘尚希. 县财政困难映射出现行财政体制存在内在缺陷 [EB/OL]. 中国改革论坛网，2016-12-24, http://www.chinareform.org.cn/gov/system/Forward/201007/t20100709_34235.htm.

出台了一系列达标政策,涉及文化、卫生、计划生育、公安、检察院、司法、法院、监狱、粮食、农村义务教育、新型农村合作医疗、农村居民最低生活保障、就业再就业、城镇居民医疗保障等领域,这些政策和事责在县级政府的落实都需大量资金。

(三) 县级政府财政资源配置的实际状况

地方财政困难主要集中在县一级。分税制自实施以来,县级财政困难就开始突出,1994~2006 年,农村税费合法征收时通过加大征收力度及或明或暗的"加负"是财政困难的一条补充渠道。2006 年税费彻底取消,相应增加的转移支付并不能弥补缺口,同时期及以后相应改革带来的增支压力越来越大(农村医疗保险、养老保险、基础教育、城市养老保险、工资等增长、环保支出等)。虽然中央、省、市从 2002 年就开始从政策上解决这个问题,但总体上县级财政困难问题并没有得到根本性解决:县级收入一直在增加,县级收入所占比例略有提升,县级财政支出迅速扩张,大多数继续收不抵支,局部有所恶化,"共同的特点就是东中西越往基层财政压力越大"[1]。

1. 县级财政收入:总量持续上升,比重略有增加

1994 年的分税制财政体制的主要内容是"分权、分税、分管、分机构",同时以"税收返还和转移支付"作为财力补偿措施保证县级政府基本运转。分税制后,县级政府可支配收入包括一般预算收入、税收返还性收入、财力性转移支付收入、专项转移支付收入、政府性基金收入、行政事业性收入等。

1994~2009 年,县级财政收入年均增幅 16.75%,低于省本级财政收入年均增幅 21.06%,高于市本级财政收入年均增幅 14.41%,表明单就收入而言,分税制之后县级财政收入也在持续增长[2](见图 5-1)。

1993 年,省、市、县财政收入占地方财政收入的比重分别为 11.76%、

---

[1] 财政部财政科学研究所 2015 年对东部、中部、西部、东北四片区 8 个省份多个县组织的大型地方财政状况调研说明了问题:县级财政状况普遍比较严峻,部分县工资发放已成困难,工资发放要依靠专项拨款。资料来源:财政部财政科学研究所. 县级财政还有救吗? 财政部财政科学研究所东西南北的调研结果 [EB/OL]. 中国财政学会官网, http://zgczxh.org/newsitem/277212469, 2015-12-22.

[2] 王秀文. 中国县级政府财政能力问题研究 [D]. 东北财经大学博士学位论文, 2014.

治理现代化背景下的县级政府政策转换

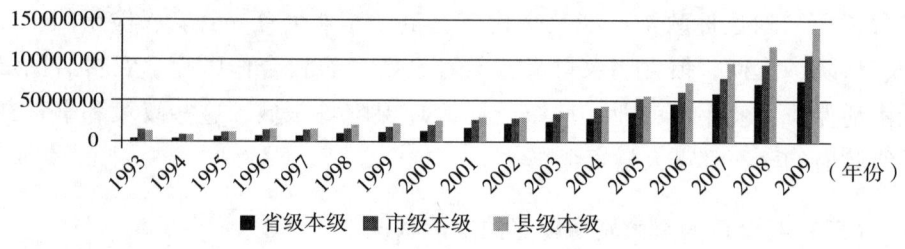

图 5-1 地方财政自主财力的变化趋势

44.91%、43.33%,分税制改革之后,巩固了省级财政地位,压缩了市级财政规模,而县级财政虽较改革前略有下降,但始终保持了相对稳定的主体地位,尤其是 2002 年强调县级政府财力保障以来,县级政府财力比重略有回升。

从人均财政收入来看,县级人均财政收入虽然增长迅速,但是明显落后于地方人均财政收入增长速度。分税制改革后,县级政府人均财政收入以年均 17.04% 的速度快速增长,但较地方人均财政收入年均 18.82% 的增速仍然相差近 1.8 个百分点,基数和增速的差距使县级政府人均财政收入与地方人均财政收入整体水平的差距逐渐扩大,1995~2011 年县级政府人均财政收入与地方人均财政收入的差距由 124.89 元上升至 2930.93 元,县级政府人均财政收入远远低于地方平均水平①(见图 5-2)。

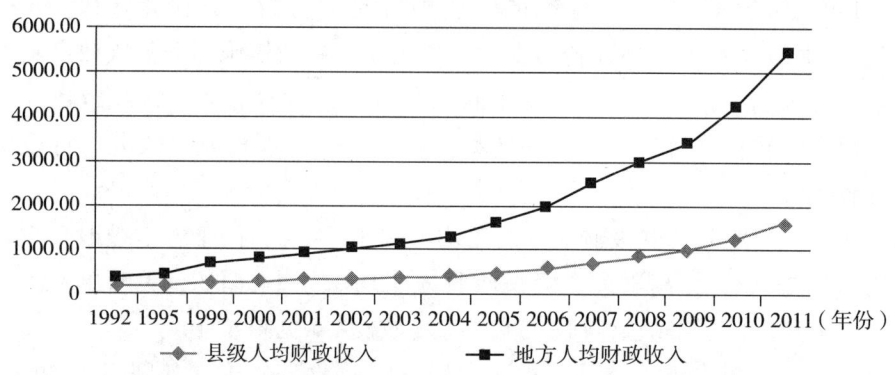

图 5-2 县级政府人均财政收入与地方政府人均财政收入

2. 县级财政支出:总量迅速扩张,比重缓慢递增

分税制改革前地方财政支出主要由省级财政负担,市、县两级财政支

---

① 王秀文.中国县级政府财政能力问题研究[D].东北财经大学博士学位论文,2014.

第五章 县级政府的财政资源：政策与转换

出规模比较小，1993年省级财政支出占地方财政支出的比重达到了92.89%，市、县财政支出占地方财政支出的比重分别为4.17%和2.94%。

分税制改革迅速扭转了这一局面，使地方各层级政府间财政收入划分相对明确，但相应的事权分配制度、财政支出责任划分不明确、不规范、不稳定，这为上级财政转移事权和支出责任提供了空间，省级、市级财政不断压缩本级财政的支出范围，下放事权，财政支出由省级向市、县两级转移。1994年地方财政支出较上年同比增长了17.84%，而省本级财政支出同比却骤减了68.3%。1994~2009年，地方财政支出年均增幅19.88%，其中县级财政支出年均增幅22.67%，市级财政支出年均增幅19.26%，省财政支出年均增幅21.4%，县级财政支出年均增幅比市级、省级财政支出年均增福分别高出3.41%、1.27%（见图5-3、图5-4）。县级财政支出在地方财政支出总额中比重扩张的趋势非常明显，2009年县级财政支出占地方财政支出的比重已经达到53.74%；2013年，中央级支出占全国公共财政预算支出比重只有14.6%，省级支出比重为16.2%，地市级支出比重为23.0%，而县乡级支出比重则高达46.4%，县乡财政预算支出占到地方财政预算支出的54.2%。地方财政超过一半的财政支出需要由县级财政负担。如果按照人均财政支出计算，此趋势更为明显。从1994~2011年地方财政人均财政支出和县级财政人均财政支出的变化情况来看，县级财政人均财政支出年均增长率达到了31.59%，较地方人均财政支出的增速24.48%高出7.11个百分点，且差距呈逐年扩大趋势（见图5-5）。

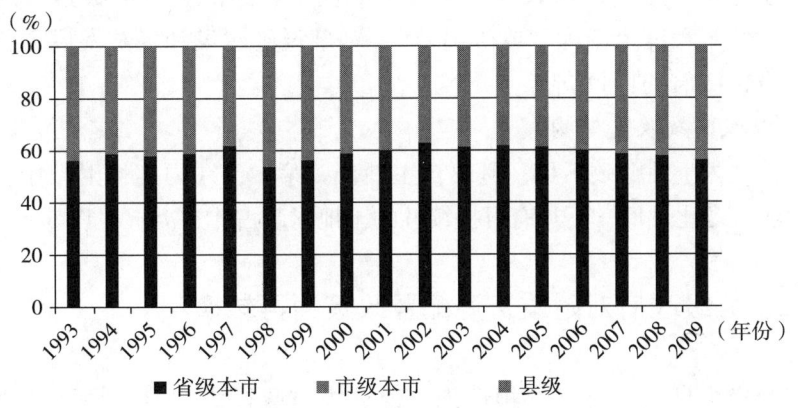

图5-3 地方各级政府财政支出比重

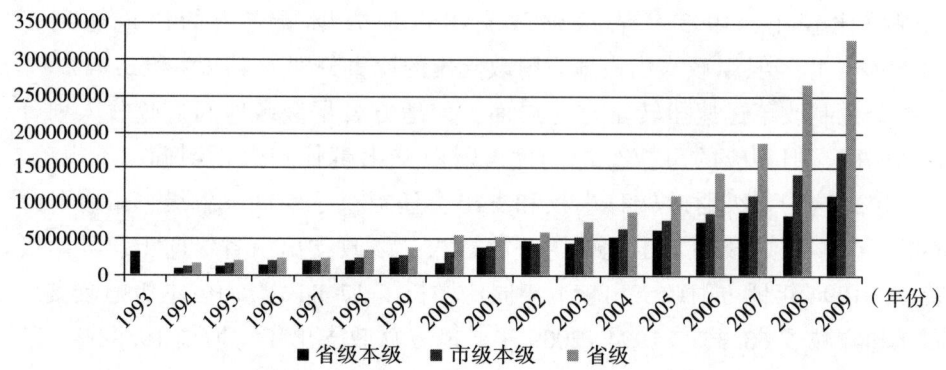

图 5-4 全国地方各级政府财政支出变化情况

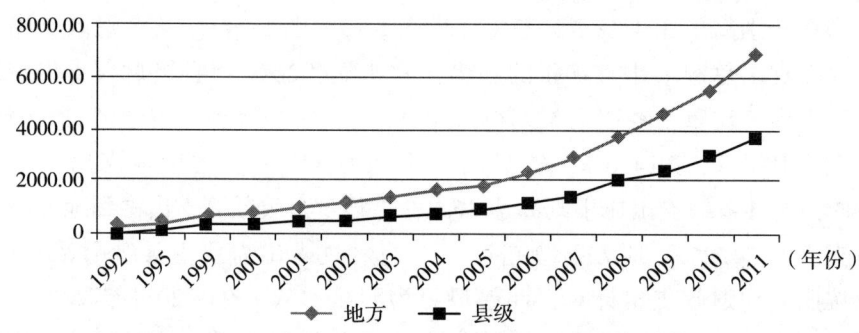

图 5-5 地方政府与县级政府人均财政支出情况

3. 县级财政自主性低

大多数县,尤其是以农业为主、工商业不发达的县,县级财政的自主性很低,一定程度上沦为"吃饭财政",基础设施建设和经济发展主要依靠中央和省市政府的项目支持。

4. 县级财政收支结构

第一,内生性财政不足,财政自主性低。第二,在内生性财政中,正常的税收收入占比过低,不具有可持续性的土地财政占比过高(见图5-6)。

二、县级政府对财政资源配置政策的再转换

财政资金自主性低、依赖性强,但县级财政行为的自主性、灵活性却并不低,甚至可以说,县级财政行为的自主性、灵活性太大,规范性、科学性在很大程度上成为无可奈何的牺牲品。一方面是普遍的财政困难,另

第五章 县级政府的财政资源：政策与转换

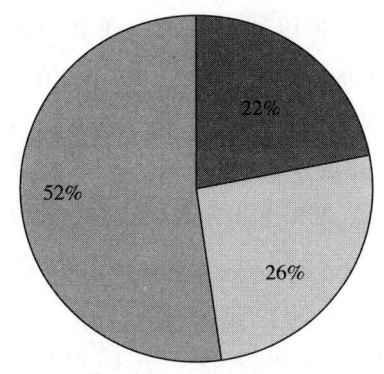

■ 税收收入 ■ 非税收入（包含政府性基金收入）
■ 转移支付性收入（包括上年结余和调入资金）

图 5-6 2009 年 H 县政府性收入结构及比重

一方面是较大的财政行为自主性，两者的"夹逼"效应导致县级政府对上级财政资源配置政策的实用主义转换：尽其所能地"甩包袱"，压缩财政支出；尽可能地扩大财源，增加可支配收入。

（一）收入政策

在财政拮据的大背景下，县级政府"最大的经济"就是千方百计筹措资金、扩大财源、增加可支配收入。除固本强基、培植税源、扩大正税收入渠道之外，其他的渠道、形式很多，下面列举一些常见的举措。

1. 土地财政

分税制改革中的一项重要内容就是增值税分享，中央政府享受稳定的增值税分成但并不承担企业经营、破产的风险，地方政府兴办、经营企业的收益减小而风险加大，地方政府兴办工业企业的兴趣降低；与增值税不同的是，营业税主要是对建筑业和第三产业征收的税收，其中建筑业又是营业税的第一大户；地方政府将组织税收收入的主要精力转移到与土地开发、城市经营、房地产有关的建筑业发展上来[①]，形成所谓的"土地财政"。

一般而言，县级政府的土地财政收入主要包括三部分：一是土地出让金，这是土地财政的主体。按照《土地管理法》的规定，县级政府按照有关权限获取审批后有权征收、开发和出让农业用地，地方政府低价征收农

---

① 孙秀林，周飞舟．土地财政与分税制：一个实证解释 [J]．中国社会科学，2013（4）：48．

治理现代化背景下的县级政府政策转换

业用地,进行平整、开发后,可以通过招标、拍卖或挂牌等形式在土地二级市场出让转为城市建设用地,由于征收农业用地的成本远低于城市建设用地出让价格,两者之间的价格差构成了县级政府财政收入巨大的"蓄水池"。据估计,如果土地出让成本价为100%,则农民只得5%~10%,村级集体经济组织得25%~30%,60%~70%为县、乡(镇)政府所得。① 全国土地出让收入2001年是1285.89亿元,2011年暴增到33477亿元,是2001年的26倍多,2010年土地出让收入占地方公共预算收入的74.14%,即使经过2011年中央政府对土地和房地产的强力调控之后,该比重仍占47.29%。②

二是经营城市,发展房地产和建筑业带来的相关税费收入。主要包括:首先,与土地直接有关的税收,包括由地税局征收的城镇土地使用税和土地增值税、由财政局征收的耕地占用税和契税;其次,与土地间接相关的税收,包括涉及土地转让收入的营业税、房地产税、建筑业部门上缴的税款等;最后,土地、财政、林业、房产、水利、交通、邮电、农业等政府部门与土地有关的各种收费,项目庞杂且不透明,但数额不菲。③

三是土地融资借贷。即以土地收益权和使用权作为抵押向银行贷款、发行债券、出售土地资产证券化产品等进行融资,使短期内县级财政收入最大化。

地方政府全面转向土地开发和城市扩张,土地征用、开发和出让作为新的支持地方财政和经济增长的主要来源,分税制是核心影响因素。④ "地方政府逐步将财政收入的重点由预算内转到预算外、由预算外转到制度外,从收入来源上看,即从依靠企业到依靠农民负担和土地税收,从侧重'工业化'到侧重'城市化'。"⑤ 土地财政在县级政府财政收入中的真实数量、比重是一个敏感话题,虽有大量的统计和估算,但很难获得具体样本的真实数据,获得全国性的真实数据更是难上加难。

---

① 温铁军,朱宋银. 县以下地方政府资本原始积累与农村小城镇建设中的土地问题 [J]. 经济研究资料,1996 (1).
② 陶勇. 中国县级财政压力研究 [M]. 上海:复旦大学出版社,2014:149.
③ 陶勇. 中国县级财政压力研究 [M]. 上海:复旦大学出版社,2014:147.
④ 孙秀林,周飞舟. 土地财政与分税制:一个实证解释 [J]. 中国社会科学,2013 (4):40-59.
⑤ 陶勇. 中国县级财政压力研究 [M]. 上海:复旦大学出版社,2014:153.

2. 借债、融资

按照《预算法》第三条、第二十八条之规定，县级财政不能列支赤字、不能举债，实际上，由于各种原因，县级政府债务问题非常严重，借债甚至是不择手段的借债成为部分县级政府维持财政运转的基本变通方式之一。根据审计署 2011 年第 35 号《全国地方政府性债务审计结果》，截至 2010 年底，全国地方政府性债务余额 107174.91 亿元，省级政府 32111.94 亿元，占比 29.96%；市级政府 46632.06 亿元，占比 43.51%；县级政府 28430.91 亿元，占比 15.58%。由于统计不包含乡镇政府负债，再加上难以统计的隐性负债[①]，所以一般认为，县级政府真实负债情况要比所统计的严重。根据全国人大的数据：2014 年地方政府债务余额 15.4 万亿元，2014 年末地方政府债务余额是 2014 年地方一般公共预算收入的 1.2 倍，约为 2014 年地方一般公共预算支出、政府性基金预算支出和国有资本经营预算支出决算汇总数的 86.3%。从政府层级来看，省级、市级和县级（含乡镇）分别为 2.1 万亿元、6.6 万亿元和 6.7 万亿元，占比分别为 14%、42% 和 44%。[②] 与审计署的报告相比，全国人大的报告中县级政府包含乡镇后[③]的负债比重最高、负债数额最大，与此相对应的是，与省、市政府相比，县级政府的偿债能力是最弱的。

3. 出售资产

出售资产是指县乡政府为了解决财政困难而选择变卖政府的固定资产或者一次性出让固定资产的承包权。具体可以出售的资产包括：已倒闭国有企业的厂房、土地；国有山林经营权；水电站、水库的承包权；国有土地的使用权；等等。出售资产有利于缓解短期财政困难，但长期来看，掏空了县域经济财政持续健康发展的基础。

4. 向上"跑""要"

县级财政收入的很大一部分来自于转移支付。一般性转移支付相对比较固定，专项转移支付则以项目的形式下达，很大程度上依靠县级政府主

[①] 例如，有的县级政府因为抵押标的物缺乏自身难以直接获得银行贷款，便委托县人民医院等县级国有企事业单位出面向银行贷款，资金归政府使用，本息由政府财政偿还，账面上不属于政府借债，但实际上真正的债务人就是政府。

[②] 全国人大常委会预算工作委员会. 全国人大地方债调研报告 [R]. 2015.

[③] "乡财县管"之后，除了极少数发达地区的超级大镇之外，绝大多数乡镇已经不构成一级财政，所以乡镇债务就是县级政府债务。

动的"跑""要",即利用各种关系去上级部门跑项目、要资金。据统计,2010年,中央对地方财力补助总额的42%为专项转移支付,39.8%为一般性转移支付。以项目形式下达的专项转移支付具体由中央、省级、市级政府各部门掌握,在分配上自主性、弹性、灵活性很大,相应的操作空间也很大。这极大地刺激了县级政府官员积极主动地跑项目、要资金,有些地方甚至会对"跑"项目成功的官员有回扣和奖励,围绕项目分配,也必然滋生灰色交易、分配不公平和腐败。项目性转移支付在弥补县级政府基础设施建设、公共服务等方面支出资金不足的同时,也带来了相应的烦恼,大多数项目要求县级政府提供配套比例的资金,一般为30%~40%,高的甚至达到50%~70%。这对于财政资源比较丰裕的县来说并不困难,专项资金是锦上添花,但对于财政资源本来就非常困难因而也更需要项目支持的县而言,配套的财力勉为其难。

5. 行政事业性收费、罚没等收入

行政事业单位的收费、罚没等收入一般归属于预算外资金,但上缴县财政统一支配。这部分资金比较零散,也比较隐蔽,上级政府一直努力加强其监管,但是成效甚微。从县财政总体的角度来说,这部分收入起不了多大作用,在执法约束日益严格的背景下,扩张该部分收入来补充资金不足的选择更是负面效应明显。但从部门的角度则不然,对县级财政杯水车薪的收费和罚没收入,对具体部门则可能利益攸关,保持和扩张相关的权力和收益份额至少部门动力十足。

(二) 支出政策

在一定程度上可以说,越是资金紧张,其资金支出的优先顺序、权重、份额越能够反映客观约束强度、决策者的偏好和综合利益考量。

1. 优先保障的硬性支出

(1) "压力型体制"与县级财政支出的"五个确保"。县级政府作为各项职能最为完备的基层政府,是"压力型体制"下的"一线指挥部",主要是执行上级政府的政策、完成上级政府交办的各项任务。体现在县级财政支出安排上,保工资、保运转、保稳定、保社会保障、保法定支出(主要包括教育、科技、支农的支出比例和法定增长问题)是必须完成的政治性任务。在"五个确保"中,保稳定、保社会保障及保法定支出这三项更明显地体现了财政硬支出的刚性特质,这部分的资金来源大多是中央政府专项转移支付加上地方配套的自有财力资金,地方政府虽然给予执行,却没有支出扩张的冲动。与此不同的是,保工资、保运转的财政支出虽然形式上具有硬支出的性质,但在预算编制过程中,由于这一部分资金最终的用途是在政府各机关部门的内部,为了获得对财政资金更大的自主性,从而扩张自主行动的空间,县级政府往往有着巨大的支出扩张的冲动,这在客观上造成了行政支出规模的不断加大。① 其实,作为最基层的一级政府,在现有国情下,保运转必然内在非常隐蔽地蕴含着保"三公"(公务礼品支出、公务招待、公车支出)。从主动的角度看,这是政府官僚自我利益最大化的理性选择;从被动的角度看,作为"压力型体制"的最底层,"三公"支出是县级政府应对上级政府部门时必不可少的"润滑剂"。

(2)县级财政支出中的"刚性固定支出"。理论上,县级政府作为一级完整的基层政权,拥有相对独立的财政预算权,但在财政实践中,很多刚性支出及其比例主要由中央、省、市政府决定,县级发言权很小,由此导致县级政府财政预算的自主性总体上比较低。财力固化率主要是指一级财政在某一财力水平下财政支出必须要确保的、基本不能调整的起点水平。广东省是我国经济最为发达的地区之一,但是有学者对广东省 2011~2013 年县级财政财力固化率的研究表明,2012 年、2013 年广东省县级总体财力中有超过 70% 的部分要固定安排支出,其余不到 30% 的县级财政可以灵活自主处理。②现阶段,我国财政支出的重点日益从经济建设向教育、社会保障、医疗卫生等基本公共服务和民生领域转移,而教育、社会保障、医疗卫生等领域的财政支出责任主要落实到县级政府身上,但是支出的标准主要是由中央、省、市政府确定的。有学者统计了县级财政每年安排预算时,教育、社会保障、医疗卫生和农业四个方面按照上级政策规定应该保障的人均支出标准。③

2. 选择性支出

在巨大的财政压力下,县级政府的决策者往往根据各自政绩和利益的需要做出公共物品供给决策。"一是,地方政府热衷于投资于一些见效快、易出政绩的短期公共项目,而不愿意提供一些见效慢、期限长的项目;二

---

① 曹静.县级政府财政收支自主性研究——基于 H 县的实证研究[D].吉林大学博士学位论文,2012.

②③ 张玉玲.广东省县级财政压力研究[D].中山大学硕士学位论文,2016.

是，地方政府热衷于投资新建公共项目，而不愿投资维修存量公共项目；三是，地方政府热衷于提供看得见、摸的着的'硬'公共产品，而不愿提供农业科技推广、农业发展的综合规划和信息系统等'软'公共产品；四是，地方政府重视需要达标考核的公共产品和公共服务的提供，对于不属于上级政府考核范围内的公共产品和公共服务，则存在着'等、靠、要'的思想。"①

3. 时空的"辗转腾挪"

拖欠情况非常普遍，也非常严重。由于财政资金严重短缺，收不抵支，有些乡镇政府依赖借债和拖欠混日子，吃饭欠饭馆钱、开会欠宾馆钱、开车欠加油站的油钱、工程建设欠工程队的钱。对县级政府及其组成部门来说，相比拖欠宾馆、饭店的钱，在基础设施、公共服务项目建设中，拖欠工程款的情况更加严重，间接成为建筑类农民工工资拖欠的主要原因之一。

借新还旧、拆东补西。2014 年末，县级政府（含乡镇）负债总额高达 6.7 万亿元，占全国地方政府债务余额的 44%。从上文收入、支出的分析中可以看出，县级财政在剔除"保工资、保运转、保稳定、保社会保障、保法定支出"、必要的项目配套资金等支出之后，能够安排用于还债的资金极为有限，债务基数大、利率高使之压力更大，有的地方连续出现逾期债务，甚至连债务利息也无力偿还，只能依靠借新还旧、拆东补西来勉强支撑运转。

偷梁换柱，主要指挪用专项资金用于"保工资""保运转"。财政部财政科学研究所 2015 年调研发现，在有的县市，工资发放主要依靠专项拨款。②

三、县级政府财政资源配置政策再转换的效应

县级政府对财政资源配置政策的再转换产生了一系列效应。

（一）助长了县级财政行为的机会主义

资金硬性约束与"压力型体制"所导致的任务刚性导致了县级政府行

---

① 陶勇. 中国县级财政压力研究 [M]. 上海：复旦大学出版社，2014：133.
② 财政部财政科学研究所. 县级财政还有救吗？[EB/OL]. 财政科学研究所网站，2015-12-22.

动者财政收支策略的机会主义倾向,财政收支行为的短期性、功利性、策略性非常强,长期合理性、规范性、原则性往往成为牺牲品。

(二) 县级财政不可持续性和扭曲性

现阶段县级财政收入中,县域自身的内生性财政收入偏低;在县域自身的内生性财政收入中,围绕土地、房地产开发的土地财政收入偏高。这两个基本特征使县级财政具有不可持续性。实际上,有的县区现在已经无地可卖,土地财政已经是明日黄花,难以为继了。至于其他增收形式,如借债、出售资产、"跑"、"要"等更是扭曲了正常的财政关系。

(三) 县域基本公共服务供给有效性不足

首先,资金不足约束了基本公共服务供给的充分性,决策者只能在资金约束前提下选择性供给。其次,公共服务的选择性供给不能反映民众需求。由于决策者权力来源于上级政府,考核监督权也在上级政府,辖区普通民众几乎没有实质性影响力,决策者公共服务供给的决策选择更多迎合上级政府偏好和反映决策者本身的政绩偏好,而不是民众需求。最后,资金约束使筹措资金、财政收入最大化成为县级政府的核心任务,以此作为县级政府过程的起点和根本动力,没有带动县级政府职能转变、机构和人员精简、服务型政府建设,反而向"公司化"政府迈进了一大步。[1]

(四) 县域"善治"与健康发展基础的侵蚀

县级财政行为的机会主义倾向、县级财政的不可持续性和扭曲性、县域基本公共服务有效供给不能有效反映民众需求,以上这些问题严重侵蚀了县域长治久安、可持续发展的基础,为未来县域治理和发展留下了隐患。

---

[1] 叶盛楠. 县域政治中的政府畸变——以内蒙古 S 县农村税费改革为中心的个案研究 [D]. 中国人民大学博士学位论文,2010.

第六章　县级政府的干部选拔任用：政策与转换

县级政府的干部选拔任用主要指县域内副科级、科级、副处级、处级干部的遴选、任用和监督，在县域范围内，它们都可以称为领导干部，也就是海贝勒所说的"战略性群体"[①]。副科级、科级干部归县委组织部管理；副处级、处级干部归市委组织部管理。其中，处级干部中的县（市）委书记日常管理归市委，但是在很多省，县（市）委书记任免由省级党委决定。

一、县级政府干部选拔任用的政策性依据

县级政府干部选拔任用的政策性依据有：《党政领导干部选拔任用条例》（2014年修订版）、《中国共产党地方委员会工作条例》（2014年）、《中国共产党党内监督条例》（2016年）、《中华人民共和国公务员法》（2005年），以及若干具体的政策性规定，如1984年中央决定实施"下管一级"的决定。按照"党管干部"的原则，领导职务公务员主要按照《党政领导干部选拔任用条例》管理，因而《公务员法》其实主要适用于普通公务员，本书涉及的副科级到正处级县域领导干部管理主要的政策性依据是党的相关条例。

中国的干部管理体制就是两条：第一条是"党管干部"，第二条是"职务名单表"。各级组织部按权限管理自己"名单"上的干部。1983年10月，经中央批准，中组部下发的《关于改革干部管理体制若干问题的规定》[（1983）中组发第15号]提出了分级分类管理和"管少、管好、管活"的原则。按照这一精神，1984年7月，中央决定改革现行干部管理体制，适

[①] [德] 托马斯·海贝勒，舒耕德，刘承礼. 作为战略性群体的县乡干部（下）——透视中国地方政府战略能动性的一种新方法 [J]. 经济社会体制比较, 2013 (2): 85-97.

第六章　县级政府的干部选拔任用：政策与转换

当下放干部管理权限，确定了下管一级的管理体制，这就改变了过去下管两级的干部管理体制。各级组织部门重新修订了党委管理干部的职务名称表，调整了干部管理范围，扩大了下级党委的干部管理权限。

（一）《党政领导干部选拔任用条例》的政策性规定

《党政领导干部选拔任用条例》（以下简称《条例》）对县级以上的领导干部选拔任用做出了明确规定，同时规定"选拔任用乡（镇、街道）的党政领导干部，由省、自治区、直辖市党委根据本条例制定相应的实施办法"。总体上，各省、自治区、直辖市党委制定的"乡镇街道党政领导干部选拔任用工作管理办法"虽然名称各异，但在内容上基本比照了《条例》的条款和精神。

《条例》第二条规定了党政领导干部选拔任用必须坚持的原则："（一）党管干部原则；（二）五湖四海、任人唯贤原则；（三）德才兼备、以德为先原则；（四）注重实绩、群众公认原则；（五）民主、公开、竞争、择优原则；（六）民主集中制原则；（七）依法办事原则。"这是党政领导干部选拔任用的基本政策性原则。

《条例》第三章、第四章、第五章、第六章分别阐述了过程中的动议、民主推荐、考察、讨论决定四个基本环节。动议环节组织部门"就选拔任用的职位、条件、范围、方式、程序等提出初步建议"并就初步建议"向党委（党组）主要领导成员报告"（第十二条、第十三条）。民主推荐是必经环节，其结果是选拔任用的重要参考（而不是主要依据），民主推荐参加人员一般包括"（一）党委成员；（二）人大常委会、政府、政协党组成员或者全体领导成员；（三）纪委领导成员；（四）人民法院、人民检察院主要领导成员；（五）党委工作部门、政府工作部门、人民团体主要领导成员；（六）下一级党委和政府主要领导成员……"（第十八条）。一般而言，民主推荐的结果会在适当范围内公示，但统计过程并不公开。考察环节由组织部门具体实施，但考察对象的"酝酿"由本级党委书记与副书记、分管组织、纪检等工作的常委进行，考察对象的确定由具有管理权限的党委（党组）讨论决定，"领导班子换届，由本级党委书记与副书记、分管组织、纪检等工作的常委根据上级党委组织部门反馈的情况，对考察对象人选进行酝酿，本级党委常委会研究提出考察对象建议名单，经与上级党委组织部门沟通后，确定考察对象……个别提拔任职，由党委（党组）研究确定考察对象。"(第二十五条)讨论决定环节实际上又可以分为两个环节:首先是"酝酿"环节。"党政领导职务拟任人选,在讨论决定或者决定呈报前,应当根据职位和人选的不同情况,分别在党委(党组)、人大常委会、政府、政协等有关领导成员中进行酝酿。"(第三十四条)县级政府过程中,酝酿环节参加人主要是县委书记、县长、县委副书记、县委组织部长、县纪委书记,形式是"专题会议","酝酿环节"不能决定拟任职人选,但是产生提名到县委常委会讨论决定的人选,所产生的人选也基本代表了县域治理中最具有人事发言权的几位主要常委的"共识"。其次是集体会议讨论决定环节。"选拔任用党政领导干部,应当按照干部管理权限由党委(党组)集体讨论作出任免决定,或者决定提出推荐、提名的意见。属于上级党委(党组)管理的,本级党委(党组)可以提出选拔任用建议。"(第三十五条)"党委(党组)讨论决定干部任免事项,应当按照下列程序进行:(一)党委(党组)分管组织(人事)工作的领导成员或者组织(人事)部门负责人,逐个介绍领导职务拟任人选的推荐、考察和任免理由等情况,其中涉及破格提拔的人选,应当说明破格的具体情形和理由;(二)参加会议人员进行充分讨论;(三)进行表决,以党委(党组)应到会成员超过半数同意形成决定。"(第三十八条)

按照"党管干部"的原则,党委(党组)讨论决定之后,还需要正式任命,依法提名、推荐等,但之后基本都是合法化程序了。

(二)《中国共产党地方委员会工作条例》的政策性规定

《中国共产党地方委员会工作条例》有关的规定也涉及了县级政府干部选拔任用的政策和程序。党的地方委员会"按照干部管理权限任免和管理干部,向地方国家机关、政协组织、人民团体、国有企事业单位等推荐重要干部。"(第五条)"党委书记主持党的地方委员会全面工作,组织常委会活动,协调常委会委员的工作,对党委工作负主要责任。"(第十一条)"党委书记应当带头执行民主集中制,充分发扬党内民主,善于集中正确意见,自觉接受常委会其他委员监督,不得凌驾于组织之上、班子之上,不得搞独断专行。常委会其他委员应当支持书记开展工作,自觉接受书记对其工作的督促检查。"(第十八条)"常委会会议由党委书记召集并主持。……会议议题由书记提出,或者由常委会其他委员提出建议、书记综合考虑后确定。常委会会议应当有半数以上常委会委员到会方可召开。讨论和决定干部任免事项必须有三分之二以上常委会委员到会。"(第二十三条)"需要提交常委会会议审议的重要事项,可以先召开书记专题会议进行酝酿。书记专题会议由书记主持,副书记和其他有关常委会委员等参加。书记专题会议不得代替常委会会议作出决策。"(第二十五条)

(三)《中国共产党党内监督条例》的政策性规定

《中国共产党党内监督条例》的相关条款也是县级干部选拔任用的政策性依据。"党内监督的重点对象是党的领导机关和领导干部特别是主要领导干部。"(第六条)"党委(党组)在党内监督中负主体责任,书记是第一责任人,党委常委会委员(党组成员)和党委委员在职责范围内履行监督职责。"(第十五条)"党内监督必须加强对党组织主要负责人和关键岗位领导干部的监督,重点监督其政治立场、加强党的建设、从严治党,执行党的决议,公道正派选人用人,责任担当、廉洁自律,落实意识形态工作责任制情况。上级党组织特别是其主要负责人,对下级党组织主要负责人应当平时多过问、多提醒,发现问题及时纠正。领导班子成员发现班子主要负责人存在问题,应当及时向其提出,必要时可以直接向上级党组织报告。党组织主要负责人个人有关事项应当在党内一定范围公开,主动接受监督。"(第十七条)

二、县级政府干部选拔任用政策的内在问题

围绕职位的权力竞争、权力支持、权力监督是干部选拔任用政策需要围绕的核心问题,以此观之,县级政府干部选拔任用政策仍然存在以下不足:

(一)领导干部权力竞争政策性规定比较模糊

在动议环节,组织部门"就选拔任用的职位、条件、范围、方式、程序等提出初步建议"并就初步建议"向党委(党组)主要领导成员报告后,在一定范围内进行酝酿,形成工作方案。"(第十二条、第十三条)。在这个环节,县委主要领导的态度基本是决定性的,尤其是针对重要岗位,如果县委书记心目中已经有合适人选,就不排除"量体裁衣"因人设定职位条件的可能性。"在一定范围内进行酝酿"(第一次酝酿)规定比较模糊,弹

性和灵活性都很强。

在民主推荐环节，如果排除背后运作拉票，得票排序很能够反映被推荐人在"县乡领导干部核心圈层"中的威望。但是在程序运行上：第一，民主推荐票并不是当场计票开票，而是由民主推荐的组织者带走，秘密统计，真实的得票排序只有组织者实际掌握；第二，民主推荐得票是确定考察对象的重要参考依据，但《条例》明确规定"防止把推荐票等同于选举票、简单以推荐票取人"。换言之，民主推荐环节虽是必经程序，但是主动权掌握在组织者手中。

在考察环节，关键是考察对象的确定，随后的考察工作大多数是组织部门的例行公事。"确定考察对象，应当根据工作需要和干部德才条件，将民主推荐与平时考核、年度考核、一贯表现和人岗相适等情况综合考虑，充分酝酿"（第二次酝酿）。考察对象的"酝酿"由本级党委书记与副书记、分管组织、纪检等工作的常委进行，考察对象的确定由具有管理权限的党委（党组）讨论决定，"领导班子换届，由本级党委书记与副书记、分管组织、纪检等工作的常委根据上级党委组织部门反馈的情况，对考察对象人选进行酝酿，本级党委常委会研究提出考察对象建议名单，经与上级党委组织部门沟通后，确定考察对象。……个别提拔任职，由党委（党组）研究确定考察对象。"（第二十五条）小范围内围绕确定考察对象的"第二次酝酿"，工作需要、德才条件、一贯表现、人岗相适等情况具有非常大的灵活性和弹性，"咋说都有道理"，这种情况下，潜在候选人日常积累的人脉往往起到至关重要的作用。

在讨论决定环节，在一定程度上，"酝酿"程序要比随后的会议集体讨论决定程序更加重要。"党政领导职务拟任人选，在讨论决定或者决定呈报前，应当根据职位和人选的不同情况，分别在党委（党组）、人大常委会、政府、政协等有关领导成员中进行酝酿。"（第三次酝酿）县级政府过程中，酝酿环节参加人主要是县委书记、县长、县委副书记、县委组织部长、县纪委书记，形式是"专题会议"。县人大主任、县政协主席虽不参加"专题会议"，但也是"酝酿环节"的重要参与人，在征求意见过程中，可以代表人大、政协发表意见。"酝酿环节"不能决定拟任职人选，但是产生提名到县委常委会讨论决定的人选，所产生的人选也基本代表了县委书记、县长、县委副书记、县委组织部长、县纪委书记、县人大主任、县政协主席几位县域内最具有人事发言权的领导干部之间达成的"共识"。"小会"达成共

第六章　县级政府的干部选拔任用：政策与转换

识,"大会"（县委常委会）集体讨论决定，但是大会的集体讨论决定反而程序性更强，讨论所蕴含的"交流""妥协""共识"等内涵大为减弱。因为很简单，提交常委会会议讨论的人选已经是县域内最有人事发言权的几位领导干部达成的"共识"，其他与会常委没有确切证据及影响切身利益，不会贸然提出反对意见，即使投票表决，在9~11人的县委常委中，参加过"小会"酝酿的常委已经稳占5票。

领导干部之间的职位竞争是干部管理体制的核心内容之一，详细分析《条例》，我们可以发现三次"酝酿"（第一次是选拔方案的酝酿，第二次是确定考察对象的酝酿，第三次是拟任职人选的酝酿）是县域干部选拔任用过程中最具有实质性的环节。由于"酝酿"都是在小范围内（一般涉及县委书记、县长、县委副书记、县委组织部长、县纪委书记、县人大主任、县政协主席七人）不公开进行，而且规定很模糊，弹性和灵活性非常强，所以"酝酿"环节运行的好坏很大程度上取决于县委书记的政治素质与县域政治生态。运作良好，则有利于县委书记、县长、副书记、组织部长、纪委书记、政协主席、人大常委会主任预先沟通，比"选举制"更能够选出真正"德才兼备"之才；运作不良，则容易沦为几大巨头的"幕后交易"，成为政治宵小投机钻营的舞台。

（二）领导干部权力支持的政策性规定比较粗疏

以县委书记履行职责的权力支持为例加以说明。县委书记是县域治理的核心行动者，是县域之内党建、稳定、发展、改革各项事业的第一责任人。与第一责任人的职责对应，对县委书记的明确、公开、稳定的权力支持不可或缺，理论上，应该赋予县委书记与其承担责任相对应的相对独立的人事、财政调度权和政策制定权，以保证其施政的相对独立性、完整性。观察县委书记现有的职权、职责配置，尚有较大缺陷。

第一，在《中国共产党地方委员会工作条例》中，在职责上，县委书记要"对党委工作负主要责任"，相应的职权则是"主持党的地方委员会全面工作，组织常委会活动，协调常委会委员的工作"，并没有明确赋予县委书记县域内人事、财政、政策制定等决策的权力。以人事权为例，县委书记是县域治理的核心领导者，但县域内副处级以上领导干部都归市委组织部管理，县委书记虽有建议权，但不能决定县域治理中其主要助手（如县长、人大常委会主任、政协主席、纪委书记等）的配置。"从形式上看，现

治理现代化背景下的县级政府政策转换

在的县委书记对干部选拔任用仅有三项无足轻重的权力：一是针对组织部门的具体方案具有审查和是否上会讨论的决定权；二是具有和其他县级领导干部同样的测评、推荐票权；三是在常委会上，对已经通过诸多程序确定的拟任免人员，具有和其他常委同样的任免投票权。但是，与这种法定规则不相吻合的是，县委书记仍然是干部选任工作的第一责任人；干部选任工作出了问题，仍然要追究县委书记的责任；重要岗位人选的确定，既关系到县委书记个人的权威，又关系到全县工作的大局。"① 县委书记是县域综合考核（党建、发展、改革、稳定）的第一责任人，《条例》规定："党的地方委员会主要实行政治、思想和组织领导，把方向、管大局、作决策、保落实。"但县域治理的执行性、事务性非常强，县一级的重大问题绝大多数都涉及人权、事权、财权、项目等具体行政决策事项，如果县委书记将自己局限于"政治、思想和组织领导"，不干预人权、事权、财权、项目等具体行政决策事项，则难以有效承担"第一责任人"的职责和考核压力。内在动力、外在压力都使县委书记积极扩权，把县域之内的人事任免、事权、财权、项目建设等牢牢掌握在手中。

第二，《条例》明确规定了县委、县委常委的集体决策权力，县域内重大事项必须经由县委全会、县委常委会集体讨论决定，书记专题会议可以先行"酝酿"，但不能代替县委常委会决策；从决策权力明确制度配置来看，县委书记在集体决策事项上只有一票的权力，他无须对集体决策的后果负全责。换言之，就明确的制度规定而言，县委书记职责、职权并不对应，职权不能支持职责。

第三，实际运作中，比较反讽的是，在县域内部，县委书记实际上成为县委的化身，县委书记通过"非制度化运作"（如通过主导三次"酝酿"）所实际取得的权力经常大于县委常委会、县委，县里的人事、财政调度和政策制定表面上是县委常委会集体决策，实际上很大程度上取决于县委书记的意志，绝大多数常委都会主动或被动地围绕书记的意图进行。有学者根据对县域领导干部的访谈，归纳了县委书记的实际职权：统揽全局，协调各方，拥有人事任免权和经济社会文化发展的最终拍板权；县委书记是常委会的召集人和主持人，但常委们要围着"一把手"的思路转；法院、检察院也受县委书记领导；县委书记和县长的关系更像是"一把手"

---

① 李克军. 县委书记们的主政谋略 [M]. 广州：广东人民出版社，2014：225.

第六章 县级政府的干部选拔任用：政策与转换

和"副手"的关系；"一把手"左右一个县的发展方向。① 这又导致另一种"权责不对称"，县委书记实际履行了县委、县委常委会的集体决策权，但是因为县委、县委常委会的集体决策形式，县委书记可以推卸重大决策失误的责任，因为是集体讨论决定的。一句话总结，即按照制度规定，县委书记责大于权，权力无法支持职责履行；按照实际运作，县委书记权大于责。

（三）领导干部权力监督的政策性规定比较笼统

"党内监督的重点对象是党的领导机关和领导干部特别是主要领导干部"（《中国共产党党内监督条例》第六条）。县域之内，县委、县委常委会、县委书记是党内监督的重点。《条例》虽然明确赋予了同级纪委、领导班子成员、普通党员的监督权力（权利），但总体而言，现行体制对县委书记的监督以上级监督为主。自下而上的监督几乎不可能，平级监督比较疲软，自上而下的监督是主渠道但不到位；事后的责任追究基本上也比较软弱，除非因为严重违纪违法被纪委立案查处，否则单独追究县委书记重大决策失误、政绩工程泛滥、渎职或不作为的现象几乎没有。现阶段，县委书记频繁流动②，任期制缺乏严肃性，加剧了权力滥用、渎职、不作为、乱作为的严重性，使其行使权力的随意性、短期性、功利性更强。

三、县级政府干部选拔任用政策实施过程中的"行动性转换"

既有的干部选拔任用政策程序复杂，认定标准也很复杂，人为操作空间很大，对主要负责人的德、才依赖度非常高，对政治生态的要求也很高。如果县委书记能力强，责任心强，其主要助手，县委副书记、县长、组织部长、纪委书记等也是能力和责任心都很强，而且班子比较团结，则其运行要远优于一人一票的"民主选举制"，否则难以避免其走形变样。实际上，干部选拔任用政策在县级实施过程中，非正式规则泛滥、非正式关系

---

① 樊红敏. 转型中的县域治理：结构、行为与变革 [M]. 北京：中国社会科学出版社，2013：27-29.

② 学者对河南省某市的调查发现，从1978年至2008年，103位县委书记平均任职年限为34个月。参见：谢玉安. 县委书记队伍建设调查——以河南某市为例 [N]. 中国县域经济报，2009-09.

根深蒂固成为比较普遍的现象。

（一）个体、组织、制度权力位阶颠倒

按照党规国法，县域治理中的权力位阶应该是党规国法（制度）高于领导机关（组织），领导机关的权力位阶高于领导干部个体，这是毋庸置疑的。但在实际运作中，在很多地方，领导者（县委书记）凌驾于组织之上、组织凌驾于制度之上，县委书记成为县域之内的"土皇帝"，一言九鼎，说一不二，使县域治理围绕县委书记一个人进行。这方面现实的案例很多，不再一一列举。

（二）非正式规则泛滥

党政领导干部选拔任用的各项政策在县级实施过程中往往衍生出各种非正式的"潜规则"、"土政策"、心照不宣相互照顾的"默契和惯例"。下面以职位分配和领导秘书安排的"土政策"为例说明。

（1）职位分配。县域内，副处级以上领导干部归上级市委组织部门管理，最具有提名权的主要是县委书记，但是决定权在上级党委。县域内的干部选拔任用主要是副科级、正科级干部群体。副科级、正科级干部的选拔任用有一些不成文的默契和惯例。其一，财政局长、发改局长、公安局长等关键岗位主要由县委书记决定。其二，除了个别比较霸道、独裁的县委书记之外，绝大多数县委书记在正科级、副科级干部选拔任用上比较讲究平衡，就是县委书记、政府县长、人大常委会主任、政协主席主要领导之间，以及县委常委之间相互关照。这些妥协、平衡主要在三个酝酿环节进行。

（2）领导秘书安排的"土政策"。县域之内，与正式的"党管干部"制度并行不悖的一个特殊情况是，县委、县政府领导秘书担任几年之后，都会安排到副科级位置上。县委书记的秘书、副书记的秘书、县委值班（或事务）秘书、县长秘书、副县长秘书、县政府值班（事务）秘书，工作四年期满自动升为各科、局副职。从某种意义上讲，这些秘书与上述后备干部在晋升职位上不是一种竞争关系。[①] 冯军旗（2010）的个案研究也证明

---

① 周庆智. 等级制中的权位竞争——对某县行政权力的实证分析 [J]. 东南学术，2005（5）：69.

了这一点。①

（三）非正式关系根深蒂固

有学者"在对县政府领导干部的调查中，经常发现，他们中间有许多人把大量的时间、精力花费在织结私交、投机钻营和党务活动之中。……行政等级制内部政治活动——派系、朋党——的负面影响在行政过程当中充分体现出来：各种隐蔽的、但却相当激烈的权位之争势必损害行政的统一性和中立性。行政首长变成'政工干部'，陷入各种利益纷争和利害关系的滋扰当中而不能自拔，不得不把大部分时间用在协调、制衡机关内部产生的矛盾和冲突问题上"②。县域是一个相对封闭、狭小的空间，绝大多数科级、副科级干部，以及人大、政协的大多数副处级干部都是土生土长、长期在本县生活、工作的本县人氏，相互之间的关系错综复杂，庇护与被庇护的关系、派系之间的恩怨交织、政治家族化现象等具有深刻的内生性，坚韧地寄生和依附在正式的制度—组织体系之上。

---

① 冯军旗. 中县干部［D］. 北京大学博士学位论文，2010.
② 周庆智. 等级制中的权位竞争——对某县行政权力的实证分析［J］. 东南学术，2005（5）：68.

第七章 县级政府的政绩考核与激励：政策与转换

对县级政府过程来说，政绩考核和相应的激励政策可以说是县级政府行为的"指挥棒"。厘清政绩考核和相应激励政策在县级政府的实施状况，是理解县级政府过程最重要的切入点之一。

一、县级领导干部政绩考核与激励的有关政策

（一）县级领导干部考核与激励政策的演变

总体来看，我国的政府官员考核评价机制经历了以政治思想为主导因素的考评制度、以经济发展为主导因素的考评制度、以科学发展为主导因素的考评机制的历史演变。[①] 中华人民共和国成立初期，领导干部考核特别突出政治思想表现。1949 年 11 月，中共中央组织部《关于干部考核鉴定工作的规定》强调，干部鉴定内容"重点放在立场、观点、作风、掌握政策等方面"。社会主义三大改造完成后，对干部的考核，除了政治正确外，开始强调个人业务能力，即"又红又专"。1966~1976 年，领导干部的考核制度处于不正常状态。改革开放以后，随着中国的工作重心从阶级斗争转向以经济建设为中心，对领导干部的考核中，经济指标权重开始越来越重要。1979 年 11 月，中组部印发《关于实行干部考核制度的意见》（以下简称《意见》）。《意见》指出，"干部考核的标准和内容，要坚持德才兼备的原则"。以该《意见》为标志，中华人民共和国成立以后沿袭了多年的"干部鉴定"被"干部考核"取代，专用术语的变化体现了干部考核指导思想的

[①] 陈东辉. 新中国干部考核评价机制的历史演变及启示 [J]. 上海党史与党建，2010 (5).

第七章 县级政府的政绩考核与激励：政策与转换

演变，也标志着中国的干部考核工作开始走上了制度化轨道。在部分省市试点的基础上，1988年6月，中组部印发了《县（市、区）党政领导干部年度工作考核方案（试行）》和《地方政府工作部门领导干部年度工作考核方案（试行）》。两个方案要求对领导干部的德、能、勤、绩进行考核，重点是考核履行岗位职责的工作情况和实绩。1998年5月，中组部印发了《党政领导干部考核工作暂行规定》（以下简称《暂行规定》），首次以党内规章的形式系统地规定了领导干部考核工作的环节。《暂行规定》确立了领导干部考核的"五大标杆"，即思想政治素质、组织领导能力、工作作风、工作实绩、廉洁自律五个方面。

为纠正领导干部考核中的"GDP崇拜"，以及唯分数、唯学历、唯选票现象，领导干部考核制度不断完善，总体上指标设计更加科学，更加重视领导班子建设，更加注重政绩的综合分析。2006年1月，中组部发出《关于进一步加强县（市、区、旗）党政正职队伍建设的意见》，强调建立科学规范的管理体制是加强县党政正职队伍建设的客观需要，要按照贯彻落实科学发展观和正确政绩观的要求，研究制定符合县委书记、县长岗位特点和要求的考核办法，以形成良好的用人机制和正确的用人导向。2007年7月，中组部制定并印发了《体现科学发展观要求的地方党政领导班子和领导干部综合考核评价试行办法》。2009年，领导干部考核的"一意见三办法"相继颁布实施：中共中央办公厅印发《关于建立促进科学发展的党政领导班子和领导干部考核评价机制的意见》（以下简称《意见》）；为了深入贯彻落实《意见》，中央组织部制定了《地方党政领导班子和领导干部综合考核评价办法（试行）》《党政工作部门领导班子和领导干部综合考核评价办法（试行）》《党政领导班子和领导干部年度考核办法（试行）》三个具体办法。"一意见三办法"一起形成促进科学发展的党政领导班子和领导干部考核评价机制，总体精神是既注重考核经济建设情况，又注重考核经济、社会协调发展，特别要看维稳的成效。"一意见三办法"的颁布实施，标志着体现科学发展观要求的干部考核评价体系的正式建立。

2013年12月，中组部下发《关于改进地方党政领导班子和领导干部政绩考核工作的通知》，针对现阶段政绩考核政策实施中的偏差，提出了八条意见：政绩考核要突出科学发展导向，不能简单以地区生产总值及增长率排名评定下一级领导班子和领导干部的政绩和考核等次；完善政绩考核评价指标，根据不同地区、不同层级领导班子和领导干部的职责要求，设置各有侧重、各有特色的考核指标；对限制开发的农产品主产区和重点生态功能区，分别实行农业优先和生态保护优先的绩效评价，不考核地区生产总值、工业等指标；把政府负债作为政绩考核的重要指标，强化任期内举债情况的考核、审计和责任追究；加强对政绩的综合分析；选人用人不能简单以地区生产总值及增长率论英雄；制定违背科学发展行为责任追究办法，实行责任追究；规范和简化各类工作考核。

（二）现阶段县级领导干部的考核激励政策

现阶段县级领导干部的考核激励政策可以分为中央、省、市三级：中央制定领导干部考核激励的要点和精神，确定总的任务指标；省结合中央政策、中央下达任务指标、本省省情综合转化；市结合中央—省政策精神、省下达指标任务、本市市情予以具体化。

现阶段，中央政府综合性的领导干部政绩考核激励政策主要包含三部分：1998年中央组织部制定的《党政领导干部考核工作暂行规定》及其确定的"德、能、勤、绩、廉"五大考核标杆；2009年制定实施的"一意见三办法"强调科学发展，实绩考核综合考虑经济、社会发展与维稳情况；2013年中组部下发的《关于改进地方党政领导班子和领导干部政绩考核工作的通知》，针对现阶段政绩考核政策实施中的偏差，要求政绩考核内容要突出科学发展导向，考核制度和指标本身要科学合理。关于中央政府任务指标的设定，中共中央、国务院一般每年年初设定本年度主要的预期性、约束性任务指标，并具体分解到中央各部委、地方各省市自治区。预期性指标主要包括经济增长率、财政收入、招商引资等，约束性指标主要是能源消耗、环境保护、社会稳定等。例如，2015年国务院政府工作报告中确定的预期性任务指标为："国内生产总值增长7%左右，居民消费价格涨幅3%左右，城镇新增就业1000万人以上，城镇登记失业率4.5%以内，进出口增长6%左右，国际收支基本平衡，居民收入增长与经济发展同步。能耗强度下降3.1%以上，主要污染物排放继续减少。"中央政府确定的任务指标是中央各部委、地方各省市自治区任务指标确定的主要依据之一。

省一级政府结合中央政策、中央（各部委）下达任务指标、本省省情综合转化，进一步制定更加具体的考核办法，确定更加详尽的指标体系。除了综合性的领导班子和领导干部考核办法之外，省一级政府往往根据阶段性施政重点制定专项工作的领导班子和领导干部考核办法，例如，广东省专门制定了《广东省党政领导班子和领导干部 安全生产责任制考核办法》《广东省市厅级党政领导班子和领导干部落实科学发展观评价指标体系及考核评价办法》《广东省党政领导干部生态环境损害责任追究实施细则》等。同时，省级政府会确定更加具体的考核指标。以辽宁省为例，2014年的政府绩效考核指标分为7个一级指标、16个二级指标、40个三级指标。政府绩效考评总分由考核分数和评价分数构成，共计1200分。其中，绩效考核1000分。根据国家"十二五"规划约束性指标和省政府工作报告部署的改革任务和主要工作，绩效考核指标体系对经济建设、政治建设、社会建设、文化建设、生态文明建设、人民幸福、改革发展共七个维度进行考评，加大了资源消耗、环境保护、科技创新、安全生产、政府债务、教育文化、劳动就业、居民收入、社会保障等指标的权重，增加了消化产能过剩、人民健康状况指标。考评细则与分配权重由省政府绩效管理工作领导小组另行下发。绩效评价200分，包括两部分：一是公众评议，组织人大代表、政协委员、管理和服务相对人、基层单位、城乡居民等参与公众评议，对各市政府工作的效率、效果、效益等进行评价，共计100分；二是领导评价，由省政府领导对各市政府年度工作绩效进行综合评价，共计100分。

市一级政府结合中央—省及政府的政策、省级政府下达的任务指标及本市市情进一步具体化。

总体而言，在考核政策制定上，省—市级政府一般比照中央的做法，不会有太多创新，即使独立出台文件，内容也基本一样。在任务指标确定上，则会有比较大的灵活性，会结合本地实情更加具体、详尽，有所突出，也有所忽略。

二、政绩考核与激励政策的要点与政治意涵

下面结合现阶段县政运行中的若干事实，进一步解读政绩考核与激励政策所蕴含的政治意涵。本节重在描述事实，暂不进行理论解读。

（一）政策本身蕴含的指导思想和操作程序

（1）政绩考核的指导思想较为系统、完整、全面、科学。从1998年的《党政领导干部考核工作暂行规定》确定"德、能、勤、绩、廉"五大考核标杆，到2009年"一意见三办法"强调科学发展，实绩考核综合考虑经

济、社会发展与维稳情况,再到2013年的《关于改进地方党政领导班子和领导干部政绩考核工作的通知》,针对现阶段政绩考核政策实施中的偏差,政绩考核内容要突出科学发展导向,考核制度和指标本身要科学合理。可以说,政绩考核政策的基本指导思想至少在中央层面已经比较系统、完整、全面、科学了:政绩考核标准覆盖了"有质量、有效益、可持续的经济发展和民生改善、社会和谐进步、文化建设、生态文明建设、党的建设"等主要方面,特别"强化约束性指标考核,加大资源消耗、环境保护、消化产能过剩、安全生产等指标的权重。更加重视科技创新、教育文化、劳动就业、居民收入、社会保障、人民健康状况的考核";既强调"德、能、勤、绩、廉"的一致性,又避免"一刀切",强调"根据不同地区、不同层级领导班子和领导干部的职责要求,设置各有侧重、各有特色的考核指标";重实绩但更重对实绩的综合分析,"辩证地看主观努力与客观条件、前任基础与现任业绩、个人贡献与集体作用,既看发展成果,又看发展成本与代价;既注重考核显绩,更注重考核打基础、利长远的潜绩;既考核尽力而为,又考核量力而行,全面历史辩证地评价领导班子和领导干部的政绩";指标设计上注重预期性指标与约束性指标的平衡,主观性指标与量化性指标的相互补充;措施上注意正面激励、引导措施与负面惩罚、追责措施的有机结合;强调政绩考核的科学性,但同时强调"规范和简化各类工作考核"。总体设计旨在引导领导干部树立正确的政绩观,"树立正确的考核导向,使考核由单纯比经济总量、比发展速度,转变为比发展质量、发展方式、发展后劲,引导各级领导班子和领导干部牢固树立'功成不必在我'的发展观念,做出经得起实践、人民、历史检验的政绩"。

(2)政绩考核的操作程序复杂,参考变量太多,计算方式不明确,制度化程度较低。以"政绩的综合分析"为例说明。加强对政绩的综合分析,"地方各级党委政府不能简单以地区生产总值及增长率排名评定下一级领导班子和领导干部的政绩和考核等次","不能简单地把经济增长速度与干部的德能勤绩廉画等号,将其作为干部提拔任用的依据","辩证地看主观努力与客观条件、前任基础与现任业绩、个人贡献与集体作用,既看发展成果,又看发展成本与代价;既注重考核显绩,更注重考核打基础、利长远的潜绩;既考核尽力而为,又考核量力而行,全面历史辩证地评价领导班子和领导干部的政绩"。这在指导思想上无疑是科学的、合理的,但是在具体操作过程中容易出现"钻空子"的现象。

(二) 政绩目标、标准、考核、奖惩来源于直接上级政府

按照"下管一级"的干部管理原则,县级政府的政绩考核主要取决于其直接上级市级政府。市级政府本身在对县级政府的政绩考核过程中具有双重角色。

一方面,市级政府负责制定政绩考核的目标、标准、指标,直接实施考核,按照考核结果兑现奖惩。在此过程中,县级政府可以讨价还价,但毫无疑问,具有主动权的是市级政府,尤其是市级政府的考核组织者。县级政府的政绩考核结果主要取决于直接上级的市级政府,县级政府的领导干部在为政绩努力的过程中也主要为其直接上级政府负责。

另一方面,在绝大多数事务上,市级政府并不直接操作,而是交由县级政府操作,市级政府的政绩主要由下属的各县政绩加总构成。面临省级政府政绩考核时,市级政府有动力督促县级政府"干活儿",也有动力对县级政府制造虚假政绩视而不见和必要时"遮丑"。

(三) 多任务并行、政策冲突、资源约束与组织注意力分配

县级政府同时需要完成的多任务之间经常存在自我冲突。县级政府面临的是综合性的任务目标,要在同一时间段同步完成多项任务,也就是"多任务并行":经济增长、财政收入、招商引资、基础设施建设属于重要且绩效容易测量的任务;社会稳定、民生是重要但绩效不易测量的任务;基础教育、环境保护、科技创新、文化卫生则属于说起来重要但做起来并不重要,而且短期内不容易见效,绩效不易测量的任务;党的建设属于政治敏感性强,形式性要求很高,但实质绩效难以测量的任务。同时,不同的任务、目标之间并非完全兼容、自洽,"不同位阶的政策冲突""同一位阶的政策冲突""政策内部的冲突"[①] 经常导致县级政府需要在政策冲突之间完成互不相容,甚至相互矛盾、相互抵消的任务、目标。

县级政府存在资源约束和组织注意力分配的问题。完成上级下派的不同任务、目标需要相应的资源支持。在现阶段,除了极少数富裕县区外,绝大多数县面临财政、资金困难,捉襟见肘,有限的财力如何分配非常集中地体现了决策者的偏好。不仅财政资源,县级执政者的精力、时间、注

---

① 任鹏. 政策冲突中地方政府的选择策略及其效应 [J]. 公共管理学报, 2015 (1): 34-45.

意力也都是有限的，也存在一个分配和优先顺序的问题。多任务并存必然存在不同任务之间的竞争，在一定程度上，上级部门需要竞相强调自己部门任务的重要性，以求在县级资源配置、县级组织注意力分配上获得更有保证的份额。这在一定程度上赋予了县级决策者"选择性执行"的合法性，多任务并行和政策冲突赋予了其外部理由，资源约束赋予了其内部理由。进一步而言，王汉生和王一鸽（2009）认为，选择性执行不过是目标管理责任制的潜在后果，目标管理责任制运作中的软指标与硬指标、量化指标与非量化指标、考评方法设计、奖励方法设计等本身体现了上级的任务排序，下级政府执行任务的过程不过是有选择地完成被选择好的组织任务。①

（四）横向竞争压力、"战略性群体"的自身利益与任期制

海贝勒等（2013）将县乡干部视作具有相同地位、拥有共同价值、为了共同利益而协作的"战略性群体"，以强调这一群体对县域决策和政策执行的主动性和能动性。②

县级领导干部不仅拥有自身的利益和能动性，而且面临地方政府之间因为指标考核、政绩排名、职位晋升等而综合形成的横向竞争压力。横向竞争又可以区分为地方利益最大化的竞争和政绩最大化的竞争，两者既有区别又有联系。第一，地方利益最大化的竞争。所谓地方利益最大化，就是"为官一任，造福一方"，地方领导干部要为认知区域的利益负责。从消极的方面为了避免本地资源外流和本地利益受损，从积极的方面要推动本地经济发展，最大限度地吸引外地资源要素，在改善投资环境、优化公共物品供给等方面努力打造自身的竞争优势，即"进取型政府"的竞争。③ 地方利益最大化有利于地方发展，同时也有利于领导干部树立自身在公众之中的威信，实现"治国平天下"的抱负。第二，政绩（晋升机会）最大化的竞争。有学者指出，不像经济竞争，"双赢"是可能的，政治职位竞争是一种零和博弈，一个人的所得将直接减少另一个人的提升机会，一个人的

---

① 王汉生，王一鸽. 目标管理责任制：农村基层政权的实践逻辑 [J]. 社会学研究，2009（2）：61-92.
② [德] 海贝勒，舒耕德，杨雪冬. 主动的地方政治：作为战略群体的县乡干部 [M]. 刘承礼等译. 北京：中央编译出版社，2013：31-37.
③ 周业安. 地方政府竞争与经济增长 [J]. 中国人民大学学报，2003（1）.

所得即为另一个人的所失。① 在这种"政治晋升锦标赛"中，注定只能有有限数目的少数人可以获得成功。"从乡镇这个当代最基层的政权组织到县、市、省，一直到中央，铺设了一个严格的金字塔式的晋升阶梯。一个基层官员从金字塔的底部出发，如果要一路晋升，就必须在每一级阶梯上激烈的竞争中胜出，而任何一次失败和出局就意味着永远失去未来晋升的机会。"② 同一行政级别的地方官员，尤其是在晋升机会较少的乡政府，几乎没有向下流动的空间，而向上，职位是随着政府层级的提高而呈倍数减少；职务晋升机会是一种高度稀缺的政治资源，政府官员在追求职位晋升的过程中总是面临着激烈甚至残酷的竞争。另外，任期制缺乏严肃性、县级领导干部频繁流动③加剧了该"战略性群体"施政行为的随意性、短期性和功利性。

三、政策实施中的"转换"

具体化、"应考"中心化、执行中实用主义的策略组合是县级政府政绩考核政策转换的主要基调。

（一）文本转换：再具体化

首先，根据中央—省—市政绩考核政策、市政绩考核方案，结合本县实情，制定县级政绩考核方案，在目标、指标的设计上既体现了中央—省—市的要求，也体现了本县的实情和决策者的政绩追求。例如，2013年12月，中央组织部印发《关于改进地方党政领导班子和领导干部政绩考核工作的通知》，首次提出不能仅仅把地区生产总值及增长率作为政绩评价的主要指标，中央有关部门也不能单纯以此衡量各省级行政单位的发展成效。依据中央要求，L省P市N县的政绩考核方案中GDP所占权重亦有相应的调整（见表7-1）。

---

① 何显明. 市场化进程中的地方政府行为逻辑［M］. 北京：人民出版社，2008：224-226.
② 周黎安. 转型中的地方政府：官员激励与治理［M］. 上海：格致出版社，上海人民出版社，2008：196-197.
③ 学者对河南省某市的调查发现，从1978年至2008年，103位县委书记平均任职年限为34个月。参见：谢玉安. 县委书记队伍建设调查——以河南某市为例［N］. 中国县域经济报，2009-09.

表7-1　2013~2015年L省P市N县的政绩考核方案中GDP所占权重变化

	2013年	2014年	2015年
L省	47.5%	37%	35%
P市	46.5%	36%	35%
N县	45%	35%	35%

除GDP权重之外，地方政府债务、资源消耗、环境保护、消化产能过剩、安全生产等约束性指标也会比照中央—省—市的政绩考核方案加以明确规定。

其次，考核责任的具体化、细化，将考核指标、责任人、奖惩措施都具体化，并通过签订"责任状"的书面形式加以明确。

（二）默契性转换：实用主义的捷径

县域"战略性群体"在接受以市为主的上级政绩考核方面具有相同利益，对县域实情、县级领导干部处境具有比较相似的体验，对如何应对上级政绩考核该群体亦有诸多心照不宣的"默契"，这是多年基层官场的摸爬滚打慢慢达成的共识和官场生存策略，个别"空降兵"因不懂规矩而被视为另类。

第一，任务指标确定前的"讨价还价"。任务指标正式公布以前，可以找到上级领导、考核方案制订者汇报工作、反映情况，寻求任务指标更有利于本县政绩完成的"损益增减"；一般而言，维稳、安全生产等约束性指标难以"讨价还价"，但是预期性指标，如经济增长率、财政收入、招商引资额度，尤其是土地控制指标是可以"讨价还价"并有可能改变的。"会哭的孩子有奶吃"，努力争取不一定能够如愿，但不争取则更无希望。这是"战略性群体"的默契之一。

第二，以"应付考核"为中心。政绩考核的目的是促进县域经济、社会、民生、环保、科教文卫等各项工作的顺利运行和发展，考核只是手段和形式。在"目的达成情况"评价方面，应该说县域内的机构、团体、民众最有体验和发言权，但是由于政绩考核的目标、标准、指标、考核实施、奖惩兑现都由上级政府负责，平级、下级和民众影响力甚微，导致很多县出现机会主义倾向，也就是舍本逐末走捷径，不是通过努力做好各项工作争取考核的优异成绩，而是以"应付考核"为中心展开各项工作，资源配置、政策导向不是围绕"工作实绩"最大化,而是围绕"考核结果"最大化。这是"战略性群体"的默契之二。等而下之者,连以"应付考核"为中心展开工作都达不到,而是沦为以"应付上级"为中心展开工作。

第三,选择性执行。虽然政绩考核的要求、标准、指标设计、权重分配越来越全面、越来越科学,但是一个县的资源禀赋、任务期限、官员任期是有限的,决策者不可能全面出击、四面开花,只能明智地选择"有所为有所不为"。一般而言,"他们会选择那些他们比较容易执行,同时又可以做出'亮点和特色'的指标来执行,而有意地去忽略那些他们认为几乎没有办法执行,或者说很难执行的指标。在上级面前,他们也会有意识地去渲染那些执行得比较好的指标,从而让大家忽视甚至遗忘那些执行得不好的指标。"当然,这种"选择性执行"可能是选择性阐释、选择性学习[1],也有可能是曲解地执行中央政策("保障性住房"变"福利房")、象征性地执行中央政策(环境保护政策)、反向地执行中央政策(房地产调控政策)。[2] 这是"战略性群体"的默契之三。

第四,讨好考核者。因为市级政府负责制定和掌握政绩考核的标准,直接负责组织实施考核,而且现阶段政绩考核的操作程序复杂,参考变量太多,计算方式不明确,制度化程度较低,具有较大人为操作空间,因而,花费巨大时间、精力、资源去讨好考核者就是以"应付考核"为中心展开工作的题中应有之义,因为考核者之于考核结果具有较大的独立性和灵活性,即使不能加分,也绝不能在招待上自讨没趣,导致减分。这是"战略性群体"的默契之四。

当然,这些政策实施时的"默契"仅仅是列举式的典型,实际运行中县域"战略性群体"内部政策转换的默契性共识还有许多,不再赘述。

---

[1] 刘玉照,田青. 新制度是如何落实的?——作为制度变迁新机制的"通变"[J]. 社会学研究,2009(4).
[2] 钟扬斌. 县级政府对中央政策执行行为研究[D]. 南昌大学硕士学位论文,2012.

第八章　县级政府官员教育：政策与转换
——以 A 县第二批群众路线教育实践活动为例

中国共产党历来高度重视各级官员的教育。在官员教育方面竭尽所能，体系庞大，内容丰富，手段多样。2014 年 1~10 月在全国范围内开展的第二批群众路线教育实践活动主要针对省以下各级机关及其直属单位和基层组织，包括市、县机关及其直属单位和企事业单位，乡镇、街道和村、社区，非公有制经济组织、社会组织和其他基层组织，是一次主题明确、要求严格、规模庞大的政府官员专项教育活动，对于分析官员教育政策的县级传递和转换具有较强的代表性。

一、第二批群众路线教育实践活动的主要内容

2014 年 1 月，中共中央办公厅印发《关于开展第二批党的群众路线教育实践活动的指导意见》，对第二批党的群众路线教育实践活动的政策内容做出了详细的界定。

（一）政策内容

（1）主要内容。以为民、务实、清廉为主题，强调政府官员要增强群众工作意识，提高群众工作能力，解决群众反映强烈的突出问题，密切党群干群关系，夯实基层工作的群众基础。

（2）总要求。以"照镜子、正衣冠、洗洗澡、治治病"为总要求，要求政府官员自我净化、自我完善、自我革新、自我提高。

（3）总任务。这次教育实践活动的主要任务聚焦到作风建设上，集中解决形式主义、官僚主义、享乐主义和奢靡之风这"四风"问题。

（4）主要任务。第二批教育实践活动的主要任务是抓住反对"四风"

这个重点不放,集中解决市、县领导机关、领导班子和领导干部"四风"方面存在的突出问题。

(5) 重点任务。解决"四风"突出问题;解决关系群众切身利益的问题;解决联系服务群众"最后一公里"的问题。

(6) 具体任务。落实中央八项规定;落实《党政机关厉行节约反对浪费条例》。

(7) 工作环节。学习精神、听取意见;查摆问题、开展批评与自我批评;整改落实,建章立制。

(8) 督查机制。派出专项巡视督导组,中央党的群众路线教育实践活动领导小组向各省(自治区、直辖市)和有关行业系统派出巡回督导组,各省(自治区、直辖市)党委派出督导组,下派到市、督导到县;第二批群众路线教育实践活动作为一项非常重要的政治任务,责任落实到主要领导,同时把活动开展情况和开展效果纳入对各市县的年度工作考核。

(二) 政策意图

依据《关于开展第二批党的群众路线教育实践活动的指导意见》(以下简称《意见》),我们可以分析归纳出中央开展第二批党的群众路线教育实践活动的主要政策意图,主要包括价值理念塑造、官员行为规范、群体作风建设、问题解决四个方面。

1. 价值理念塑造

在第二批党的群众路线教育实践活动中,《意见》把"为民"放在第一位,要求"切实加强广大党员、干部马克思主义群众观点和党的群众路线教育",强调市、县两级官员要牢固树立全心全意为人民服务的宗旨,强化群众服务意识,认真解决群众反映强烈的突出问题。价值理念是基础性的,只有真正心中有民,才能在行动上切实"为民"。

《意见》提出,要重点解决市、县领导班子和领导干部的政绩观问题。要求真务实、真抓实干,做工作自觉从人民利益出发,不能为了树立个人形象,搞华而不实、劳民伤财的"形象工程""政绩工程"。既要做让老百姓看得见、摸得着、得实惠的实事,也要做为后人作铺垫、打基础、利长远的好事,既要做显功,也要做潜功,不计较个人功名,追求人民群众的好口碑、历史沉淀之后真正的评价。

2. 官员行为规范

"为民、务实、清廉"是《意见》针对市、县官员提出的总行为规范。为民,即坚持立党为公、执政为民,把实现好、维护好、发展好人民群众的根本利益作为自己思考问题和开展工作的根本出发点和落脚点;务实,即求真务实,出于对党和人民事业的高度负责,脚踏实地,埋头苦干,坚持重实际、鼓实劲、求实效,不图虚名,不务虚功,扎扎实实地把党和国家的各项决策和工作落到实处;清廉,即严于律己,廉洁奉公,时刻把党和人民的利益放在首位,严格遵守党纪国法,坚持高尚的精神追求,切实廉洁自律。

在第二批群众路线教育实践活动中,要按照"照镜子、正衣冠、洗洗澡、治治病"的总要求,认真听取群众意见,展开批评与自我批评,查找自身存在问题,认真整改。同时要认真落实中央八项规定精神和《党政机关厉行节约反对浪费条例》等规定。

3. 群体作风建设

第二批教育实践活动的主要任务聚焦到作风建设上,《意见》要求集中解决市、县领导机关、领导班子和领导干部形式主义、官僚主义、享乐主义和奢靡之风四个方面存在的突出作风问题。《意见》提出,要对作风之弊、行为之垢来一次大排查、大检修、大扫除。同时,回应群众关切,维护群众利益,注重解决实际问题,解决群众身边的不正之风,把改进作风的要求真正落实到基层,真正让群众受益。

4. 问题解决

《意见》"坚持问题导向","注重解决实际问题",把解决"四风"突出问题、解决关系群众切身利益的问题、解决联系服务群众"最后一公里"的问题列为三项重点任务。

二、县级政策转换

在性质上,第二批党的群众路线教育实践活动属于执政党开展的针对市县政府官员的专项政治教育,活动的"政治性"是其最根本、最重要的特征。作为一项中央直接部署、督查的政治任务,要求市县党委"一把手"直接负责,市县地方政府要不打折扣地贯彻落实中央的部署,没有任何讨价还价的余地。

第八章 县级政府官员教育：政策与转换

任务是严肃的政治性任务，但其在县一级的执行却是相对简单和容易的，尤其是相对于中央、省的督查而言。县一级需要做的就是根据中央、省委、市委有关内容、环节、时间节点的有关部署安排，依次推进"学习精神、听取意见""查摆问题、开展批评""整改落实，建章立制"三个环节。需要做的主要是开会、学习、讨论、整改、汇报，并保留足够的政策执行痕迹。在成本方面，专项教育活动也要占用一定的行政资源，主要是市县政府官员时间、精力的付出，以及专项教育活动所必需的财政成本。相比任务的严肃性和政治性，行政资源的消耗被认为是相对较低的。

（一）正式安排

在正式的安排上，A县不折不扣地认真贯彻落实了中央、省、市第二批党的群众路线教育实践活动的总体部署安排。2014年2月11日，A县召开党的群众路线教育实践活动动员大会；2月12日，下发《A县开展党的群众路线教育实践活动实施方案》，成立专门组织机构；2月12日，专项教育活动的领导机构"中央党的群众路线教育实践活动领导小组"成立，县委书记担任组长，办公室设在县委组织部；成立并派出12个县委督导组，分别负责督导下属各乡镇、县级各部门的路线教育实践活动，各督导组组长均由经验丰富的县级领导担任；4月16~18日、5月12~14日，县委理论中心组集中学习两次，每次集中学习3天，学习内容包括中央、省、市第二批教育实践活动的文件、习近平总书记的讲话、《中国共产党党章》、《党政机关厉行节约反对浪费条例》、观看电影《焦裕禄》、县委常委按排序挨个发言谈学习体会等；5月下旬，县委常委分别召开座谈会，听取行业代表、乡镇群众代表的意见、建议。7月20~21日，县委常委召开专题民主生活会，查摆问题，开展批评与自我批评；7月至8月底，结合县情成立专门领导小组落实中央、省、市专项整治要求，建章立制、修改完善既有规章制度总计61条；10月16日，A县召开第二批党的群众路线教育实践活动总结会，总结活动成就，表彰活动榜样，标志着A县第二批党的群众路线教育实践活动圆满结束，省、市督导组也充分肯定了A县第二批党的群众路线教育实践活动。

（二）默契性共识

作为县委"一把手"主抓、省督导组巡回督导、市督导组常驻督导的

治理现代化背景下的县级政府政策转换

重要政治性任务，县域范围内从常委到副科级干部在内的政府官员群体，思想认识上是高度重视的，行动上是积极配合的。

在学习环节，作为群体性默契，大家心里都很清楚，这种政治性任务不像其他上级安排的任务，没有任何讨价还价的余地和空间，积极反抗和消极抵制都是很危险的，积极配合所需要付出的主要是时间和精力（参会、学习、学习笔记等），而这也是工作的一部分。

涉及批评与自我批评、问题整改、建章立制等较为实质性的环节，群体性默契更加明显。以专题民主生活会为例：哪些意见、建议是可以在专题民主生活会上公开提的，哪些意见、建议是不能在专题民主生活会上公开提的，都有心照不宣的默契和共识；越是实质性的问题和矛盾，越不适合在专题民主生活会上公开提；掌握其中的分寸和尺度是对一个官员官场经验是否丰富的重要考验。这些都有长期以来积累和沉淀的"官场规矩"，这些规矩与正式的政策要求颇有差距，但身在其中，既要认真对待正式的政策要求，也要按照默契和规矩扮演自己的角色。

（三）行动策略

A县在贯彻落实第二批党的群众路线教育实践活动政策方面，最重要的行动策略就是"虚实结合"。"虚"的一面强调活动的规模、声势和政策执行痕迹的完整性，并着力发掘和塑造教育实践活动的典型，要能够充分吸引省巡回督导组、市常驻督导组的注意力。"实"的一面就是在批评与自我批评、问题整改、建章立制等较为实质性的环节，要借第二批党的群众路线教育实践活动的东风来推进县域治理实际问题的解决。"虚实结合"的点，主要取决于县委主要领导对县域治理实际问题的把握和工作思路。在A县，县委书记履职1年多来一直对县城私搭乱建较多、垃圾处理不力、卫生环境较差问题很不满意，在贯彻落实第二批党的群众路线教育实践活动时，有意识地把解决这个问题结合进来；5月14日，县委理论中心组第二次集中学习，专门拿出一天时间集中学习城市管理、城市规划、环境卫生方面的法律法规政策，并结合A县实际展开讨论；5月26～28日，县委常委分别召开"县城建设和治理"专题座谈会，听取各界各层次群众对改进县城管理、改善县城环境的意见、建议；7月25日，县委书记率全部县委常委参加县城建局（含规划局）、卫生局、环保局、城市执法大队联合召开的专题民主生活会，重点就城市建设、管理问题展开批评与自我批评，明确问题所在、责任归属和纠正方向；7月26日，县委发文，进行县城管理专项整治活动，主要是拆除违章建筑、集中清理县城内外垃圾堆、全面清洁县城环境三个方面的任务，并成立县委书记担任组长的专门领导小组，具体任务分解到每个县委常委和归口部门，并对任务完成的时间节点、奖惩方式做出明确规定；8月30日，专项整治活动顺利结束，三方面任务顺利完成；9月1日，县委、县政府联合发文，对县城管理建章立制，并调整相应的机构和人员，建立较为稳定的可持续机制。

三、政策效果

在政策效果评价上，我们采取了完全不同的两种方法：第一，政策执行痕迹法，主要是查看会议召开、学习讨论、组织机构成立、专项整改、建章立制等方面的文件、资料、记录等，重在评估县级政府的执行行为；第二，采用问卷调查与参与式观察相结合方法，从价值塑造、行为规范、作风改善、问题解决四个方面测量中央政策意图的实现情况，重在政策意图实现程度而不是执行行为。

（一）基于政策执行痕迹的评估

中央、省、市、县四级政府第二批群众路线教育实践活动中的政策部署和贯彻落实过程如表8-1所示。

表8-1 政策部署和贯彻落实过程

	中央	Y省	X市	A县
启动和准备环节	2014年1月20日，中央党的群众路线教育实践活动第一批总结暨第二批部署会议	1月26日，下发《Y省开展第二批党的群众路线教育实践活动总体方案》	2月6日，下发《X市开展党的群众路线教育实践活动总体方案》	2月12日，下发《A县开展党的群众路线教育实践活动实施方案》
	2014年1月24日，中央办公厅印发《关于开展第二批党的群众路线教育实践活动的指导意见》	1月25日，全省党的群众路线教育实践活动第一批总结暨第二批部署会议	2月6日，全市党的群众路线教育实践活动部署动员会议	2月11日，A县召开党的群众路线教育实践活动动员大会

治理现代化背景下的县级政府政策转换

续表

	中央	Y省	X市	A县
启动和准备环节	领导机构：中央党的群众路线教育实践活动领导小组 办事机构：办公室设在中组部 成立并派出14个中央巡回督导组	领导机构：Y省党的群众路线教育实践活动领导小组，省委书记担任组长 办事机构：办公室设在市委组织部 成立并派出17个省委督导组，省级领导担任组长	领导机构：X市党的群众路线教育实践活动领导小组，市委书记担任组长 办事机构：办公室设在市委组织部 成立并派出20个市委督导组，市级领导担任组长	领导机构：中央党的群众路线教育实践活动领导小组，县委书记担任组长 办事机构：办公室设在县委组织部 成立并派出12个县委督导组，县级领导担任组长
学习精神、听取意见环节	提出要求，部署安排，巡回督查	结合本省省情落实中央要求，部署安排，巡回督查	4月2日、5月24日市委理论中心组集中学习两次；5月中下旬市委常委分别听取行业、区县群众意见	4月16日、5月12日县委理论中心组集中学习两次；5月下旬县委常委分别听取行业、乡镇群众意见
查摆问题、开展批评与自我批评	3月18日，习近平参加兰考县县委专题民主生活会	5月中下旬，省委常委分别参加各地市市委专题民主生活会	5月26~27日，市委常委召开专题民主生活会，查摆问题、开展批评与自我批评	7月20~21日，县委常委召开专题民主生活会，查摆问题、开展批评与自我批评
整改落实、建章立制	提出要求，部署安排，巡回督查	结合本省省情落实中央要求，部署安排，巡回督查	结合市情成立专门领导小组落实中央、省专项整治要求，建章立制、修改完善既有规章制度总计74条	结合县情成立专门领导小组落实中央、省、市专项整治要求，建章立制、修改完善既有规章制度总计61条
总结环节	2014年10月8日，中央召开党的群众路线教育实践活动总结大会	10月9日，云南省召开党的群众路线教育实践活动总结会议	10月15日，普洱市召开党的群众路线教育实践活动总结会	10月16日，镇沅县召开党的群众路线教育实践活动总结会

资料来源：笔者根据相关资料汇总。

依据政策执行痕迹法，根据A县会议召开、学习讨论、组织机构成立和运行、专项整治、建章立制等方面的文件、资料、记录来看，A县贯彻落实第二批群众路线教育实践活动的行为是无可指责的，几乎每一个环节都忠诚地执行并完成了中央、省、市的部署安排，并且形成了自己的特色，推出了自己的典型；省巡回督导组、市常驻督导组对 A 县第二批群众路线教育实践活动也给予非常高的评价。

（二）基于政策意图的评估

在行为上忠诚地贯彻落实了中央、省、市的部署安排，那么在政策意图上呢？中央的政策意图有没有在 A 县第二批群众路线教育实践活动中得到较好的实现？这里我们采用面上问卷调查与参与式观察相结合方法来评估政策意图的实现程度。面上问卷调查共制作发放 300 份问卷，回收 287 份，有效问卷 281 份；参与式观察主要基于笔者在 A 县挂职的亲身经历。两种方法能够较好地相互补充、印证：参与式观察能够做出较为直观的判断，面上问卷调查能够印证直观判断的准确与否。

1. 价值塑造

在价值塑造方面，中央的政策意图主要放在强化领导干部"为民"意识、树立正确的政绩观两个方面。参与式观察得出的直观判断是：群众路线教育实践活动对县级政府官员的价值观改变较为有限。原因有二：第一，年龄原因，能够进入县副科级以上干部行列一般年龄在 30 岁以上，进入副处级以上行列一般在 40 岁以上，该年龄阶段价值观已经比较稳定，很难有质的改变；第二，价值观的塑造，影响因素是多方面的，社会原因影响更大一点，作为正式教育的群众路线教育实践活动仅是影响渠道之一，甚至不是最主要的影响渠道。面上问卷调查基本验证了笔者的直观判断(见表 8-2)。

表 8-2　第二批群众路线教育实践活动对参与者价值理念影响

	无影响	影响较小	影响中等	影响较大	影响强烈
"为民"意识	75 份；27%	147 份；52%	54 份；19%	5 份；2%	0 份；0%
政绩观	71 份；25%	186 份；66%	19 份；7%	4 份；1%	1 份；0%

2. 行为规范

在行为规范方面，第二批群众路线教育实践活动提出的市县领导干部总行为规范是"为民、务实、清廉"，对在群众路线教育实践活动中的行为要求是"照镜子、正衣冠、洗洗澡、治治病"。参与式观察得出的直观判断是：群众路线教育实践活动对县级政府官员行为的引导性和规范性比较有限。面上调查问卷的统计结果也基本印证了参与式观察的直观判断（见表8-3），原因基本与价值塑造相同。

表8-3 第二批群众路线教育实践活动对参与者行为的影响

	无影响	影响较小	影响中等	影响较大	影响强烈
为民、务实、清廉	104份；37%	144份；51%	30份；11%	3份；1%	0份；0%
照镜子、正衣冠、洗洗澡、治治病	96份；34%	167份；59%	16份；6%	1份；0%	1份；0%

3. 作风建设

在作风建设方面，第二批群众路线教育实践活动集中解决市、县领导机关、领导班子和领导干部形式主义、官僚主义、享乐主义和奢靡之风四个方面存在的突出作风问题。参与式观察得出的直观判断是：四个方面进展很不平衡，享乐主义、奢靡之风好转明显，形式主义、官僚主义效果不明显。与面上调查问卷的结果基本相同，略有不同的是，调查结果显示，形式主义不仅效果不明显，而且有所加剧（见表8-4）。

表8-4 第二批群众路线教育实践活动对参与者作风的影响

	有所加剧	无影响	略有好转	一般好转	较大好转	明显好转
形式主义	67份；24%	142份；51%	37份；13%	30份；11%	5份；2%	0份；0%
官僚主义	3份；1%	174份；62%	80份；28%	19份；7%	4份；1%	1份；0%
享乐主义	0份；0%	21份；7%	62份；22%	74份；26%	104份；37%	20份；7%
奢靡之风	0份；0%	12份；4%	41份；15%	83份；30%	120份；43%	25份；9%

4. 问题解决

在问题解决方面，第二批群众路线教育实践活动只是提出了基础性的原则，强调"坚持问题导向""注重解决实际问题"，把解决"四风"突出问题、解决关系群众切身利益的问题、解决联系服务群众"最后一公里"的问题列为三项重点任务，把问题界定的灵活性交给地方政府。在A县，由于县委书记善于借势，把解决县城违建严重、卫生环境恶劣问题与群众路线教育实践有机结合在一起，以虚带实，在第二批群众路线教育实践活动中卓有成效也较为彻底地解决了该问题，成为群众路线教育实践活动中群众满意、上级赞赏、干部钦佩的一大亮点，相应的调查问卷得分也非常高（见表8-5）。

表8-5　第二批群众路线教育实践活动问题解决程度

问题界定		问题解决			持续机制	
是否实际问题	是否与群众利益密切相关	未解决	不彻底	较彻底	有	无
"是"270份，96%；"否"11份，4%	"是"276份，98%；"否"5份，2%	0份，0%	23份，8%	258份，92%	194份，69%	94份，31%

其实，中央对第二批群众路线教育实践活动中问题解决的要求是综合性的，不仅包含与群众利益密切相关的实际问题，也包含"四风"突出问题，根据以上对作风转变调查的分析得知，"四风"中的突出问题解决并不平衡，只在享乐主义和奢靡之风上有所好转，此处对"问题解决"调查的评价如此之高，是与以上问卷调查相矛盾的。可以解释的原因在于，在问题解决方面，A县抓住了一项与群众利益紧密相关的突出问题，而且解决得力，这是群众满意、上级赞赏、干部钦佩的光环效应所致，问卷填写者在看到问题时就会不由自主地想到这个专项问题，并按照对该专项问题的评价来回答。

依据以上问卷调查与参与式观察相结合方法所得出的结果，A县的第二批群众路线教育实践活动在实现中央政策意图方面进展很不平衡：在价值塑造、行为规范方面收效甚微；在作风建设方面，享乐主义、奢靡之风有明显好转，官僚主义收效不明显，形式主义有所加剧；在问题解决方面，由于县委书记领导有力，有效地解决了与群众利益密切相关的县城环境问题，成为该县群众路线教育活动中最突出的亮点。

第九章 县委常委会如何作出决策？
——基于A县的实证分析①

县委常委会是县域治理的领导核心，县委常委会议事决策的有效性事关重大。县委常委会成员的构成、分工及内部"权力级差"直接或间接地影响常委参会的发言策略。县委常委会集体议决的根本目的、议事决策的一般性程序安排与实际运行之间存在较大差距。

县委常委会是县域治理的领导核心，也是县域治理发展各项重大决定的核心决策者。深入、准确地理解县委常委会是如何作出决策的，对于理解县域治理发展具有不可或缺的重要性。

对党委常委会如何决策的研究数量很少，国内比较有代表性的是胡鞍钢（2013）、戴辉礼（2016）和卢鹏辉（2017）的研究。胡鞍钢（2013）认为，集体决策制是集体领导制的重要组成部分，是集体领导体制的优势之一。②但胡鞍钢对常委会集体决策的论述主要集中在中央层次，而且主要是介绍性的，而不是分析性的。戴辉礼长期聚焦于党委常委会体制的研究，在这方面有较为系统的著述，具体到党委常委会决策，他认为：与纯粹的委员会结构不同，党委常委会存在内部权力结构问题，党委常委会内部的"人格化组织权威"往往影响集体决策的民主性，"一是更难以做到充分而深入的讨论，表决也更难以体现常委的真实意愿。二是其决策成本更低而决策效率更高，但却增加了决策的外部风险"③。戴辉礼对常委会的研究是综合性的，也没有区分政治层级，决策仅仅是一个方面，但对理解县委常委会决策具有借鉴意义。卢鹏辉（2017）以X市市委常委会为例，通过实

---

① 本章内容已经以论文形式公开发表，此处内容略有调整。参见：耿国阶. 优化县委常委会议事决策程序的思路 [J]. 中国领导科学，2020（2）.
② 胡鞍钢. 中国集体领导体制 [M]. 北京：中国人民大学出版社，2013.
③ 戴辉礼. 中国共产党党委常委会体制研究 [M]. 北京：东方出版社，2016：146.

际案例来分析常委会会议决策过程,并对其科学化程度作出评价。[①] 作者虽然研究的是市委常委会决策,但其对党委常委会集体决策的问题分析具有普遍意义。也有其他一些学者从不同角度研究了党委常委会体制,限于篇幅,此处略过。

本章主要围绕"县委常委会如何作出决策",根据 A 县的实际案例来分析和解读这个问题。具体分为三个部分:第一,详细分析 A 县县委常委会的成员构成及其明示和隐含的"权力关系";第二,结合案例叙述 A 县县委常委会议事决策时的事实,包括关键程序、参与者态度、发言策略等;第三,讨论现实的改进思路,以为进一步完善党委常委会议事决策机制提供理论基础。

一、A 县县委常委会的组成和分工

县委常委会的人员构成、分工与职务是县委常委会议事决策的"结构性背景",直接或间接地影响县委常委会议事决策的参与度和有效性。

(一) A 县县委常委构成与分工情况

根据 2015 年 12 月修订后开始实施的《中国共产党地方委员会工作条例》(以下简称《条例》),市县党委常委会设置名额 9~11 人,可根据当地实际适当增减。A 县县委常委会实设职位数 12 人,分别为县委书记、县长(县委副书记)、县委专职副书记、县委副书记(扶贫挂职 2 年)、政府常务副县长、县纪委书记、组织部长、宣传部长、县委办公室主任、县政法委书记、县武装部政委、1 名政府副县长。

另外,根据《中国共产党地方委员会工作条例》第二十五条之规定,"需要提交常委会会议审议的重要事项可以先召开书记专题会议进行酝酿。书记专题会议由书记主持,副书记和其他有关常委会委员等参加。书记专题会议不得代替常委会会议作出决策"。书记专题会议的参加者包括县委书记、县长、县委专职副书记、县委挂职副书记四个固定人选,一般县委办公室主任也参加书记专题会议,其他常委则根据议题需要选择性参加,例

[①] 卢鹏辉. 中国共产党地方党委常委会会议决策科学化研究——以 X 市委常委会为例 [D]. 云南大学硕士学位论文, 2017.

| 治理现代化背景下的县级政府政策转换

如：人事议题除四人之外，一般会包括组织部长、纪委书记；财税议题一般分管财税的常务副县长也参加；国土、城建议题一般分管的常委副县长参加。具体如表9-1所示。

表9-1　A县县委常委构成与分工情况

排名	职务	职责分工情况
1	县委书记	领导和主持县委全面工作；联系县人大工作。包片乡镇：A
2	县长	主持县政府全面工作；全面负责经济工作；分管县审计局。包片乡镇：B
3	县委专职副书记	协助书记抓党建工作；负责农业农村、精神文明建设、人口和计划生育、工业经济、城镇建设、县直机关建设和政法、统战、群团、老干部工作，牵总负责信访稳定工作，兼任县委党校校长，分管团县委、县妇联、县信访局、县委防范办、县残联、县科协、县文联、县工商联、县经团联；协助书记抓党管武装、军民共建工作，联系对外开放及科技、教育、卫生、体育、旅游、环保、民政、民族宗教工作；联系县政协党组，联系县武警中队工作。包片乡镇：C
4	县委挂职副书记	协助负责扶贫、新农村建设工作；受书记委托处理县委其他工作；协助分管县扶贫办、县农科局、县委政策研究室。包片乡镇：D
5	常务副县长	负责县政府常务工作，参与县委、县政府需要统一协调的相关工作。政府分工：负责发展改革、财税、人事编制、社会保障、医疗保障、统计、公共政务管理、机关事务管理、发展环境和机关效能投诉、政务信息与公开、保密、外事侨务、政府投融资、煤炭税费工作。分管县政府办公室、县发展和改革委员会、县财政局、县人力资源和社会保障局、县统计局、县公共政务管理局、县机关事务管理局、县政府侨务办公室、县国投公司、县煤检总站。联系县人大、县政协、县人武部工作。联系县税务局、县委机构编制委员会办公室、县公务员局、县机关效能投诉中心、县委保密机要局工作。包片乡镇：E
6	县纪委书记	主持县纪委全面工作，负责纪检、党风廉政建设和党的作风建设工作，参与县委、县政府需要统一协调的相关工作。包片乡镇：F
7	组织部长	主持县委组织部全面工作，分管县委基层办、县委老干部局、县总工会，兼任县委党校第一副校长，参与县委、县政府需要统一协调的相关工作。包片乡镇：G
8	宣传部长	主持县委宣传部全面工作；协助专职副书记分管意识形态方面的工作；分管新闻中心、报社、县广播电视台、县文明办、县文联、县社科联、县舆情办，分管县文化局有关思想、理论、宣传、文产方面的工作。包片乡镇：H

续表

排名	职务	职责分工情况
9	政法委书记	主持县委政法委全面工作，负责政法和社会维稳工作，协助专职副书记抓信访工作，主管县信访局、县综治办、县维稳办，参与县委、县政府需要统一协调的相关工作。包片乡镇：I
10	县委办公室主任	主持县委办公室全面工作，负责协调县委机关日常工作，协助专职副书记抓信访工作，协调县人大常委会、县政府、县政协办公室有关工作，参与县委、县政府需要统一协调的相关工作。包片乡镇：J
11	武装部政委	除武装部工作外，县委不再具体分工
12	常委副县长	除政府分工之外，县委不再具体分工，参与县委、县政府需要统一协调的相关工作。政府分工：负责国土、林业、住房和城乡建设、市场开发服务、征地搬迁等方面工作；完成县长交办的其他任务。分管县自然资源局（县林业局）、县住房和城乡建设局、市场开发服务中心、政通公司。联系和协调县电力公司、电信公司工作。包片乡镇：K

资料来源：笔者根据 A 县县委、县政府正式分工文件汇总整理。

（二）常委职务和分工影响会议参与程度

县委常委的职务和工作分工必然影响其在常委会议事决策的参与程度，并进而影响议事决策的有效性。

1. 常委职务与"权力级差"

县委常委之间两种权力关系并存。第一，按照职务和分工，常委之间存在明显的"权力级差"，"党委书记主持党的地方委员会全面工作，组织常委会活动，协调常委会委员的工作，对党委工作负主要责任。担任政府正职的党委副书记主持政府全面工作，组织政府党组活动。"（《条例》第十一条）在常态性工作中，县委书记和其他常委之间主要是上下级关系；县委副书记、县长与其他两位政府常委（常务副县长、常委副县长）之间也是明确的上下级关系；县委专职副书记与其他普通常委之间也存在一定的"权力级差"关系，"这种等级权力结构与纯粹的委员会结构是不一样的"[①]。第二，在常委会议事决策时，按照"民主集中制"的组织原则，常委的发言、表决是独立的，常委之间是平等的，"党委书记应当带头执行民主集中制，充分发扬党内民主，善于集中正确意见，自觉接受常委会其他

---

① 戴辉礼.中国共产党党委常委会体制研究[M].北京：东方出版社，2016：146.

委员监督,不得凌驾于组织之上、班子之上,不得搞独断专行。"(《条例》第十八条)"县委常委会会议民主表决实行县委书记末位表态制度"(《中共A县县委常委会工作规则》第十九条)虽然要求是非常明确的,不过,常态性工作中的"权力级差"关系不会因常委会开会时独立发言、平等表决的规范性要求而自然转换,必然或深或浅、或明或暗地影响常委的发言和表决。

2. 常委分工对会议参与程度的影响

首先,在A县12名县委常委中,挂职副书记、武装部政委虽然名列常委名单,具有法定的投票表决权,但其政治地位比较超脱,除与自己直接相关的议题之外,对绝大多数议题都不会轻易发言表态,更谈不上批判性、颠覆性、否定性发言。对绝大多数议题,尤其是不需要无记名投票表决的事务性议题,这两位常委都不会持反对态度。

其次,虽然投票时只有一票表决权,但负责县委全面工作的县委书记、主持政府全面工作的县长在常委会的发言会比较积极,因为他们要对全局负责,而不是局限于某一具体分管领域。A县县委常委会工作规则明确规定,"县委常委会会议民主表决实行县委书记末位表态制度",但并没有禁止县长首先发言表态。实际运行中,如果县长首先发言表态,会对其他常委的发言表态构成潜在影响。

对其他8名地方常委来说,工作分工对议题讨论参与度的影响是明显的,对分管领域之外的议题发言时,一般采取保守谨慎的参与态度:工作分工通过以下几个方面影响常委们的发言和参与程度:第一,议题熟悉情况。一般而言,与自己分管领域、联系单位、包片乡镇直接相关的议题,分管常委会比较熟悉议题具体情况,在(单位负责人)介绍和汇报议题之后,分管常委的发言会比较积极,发言内容也会比较充实,而且表明自己的倾向性态度。其他常委则一般不会对议题如此熟悉,即使会议提前下发材料,也未必事先认真研读,更谈不上展开相关调研。第二,议题准备情况。一般而言,议题在提交常委会讨论之前,都要经过负责单位汇报、分管常委审核同意等程序,期间可能包含多次沟通、调研、协调等环节,议题相关单位负责人、分管常委对该议题的事先准备要比其他与会者充分得多。第三,利益相关性。分管领域不同,议题与常委的利益相关性也截然不同,分管国土、城建的常委副县长不可能高度关注党建、宣传领域的议题,分管组织工作的常委也自然认为林业方面的议题与自己关系不大。第四,潜在风险。一是对自己不熟悉、准备不足的议题贸然发言,有可能被认为"外行""武断";二是如果没有坚实的证据和逻辑支持,对议题批判性、颠覆性、否定性的发言很有可能被视为"不友好",进而可能影响以后常委之间的关系及自己所分管领域议题的"支持率"。这四个方面的因素使参会常委对与自己分工情况没有直接关系的议题,发言总体上采取谨慎保守的态度,大多数是建设性、补充性、枝节性的发言,避免与县长、副书记、分管常委发言倾向的冲突,既是出于政治需要,在很大程度上也是议题与自己利益关系不密切,对情况也不熟悉。

二、县委常委会的议事决策程序

县委常委会议事决策的程序是比较明确的,但正式程序安排与实际运行经常存在较大差距,"集体决策"的形式并没有自然而然带来"集体智慧"的提升和改进。

(一)一般程序性安排

根据《中共A县县委常委会工作规则》,县委常委会集体应当通过召开会议的方式进行议事决策;县委常委会会议一般每月召开2次,时间相对固定,如遇有重要情况可以随时召开,会议时间由县委书记确定;必要时可以召开县委常委扩大会议,但不得代替县委全会、县委常委会会议作出决策;县委常委会会议由县委书记召集并主持,县委书记因故不能参加会议时,可以委托县委副书记召集并主持。实际运行中,县委常委会一般2周召开一次,每次时间一般是半天,议题10个左右,一般由县委书记主持会议。会议参加人员除县委常委(过半数)之外,县人大主任、县政协主席法定列席,固定列席人员还包括县政府办公室主任及县委办副主任、县政府办副主任,与议题相关的政府班子成员、单位负责人根据通知选择性列席。一般的程序性安排包括以下几个环节:议题准备—议题审核—议题酝酿—议题汇报—议题讨论—议题表决。

(1)议题准备环节。议题准备由议题提请单位和分管(或联系)常委负责。议题,尤其是重大议题的审议质量与议题准备质量直接相关。根据《中共A县县委常委会工作规则》第十六条规定,"提请县委常委会会议研究的事项,有关单位应作充分调查研究,进行科学分析论证;对涉及经济社会发展全局的重要事项,应当广泛征询意见,进行风险评估;对关系长远、专业性及技术性较强的重大决策、重大项目、重要事项,上会前要认真组织专家论证,进行技术咨询和决策评估;对关乎人民群众切身利益的重要民生问题,应当实行公示、听证等,形成比较成熟的意见,再提交县委常委会会议讨论决定。对提请县委常委会会议讨论的重大问题和重大事项,会前应当注重通过国家机关、政协组织、民主党派、人民团体、基层单位等渠道,广泛协商、广集民智、增进共识、增强合力。"这里对拟提请审议议题从技术和政治两个方面提出了规范性要求,这就要求议题提请单位事先要针对性地做大量的调研、论证、评估、沟通工作,负责常委也要严肃认真地审核把关。2018年,A县县委召开县委常委会27次,时间跨度是12.6天,高于半个月一次的频率。27次县委常委会审议的议题共378项,议题来源见图9-1。按照所涉议题的内容分类,可以分为十大类,见图9-2。

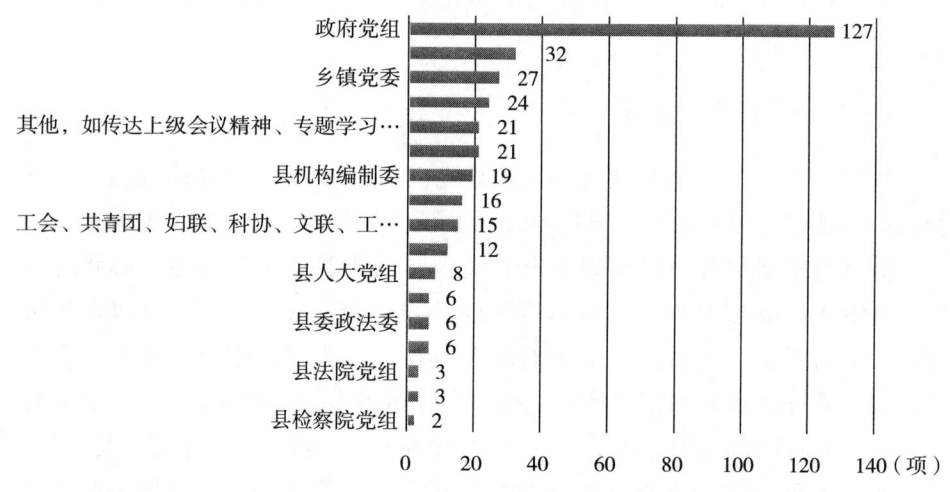

图9-1　县委常委会审议议题来源

（2）议题审核环节。议题审核环节实际包含以下几个子环节:第一,议题提请单位的自我审核、通过,绝大多数议题提请单位在将议题提交县委常委会审议之前,除了按照要求进行技术、政治准备之外,还会召开内部会议进行审核,内部通过后再正式提交县委常委会审议。例如,以县政府党组名义提交的议题,一般都先由县政府常务会议或县政府党组会议审议通过后再正式提交县委常委会审议。大部分议题还要经过分管常委审核签字这一道程序。第二,县委秘书科对议题材料的形式审核和材料把关。

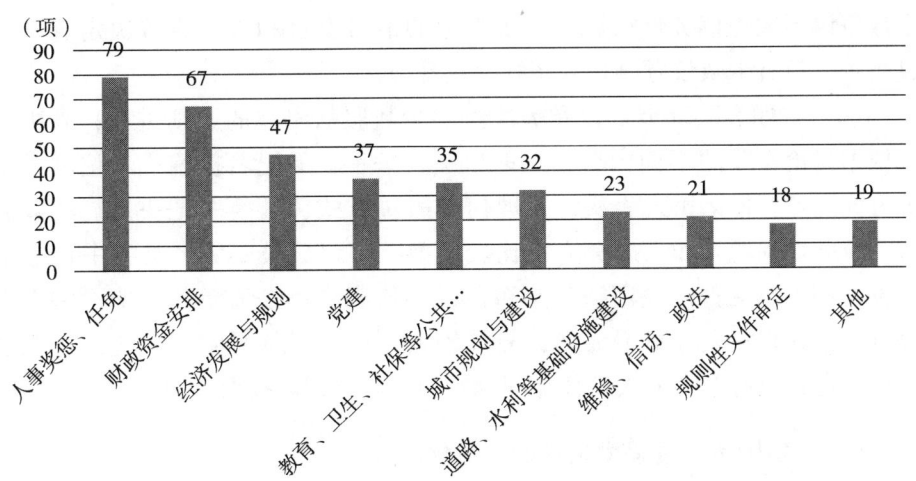

图9-2 县委常委会审议议题类型

第三,根据《中共A县县委常委会工作规则》,县委办公室主任负责上会议题的初步审核。第四,县委书记的最后审核和确定。在议题审核环节,最主要的两个环节就是提请单位的自我审核和县委书记的审核确定环节,具有实质性的筛选把关作用。

(3) 议题酝酿环节。议题酝酿环节不是必经环节。根据《中国共产党地方委员会工作条例》规定,"需要提交常委会会议审议的重要事项,可以先召开书记专题会议进行酝酿",赋予了基层党组织和县委书记很大的自由裁量权。《中共A县县委常委会工作规则》对"重要事项"作了具体明确的规定,"对重要干部任免事项,事前应当充分酝酿、听取各位县委常委意见,并提交书记专题会议酝酿,然后再提请县委常委会会议讨论。"这在一定程度上限制了县委书记的自由裁量权。

(4) 议题汇报环节。《中共A县县委常委会工作规则》规定,县委常委会会议审议事项时,一般先由相关单位主要负责同志作简要汇报,再由分管县领导作说明。一般而言,分管县领导在作说明时,其倾向性是比较清楚的。

(5) 议题讨论环节。按照集体讨论决定的精神,议题讨论环节是每个常委发表意见、建议,充分讨论,集思广益,凸显"集体智慧"的关键环节。在分管县领导作说明之后,县委常委要按次序轮流发言,即使没有意见、建议也要声明,县委书记作最后发言。根据常委发言表态情况,对大多数争议不大的事务性议题，县委书记的最后发言和表态直接决定议题通过与否，只有少数议题会进入正式表决环节。

（6）议题表决环节。议题表决按照少数服从多数的原则进行，表决形式根据讨论事项的不同内容，采取口头、举手、无记名投票或者记名投票等方式。是否付诸正式表决，采取何种表决方式，县委书记决定。一般而言，事务性问题，如果提交方案比较成熟，审议分歧不大，县委书记的最后发言和表态就直接决定通过与否了，即使表决也是简单的口头、举手表决方式；如果提交方案不成熟，分歧较大，只要不是时间很急迫，一般会暂缓决定；只有重大的人事任免问题才会付诸无记名投票表决。

（二）实际运行过程中呈现的一般性特征

在实际运行过程中，县委常委会议事决策呈现出一些较有规律的特征，了解这些规律性特征有利于理解"应然"的规范性要求与"实然"操作之间的差异，为进一步改进县委常委会议事决策程序提供知识基础。

1. 部分议题已经过提请单位正式的审议通过程序

如图9-1所示，在A县县委常委会2018年审议的378项议题中，县政府党组提交127项，县人大党组提交8项，县委政法委提交6项，县法院党组提交3项，县检察院党组提交2项，合计146项，占到常委会议题总数的38.6%。这些议题基本都是经过县政府常务会议、人大常委会等机构正式审议通过后再以政府党组、人大党组等的名义提交县委常委会审议的，代表的组织之间是正式的领导与被领导关系。包括县委书记在内的常委对这类议题的发言是慎重的，尤其是批判性发言，缺乏充分理由的否定性发言会不利于机构之间的合作关系和工作积极性。即使乡镇党委和县委职能部门（组织部、宣传部等）提交的议题，也是经过部门内部审议的，代表的是部门的意见。

2. 议题准备充分性不够

《中共A县县委常委会工作规则》第十六条对重要议题的准备从技术和政治两个方面提出了规范性要求，但在实际运行中，议题准备的总体重视程度不够。第一，在很大程度上，议题准备实际负责人、材料起草人的能力、责任心决定了议题准备的质量，议题准备不是系统理性的产物，而是具有很大的随机性和偶然性；第二，议题主要是部门准备，即使涉及多部门的议题也是由牵头部门负责准备，议题准备过程难以避免部门利益影响，甚至存在问题、矛盾、责任上推，部门利益最大化的倾向；第三，限于时间、资金、能力、责任心等因素，很多重要议题的事先调研、论证、评估、沟通大为不足，议题所涉方案的成熟度不够；第四，部分技术性、专业性、法律性较强的重大议题，如城市规划、重大项目建设、城市执法细则、林土水等方面的专项规划，仅仅一般性地提出了规范性要求，缺乏强制的前置性要求，如合法合规性审查、独立的第三方论证评估、公示听证等前置性程序，前置性要求缺乏必要的刚性，容易导致负责部门在议题准备时敷衍了事，严肃性不够。议题准备的认真程度、严肃性、专业性不够，实际上直接影响了后续"议题讨论"环节的"集体讨论"质量。

3. 议题审核和筛选环节严肃性不够

在议题审核和筛选环节，提请单位的自我审核和县委书记的审核比较严肃，具有实质性的筛选把关作用，其他环节，包括分管县领导（常委）审核签字环节、县委秘书科形式和材料审核环节、县委办公室主任初步审核环节，一般都立足于补充完善议题材料，很少直接驳回和淘汰议题。这导致议题审核和筛选的刚性、严肃性不够，一些准备不足的议题、方案不成熟的议题、本不该上交县委常委会讨论的议题"挤进"常委会集体议决议程，增加了水分和泡沫，拉低了集体议决质量。

4. 事先的汇报、沟通、协调优先于会议辩论

部分重要议题及可能存在争议的议题，议题单位负责人、分管常委一般会倾向于在适当的时间、地点事先向县委书记、县长作单独的汇报，与相关分管常委作必要的沟通、协调，争取认可、支持，至少是默许。换言之，事先私下的汇报、沟通、协调优先于会议辩论，应该说，这是很符合中国文化的思维、行为方式，但也有意无意地降低了会议讨论的必要性、有效性。

5. 会议讨论充分性、有效性低

在议题汇报之后，会议主持人会示意常委轮流就议题表达意见建议。县委常委会会议讨论的充分有效依赖高质量的议题准备，更依赖与会常委积极的参与、高质量的发言。由于上述常态性工作中"权力级差"和因常委分工导致的议题熟悉情况、利益相关度、潜在风险等因素，大多数常委在发言时采取保守谨慎的策略，或者不发言，即使发言也主要是建设性、补充性、枝节性发言，批判性、颠覆性、否定性发言是雷区。以A县审议《东部新城区发展控制性详细规划》（以下简称《规划》）为例说明。按照

会议安排，A县城建局局长负责汇报《规划》，分管的常委副县长对其作了补充性说明，随后，会议进入发言、讨论环节，主持会议的县委书记示意与会常委按座次发表意见建议。与会常委12名，分管常委在作补充性说明之后，只回答了几次提问，未再单独发言；包括挂职副书记、武装部政委在内的5名常委口头表达"没有意见建议"。其他5名常委的发言在表示总体认可该规划的同时，也分别从不同角度提出了补充性建议，可以归纳为：县长总体认可土地规划的兼容性不够，缺乏随发展形势变化而适度调整的灵活性；常务副县长认为新城区应该是一个宜居城区，建筑密度还可以再适当降低，绿地率还可以适当调高；分管政法的常委与自己分管工作结合，提出消防等公共安全设施的规划要学习国内先进城市做法，新城区要适度超前，预留空间；专职副书记提出新城区地质情况比较复杂，土地用途规划、地下管线设计等方面要慎重考虑；宣传部长提出新城区规划涉及一处历史文化遗迹，希望在规划时能够有专门考虑。主持会议的县委书记作了最后发言，他提出：新城区规划要在工业新城、科教新城、宜居新城三个发展方向适度平衡；现在提交的规划审议稿总体上还可以，但在宜居新城方面重视程度不够，具体到一些控制性指标需要再做一些调整。他表示，今天原则通过《规划》审议稿，会后起草单位要充分吸收各位常委意见，进一步修改完善，下次会议作书面通报。

按理来讲，一个城市新城区发展的"控制性详细规划"是一项重大决策，有可能影响新城区未来10~30年的建设、发展，需要高度认真、严肃，充分进行讨论。但是具体到该议题，可以发现，该议题总共用时29分钟，其中城建局长的汇报11分钟，分管常委副县长的说明5分钟，常委发言合计10分钟，书记总结用了3分钟，效率是很高的。但认真分析常委的发言内容就会发现，A县县委工作规则所要求的"在集体讨论和决定问题时，个人应当充分发表意见"并没有达到，与会常委的发言还是非常保守谨慎的。也可以说，会议讨论的充分性、有效性是比较低的，并没有很好地达到"集体智慧"成果的目的。

6. 县委书记的主导作用非常明显

按照《中国共产党地方委员会工作条例》和《中共A县县委常委会工作规则》，县委常委会实行"集体议决"，严禁县委书记"独断专行"。实际

第九章　县委常委会如何作出决策？

运行中，县委书记作为县委常委会的"组织权威"①，主导县委常委会议事决策过程的作用非常明显。

县委书记可以通过以下几个环节主导县委常委会的议事决策：第一，议题确定，在议题提出和确定环节，县委书记拥有无可争辩的决定权，他不想讨论的议题可以直接排除。第二，很多重大议题，分管常委和单位负责人在上会之前的议题准备阶段就会主动与县委书记汇报沟通，事先征求书记意见；反过来，县委书记也可以利用这种事先沟通影响议题的方向、重点，使之更加符合自己意愿。第三，在一些重大议题上，尤其是重要人事任免，县委书记可以会前召开"书记专题会议"，在小范围取得共识，然后再上会讨论表决。"书记专题会议"虽然不具有决策权，但书记专题会议的参加者都是该议题上最有发言权的人，书记专题会议取得共识的议题再上会讨论，一般不会有悬念。以重大人事任免为例，参加书记专题会议的包括县委书记、县长（副书记）、专职副书记、挂职副书记、县委组织部长、县纪委书记，这六个人是在人事任免议题上最具有发言权的人，他们事先取得的共识基本上也就决定了常委会讨论表决的结果。第四，会议讨论环节的策略选择，《中共A县县委常委会工作规则》明确规定"县委书记末位表态"，但是县委书记议题倾向性明显的议题只要事先与县长、副书记达成共识，就可以示意县长、副书记在议题汇报完事之后优先发言，通过县长、副书记与其他常委之间的"权力级差"影响其他常委的发言和表态。事实上，县委常委会议题的分歧大部分源于县委书记、县长党政两位主官想法的差异，而不是普通常委。第五，县委书记可以选择表决的时间和方式。以分歧较大为由暂缓表决，就为会后再做工作争取了时间。口头、举手、无记名投票或者记名投票四种表决方式对与会常委造成的表决压力截然不同，"一般情况下，常委或从个人理性出发或以维护领导集体的团结为名去选择赞同党委书记的意见，而不是从决策问题本身出发来充分地表达自己的意见和主张，并且很难选择做一个忠诚的'反对者'。……因此在大多数情况下，常委会的决策会以全体一致的形式通过。很显然，这种全体一致通过并不意味着常委会集体达到了真正的一致和共识。"②

当然，县委书记主导决策也有必要的理由和压力，如县域稳定发展

---

① 戴辉礼. 中国共产党党委常委会体制研究 [M]. 北京：东方出版社，2016：135-152.
② 戴辉礼. 中国共产党党委常委会体制研究 [M]. 北京：东方出版社，2016：146-147.

"第一责任人"、考核问责首要责任、"一票否决"等,但这是另一个方面的问题了。

7. 议题密集、"议事"效率高、通过率高

2018年,A县共召开县委常委会27次,会议时间基本都是半天(按4小时计算),只有3次会议是一整天(按8小时计算),议题总数量378个;平均下来,每次会议14个议题,每个议题汇报、讨论、表决的全部时间是19分钟,表决时间可以忽略不计,汇报时间按10分钟计算,平均每个议题的有效讨论时间只有9分钟;议题完全通过216个,原则通过145个,暂缓表决和不通过17个,总体通过率95.5%。应该说,县委常委会"议事"效率是很高的,通过率也很高,但相应的集体理性提升、政治整合、风险控制效果则未必理想。实际的县域治理发展中,因县委常委会决策失误导致的重大损失案例比比皆是,教训不可谓不深。

三、提升县委常委会议事决策有效性的思路

县委常委会是县域稳定、发展、改革的核心决策者,提升县委常委会议事决策的有效性,事关重大。需要指出的是,一些看上去很有道理的建议具体到县委常委会,实际上是很难落到实处、取得实际效果的,如学习西式议会辩论模式,强化县委常委会常委发言的独立性、讨论的辩论性,这不仅从根本上不符合常委会的根本组织逻辑,也不符合中国人的思维和行为习惯;要求常委对每个重要议题都事先深入调研,认真研读议题材料,做好充分与会讨论准备,这实际上也不可能,县委常委各管一摊,行政事务繁忙,根本不可能在每次县委常委会之前都抽出整段时间准备议题讨论。这些建议只是在理论上行得通,却没有考虑常委会的根本组织逻辑和县域治理的实际资源约束。从县委常委会的根本组织逻辑和县域治理的实际资源约束出发,本着提升县委常委会议事决策的有效性的根本目的,提出以下改进思路:

(一)根据议题类型分类规范议事决策程序

根据图9-2的统计,县委常委会讨论的议题主要包括"人事任免奖惩""财政资金安排""经济发展与规划""教育、卫生、社保等公共服务""城市规划与建设""道路、水利等基础设施建设""维稳、信访、政法""规

则性文件审定"等类型。这些议题又可以根据政治性区分为政治类议题、人事性议题和业务类议题,并根据议题类型实行完全不同的议题准备、讨论和议决规则。政治类议题、人事类议题,按照权责一致的原则,可以明确县委书记核心权责地位,在议题准备、议题讨论、议题表决等环节赋予县委书记明确的权力,当然,县委书记亦要承担与权力相应的政治责任。业务类议题,集体理性提升优先,在议题准备环节强调准备的充分性,在议题讨论环节强调常委发言的独立性、讨论的有效性,在议题表决环节强调民主性,以最大限度凝聚集体智慧。A县现行的议事讨论表决规则并没有明确区分议题类型,不利于在维护县委书记核心权威和发挥县委常委会集体智慧之间维持适当平衡。

(二) 在议题准备、讨论环节强化专业机构的业务支持

业务类议题的议题准备、议题讨论环节要强化专业机构的业务支持。第一,在议题起草过程中,负责单位要尽可能地吸收专业机构、专业力量的参与,尊重专业逻辑,避免用行政化逻辑来扭曲专业立场;第二,重大议题,如经济发展五年规划、城市发展规划、重大基础设施项目、规则性文件制定、环保水利国土等重大专项规划,在负责部门提交议题之后,县委常委会在审议之前要委托一家或多家专业机构对该重大议题提出专业的审查、评估、分析意见,并鼓励方案修订和提出并行的竞争性方案;第三,对部分议题,可以强制性前置审查,对专业评估、论证、合法性合规性审查存在严重问题的,退回起草单位,不予上会审议;第四,准予上会审议的,牵头单位提交议题材料和专业机构审查意见一起事先转发给拟参会常委,预留适当时间,要求常委必须熟悉拟讨论议题的基本观点、专业审查机构的基本观点,专业机构对与会常委随时提供业务支持;第五,与会常委根据议题材料和专业机构审查意见轮流独立发表意见,保证讨论时间和讨论有效性,重大议题可以召开专题常委会;第六,业务类议题的表决以无记名投票表决为主。在议题准备、议题讨论环节强化专业机构的业务支持,能够提高议题准备质量,辅助与会常委进行有效讨论,也有利于减轻与会常委独立发言的政治和业务压力,从而提高县委常委会议事讨论的有效性。强化专业机构的业务支持会在一定程度上提高议事讨论成本,降低议事决策效率,但这是值得付出的成本。

(三) 准确把握常委讨论的重点

县委常委是基层政治家、行政管理者,而不是专业人员,常委讨论的重点不是议题的专业性、技术性、合法性问题,这些应该是议题准备、议题前置审查环节已经解决的问题。县委常委的讨论应该立足县域治理发展改革的大局,站在领导层次、政治层次、公共管理者的角度讨论议题的政治—行政可行性、经济可行性、资源配置权重等政策与县域实际如何有机结合等问题。应该说,A县县委常委会在实际运行中,不仅存在有效讨论不够的问题,也存在讨论重点偏移的问题。

第十章 县域治理中的决策：模式与特征
——基于 A 县经验的实证研究

单一模式不能概括县域治理决策的复杂性。县域治理中决策议题不同，相应决策模式也不同。人事决策遵循派系平衡模式，重大事务决策是"法表权里"的权力支配模式，财政资源分配是机构妥协模式，政治学习是制度输出模式，维稳决策是"共识"模式，危机决策是对策论模式。县域治理决策反映了县域治理的特殊性，具有综合性、执行性、交织性、权力支配性四个特征。

国外学者对中国政府宏观决策的研究先后形成了"一言堂""官僚多元主义""碎片化威权主义""咨询型政府"几种代表性分析视角，[①] 国内学者也总结出了"共识型决策"[②] "集思广益型决策"[③] 等模式。周光辉（2011）从决策结构、决策方式、决策机制三个方面总结了当代中国决策体制的变革。[④] 县级政权承上启下，处于国家与社会的交接点，"接点政治"的特征非常明显。[⑤] 近年来，对县域治理的研究也日益增多，但对县域治理中决策的研究仍然非常不足。较有代表性的有：刘亚平和刘琳琳（2010）以权力网络理论为基础，分别从横向的权力网络关系、纵向的权力层级关系和历时的代际权力转变三个方向分析了地方政府决策的策略选择[⑥]；杜国

[①②] 王绍光，樊鹏. 中国式共识型决策："开门"与"磨合"[M]. 北京：中国人民大学出版社，2013：4-15.

[③] 鄢一龙，王绍光，胡鞍钢. 中国中央政府决策模式演变：以五年计划编制为例[J]. 清华大学学报（哲学社会科学版），2013（3）.

[④] 周光辉. 当代中国决策体制的形成与变革[J]. 中国社会科学，2011（3）.

[⑤] 徐勇. "接点政治"：农村群体性事件的县域分析——一个分析框架及以若干个案为例[J]. 华中师范大学学报（人文社会科学版），2009（6）.

[⑥] 刘亚平，刘琳琳. 地方政府在公共决策中的策略选择：一个权力网络的分析视角[J]. 东南学术，2010（5）.

治理现代化背景下的县级政府政策转换

强（2012）提出了地方政府"晋升压力下的政绩型决策""公正沦陷后的俘获型决策""民主政治腐化导致的盲从型决策""风险规避意识催生的懈怠型决策"四种决策类型[①]；马宝成（2009）以HT县为个案，探讨了县级政府决策程序、问题和特点[②]。

本章在以上研究的基础上，集中讨论了县域治理中决策议题的类别差异、相应决策模式的不同，以及县域治理决策的基本特征。案例主要选取A县政府过程中的实际案例，遵循统一学术规范，涉及的人名、地名都做了相应处理。[③]

一、县域治理决策的主要模式

县域治理过程中，决策问题涉及方方面面，综合性、差异性都很强，用单一的决策模式难以理解县域治理中的决策。实际上，决策问题类别的差异决定了决策模式的差异。一般而言，人事决策是派系竞争—平衡模式，发展等重大事务决策是"法表权里"的权力支配模式，财政资源分配是机构博弈—妥协模式，政治学习决策是制度输出模式，维稳类事务决策是"共识"模式，危机决策是对策论模式。

（一）人事问题决策：派系竞争—平衡模式

绝大多数情况下，围绕干部选拔任用（范围可以限定为归县委组织部管理的副科级以上干部）的人事问题决策是县域治理中最激烈的政治博弈。正式的科层制结构、按部就班的组织程序背后是基于非正式权力网络的激烈博弈，经常是表面波澜不惊，海面下暗流汹涌。

几个前提性的因素必须予以说明。第一，对绝大多数党政干部而言，职务晋升是最重要的追求之一，机会有限，一旦机会来临，符合条件，每个人都会竭尽所能，动用一切可以动用的关系和资源来追求目标的实现。

[①] 杜国强. 地方政府行政决策裁量权的公法控制 [J]. 中国社会科学院研究生院学报，2012(1).

[②] 马宝成. 中国地方政府决策模式探析：以HT县为例 [J]. 国家行政学院学报，2009(6)：58.

[③] 笔者曾经在A县挂职担任副县长1年，除正常参加政府常务会议外，亦获准列席县委常委会会议，获得了了解县域治理决策的珍贵契机。书中所列举案例都有事实依据，资料来源除了依靠正式的文件、档案和部分的深度访谈之外，更多依靠参与性观察所获得体悟和认知。

第十章 县域治理中的决策：模式与特征

这并不是一个很难以理解的假设，只需要具备基本的经验和政治常识就可以。第二，县域是一个相对封闭的工作和生活空间，关系在县域治理中异常重要。明恩溥（2007）认为中国人的性格特征是特殊主义取向。[①] 梁漱溟（2005）认为中国社会既非个人本位，也非群体本位，而是关系本位。[②] 费孝通（2006）将中国的社会伦理归纳为"差序格局"，认为中国社会由无数个以"己"为中心的"圈子"或网络组成，"圈子"与圆心的远近意味着他人与"己"的亲疏差别。[③] 可以说，对于人事提拔具有影响力的人，县委常委，尤其是县委书记、县长、县委副书记、组织部长、人大常委会主任、政协主席等，每人都有自己的关系圈子；另外，每一个潜在的候选人也都有日常积累的关系网络。第三，在正式的科层制结构之外，县域治理中，事实上存在着庇护—被庇护关系及或明或暗的"圈子""派系"。县域范围内，正科级以上官员不过百余人，副科级以上的官员也就三五百人，围绕具有人事影响力的副处级以上一个或者几个领导干部，事实上会形成庇护—被庇护关系及或明或暗的"圈子""派系"，有的是刻意经营的结果，有的是基于亲戚、朋友、战友、同事等关系日积月累逐渐形成的。大多数情况下，这种庇护—被庇护关系和"圈子"并不是那么明显，但在干部提拔竞争的关键时刻，它就会显示它真实的存在和力量。[④] 第四，人事问题决策程序的不足赋予了派系博弈广阔的空间。[⑤] 在程序上，县委选拔任用干部的程序是这样的：由组织部提出人选，得到分管副书记的认可之后，交由县委书记办公会讨论酝酿（但不能决定），再交县委常务会议讨论表决通过，最后由县人大常委会决定任命，发给任命书。实际上，组织部长、分管副书记、县委书记、县长、纪委书记，还有县人大主任、县政协主席（不是县委常委，但具有影响力）构成了提交县委常委会讨论表决之前"讨论酝酿"的主要参与者，书记办公会则是"讨论酝酿"的中心环节，经过书记办公会"讨论酝酿"后提交县委常委会正式讨论表决的一般不会被推翻。"讨论酝酿"过程是不公开的，每个参与者的意见也只有内部人知道。前面

[①] 明恩溥.中国人的气质［M］.刘文飞，刘晓旸译.上海：上海三联书店，2007.
[②] 梁漱溟.中国文化要义［M］.上海：上海人民出版社，2005：72.
[③] 费孝通.乡土中国［M］.上海人民出版社，2006：20-25.
[④] 樊红敏.县域社会：权力实践与日常秩序——河南省南河市的体验观察与阐释［M］.北京：中国社会科学出版社，2008：120-170；冯军旗.中县干部［D］.北京大学博士学位论文，2011.
[⑤] 周庆智.等级制中的权位竞争——对某县行政权力的实证分析［J］.东南学术，2005（5）.

所揭示的因素在"讨论酝酿"环节得到充分的发挥。

事实上,县委书记对副科级以上干部的任用与否具有决定权,但一般而言,除了他认为重要的关键位置、关键人选必须由他决定之外,绝大多数位置在他那里是开放的,他会考虑并尊重县长、组织部长、分管副书记、纪委书记,还有县人大主任、县政协主席的建议人选。政治平衡是人事决策绝大多数时候要遵循的基本原则,也就是"讨论酝酿"环节的关键参与者,你提名几个,我提名几个,大家心照不宣,相互照顾,达成一种微妙的妥协和平衡。破坏平衡则往往被视为"不懂规矩""独断专行""过于霸道",往往带来不利的负面政治影响。需要注意的是,人事问题决策上的派系博弈、派系平衡都是非正式的、隐蔽的、心照不宣的,依附于正式的科层制结构和按部就班的组织程序,但经过官场历练的人都能懂得其中的关键所在。

(二) 重大事务决策:"法表权里"的权力支配模式

所谓县域重大事务决策,一般包括以下几个方面:①全县国民经济和社会发展中长期规划、城市总体规划、土地利用总体规划和县域城镇体系规划、重点区域的控制性规划、重大产业布局和专项规划;②全县国民经济和社会发展年度计划、年度财政收支预算方案及其执行情况、年度土地利用计划指标;③涉及全县性重大改革措施的出台;④重大建设工程特别是涉及政府投资的重大项目安排、重大或特殊建设项目用地政策、政府采购的重大项目、国有资产处置的重大事项和重大财政性资金的审批使用等;⑤关系国计民生和群众切身利益的社会保障、文化卫生、科技教育、环境保护、住房保障和物价等重大政策;⑥重大公共安全问题、重大自然灾害及重大突发性事件的应对和处置、需要研究的重大项目等。

按照《中国共产党地方委员会工作条例》,"党的地方各级委员会是本地区的领导核心","对本地区的政治、经济、文化和社会发展等各方面工作实行全面领导"。宏观上,党的领导主要是思想领导、政治领导、组织领导,具体到县域治理,党的领导体现为县域治理中重大问题决策权(人权、事权、财权)属于县委和县委常委会。理论上,日常最高决策机构是县委常委会,实际运行中,县域重大事务的主要决策者是县委书记,他统筹考虑提出工作思路之后,其他常委一般都会自觉配合其思路。以A县"十三五规划"编制为例说明。A县县委书记履任三个月后提出A县"十三五"期间的发展思路:年均经济增长12%,"十三五"期间经济总量进入全省前

第十章　县域治理中的决策：模式与特征

十名，成为全省北部经济中心；以发展农产品加工业、陶瓷产业为支柱产业；"十三五"期间全力打造"东部新城区"。A县"十三五规划"编制工作主要经过如下程序：全面开展"十二五"规划评估和总结；围绕"十三五"期间重大问题确定34项重大课题，组织人员进行专题研究，进行了26次国内调研、42次县内调研；聘请专业机构帮助编制"十三五规划"；在充分吸收前期重大课题研究、各专项规划、专业机构意见基础上，提出"十三五规划"总体思路，并广泛征求了各地区、各部门的意见和建议；围绕"总体思路"新一轮的调研、论证、修改；形成"十三五规划"征求意见稿；就"十三五规划"征求意见稿分别征求专家、人大代表、政协委员、各地区、各部门的意见、建议并有针对性地修改；政府常务会议讨论通过；县委常委会讨论通过；县委全会讨论通过；县人代会讨论通过。

表面上看，A县"十三五规划"编制工作的制度化程度很高，很规范、很专业，实现了政府机构"政治理性"与专业机构"专业理性"的结合，充分地听取和吸纳了专家、人大代表、政协委员、各地区、各部门的意见、建议。但实际上，整个"十三五规划"的主要思路都是县委书记早就确定的，所有的咨询、征求、修改、论证、完善都是为了使其更加完善，而不是提出独立的或者相左的意见。用该县发改局局长的话说："发展思路主要是书记定，我们的主要任务就是论证、充实、完善、具体化。"[1] 根据县政府办公室主任透露的信息，该县县长林某对该总体思路并不太认同，但因为其在A县任职已经3年多了，正积极活动准备转任某邻县县委书记，所以对A县"十三五规划"的编制工作不热心也不反对。[2] 在聘请专业机构参与、组织专家咨询论证环节，负责规划编制工作的分管常委副县长张某说得很直接："找的人要懂得配合我们，从理论上提升书记的思路，从学术上论证书记的思路，不能研究了半天最后把书记的思路给推翻了。"[3] 征求人大代表、政协委员的意见、建议，针对具体问题可能批评很尖锐，但没人会批评总体思路有问题，因为大家都知道这是主要领导决定的；征求各部门、各乡镇的意见、建议，各部门、各乡镇一般只是从本部门、本乡镇的利益出发有针对性地提出意见、建议，一般是做加法而不是做减法（即要

---

[1] 访谈记录：2015-11-28，LBH。
[2] 访谈记录：2015-11-20，LNK。
[3] 访谈记录：2015-11-09，ZSF。

求在报告中强调本部门工作,但不去触碰别人的"奶酪"),更不可能质疑总体思路,在体制内的他们更懂得这里面的游戏规则。持续了这么长的时间(从开始到最后通过大约11个月),走过了这么多程序,经过了反复多轮的征求意见、调研、论证,其实理性提升、利益整合的核心作用并不大,因为参与的行动者都"太识趣";最后,规划核心思路的科学性、可行性还是取决于书记个人的决策责任心和决策能力。规范的程序背后实质是权力决定,可以说是"法表权里"。假如"十三五规划"刚在人代会通过,现任县委书记就调走了,最有可能的就是既有的"十三五规划"被搁置到一边,新来的县委书记会提出他自己的发展思路并在实际施政过程中按照自己的思路来。

(三) 资源分配: 机构妥协模式

资源分配, 主要是财政资源、办公用房等物质资源的分配, 其中以财政预算分配体现得最为典型。每个部门都希望增加人员、增加财政预算、扩大权力, 但一个县的财政资金是有限的, 除了保障重点项目之外, 剩余可供分配的资金更为有限, 各部门博弈的结果就是机构之间的平衡和妥协。以 A 县 2015 年财政预案草案说明。2015 年 1 月 A 县财政局开始编制 2015 年公共财政预算, 预算总收入为 435042 元, 预算总支出为 436320 元, 主要原则是"保工资、保运转、保民生、保重点"。预算编制过程中, 各预算单位都会强调本部门工作的重要性、本部门经费的紧张、本部门扩大预算资金的必要性, 经常提交的预算草案汇总之后大大超过县财政预算资金规模; 最后的结果一般都是普遍削减、降低。第一轮的竞争和妥协在县财政部门进行, 第二轮在政府常务会议进行, 第三轮在县委常委会进行, 第四轮人代会审议批准时一般格局已定, 不会再有什么调整了。A 县 2015 年财政预算编制过程中, 由于各种原因, 交通局、教育局、农科局之间争得很厉害, 财政局长也搞不定, 最后县长出面挨个谈, 才勉强达成妥协; 政府常务会议讨论审议时, 因为国防预算比 2014 年有所削减, 参会的县武装部部长很不乐意, 要求重视国防工作, 2015 年国防预算即使不能增加也绝不能削减, 最后还是恢复到 2014 年预算基数; 县委常委会讨论审议时, 由于组织部长的建议, 党建专项经费又有所增加。

在以财政预算为代表的资源分配决策中, 竞争和博弈是以正式机构为单位进行的, 也是公开的, 这与人事问题决策过程中隐蔽的非正式博弈有根本性不同。一般而言, 县域治理中比较重要的部门会有更多的发言权,如交通局、教育局、人社局、城建局、农科局、发改局等，但竞争一般都是围绕"财政增量"进行的，一般不会以削减、压低其他部门的正常预算（比照上一年度预算规模）为代价。竞争的结果就是机构之间的妥协和平衡，大多数机构会自觉接受这个结果，因为当初报预算时虽然都倾向多报一点，但心理预期也不会那么高；少数对预算编制不满意的，一般分管的副县长、副书记或者县长、书记会单独做工作。

（四）政治学习：制度输出模式

高度重视政治学习，建设"学习型政党"是中国共产党的重要目标之一。坚持和健全学习制度也是《中国共产党地方委员会工作条例》的明确要求。学习贯穿县级政治过程的始终。2015年初，A县所属省、市已经就2015年度政治学习做出了安排：省委办公厅下发《全省县级以上党委（党组）中心组2015年理论学习安排意见》；市委办公室相应下发《全市各级党委（党组）中心组2015年理论学习安排意见》。在2015年全年的政治学习安排中，学习的内容、参学人员范围、学习的形式、学习次数基本上都已经由省、市做出明确要求，A县能够决定的只有学习的时间、地点。2015年A县政治学习的重头戏是中央、省、市高度重视的"三严三实"和"忠诚干净担当"专题教育。A县县委按照上级要求，围绕"三严三实"和"忠诚干净担当"专题教育成立专题教育领导小组、召开专题教育动员大会、制定下发专题教育实施方案、县委理论中心组集中学习4次、县委领导讲党课6次、廉政警示教育1次、专题民主生活会6次、副处级以上领导干部每人撰写学习心得体会2篇。

在政治学习方面，A县一般都会很好地贯彻落实上级要求，就时间、地点、形式、成效做出具体安排。主要在于，政治学习具有高度的政治性和严肃性，体现县委、县政府及其主要领导"讲不讲政治"的态度，而且除了占用时间、精力之外并没有潜在的风险、损失、利益冲突，所以该类决策比较适用于"制度输出模式"，上级提出政治学习要求，县级自动转换输出。

（五）维稳决策："共识"模式

维稳是政绩考核的"硬底线"，一旦出现影响大的群体性事件，启动问责机制，则不仅主要领导、分管领导会被追责，严重的有可能被"一票否决"，全县年度评奖评优的资格被取消，所有领导、所有部门都受牵连。

在维稳目标、维稳方式、维稳投入上，县域治理决策层具有高度的共识。在维稳目标上，就是要不惜一切代价保持政治社会高度稳定。在维稳方式、手段上，轻原则性、重灵活性，实用主义至上，只要能够把事情解决就可以用。在维稳投入上，即使县级财政紧张，但只要涉及维稳的投入，基本全都批准。2014~2015年进入A县政府常务会议、县委常委会议程的重大维稳议题总共有14项。其中，8项涉及群体性事件化解、处理。县委常委会的会议讨论中，目标高度一致，手段、方式的分歧更多与局势判断、有效性、时机、分寸、尺度有关，对手段、方式本身没有异议；会议主要是一个集思广益、决策最优化的过程，而不是参与者之间矛盾协调、利益整合的过程。① 5项涉及增加维稳投入，包括更新摄像头、成立反恐大队、增加协警编制等，均没有异议地顺利通过。

县域治理决策层之所以在维稳目标、维稳方式、维稳投入上具有高度的共识，主要原因包括：①维稳问题是县域治理的"硬底线"，具有高度的政治性、严肃性，容不得弄虚作假、敷衍应付。②维稳问题与党政领导干部年度政绩考核直接挂钩，在"一票否决"面前，县域治理决策层是命运息息相关的"政绩共同体"。③时间（任期有限）、空间（相对封闭的县域范围内）约束下的理性选择。维护稳定主要依靠增加人力、财力投入等方式来强化既有维稳机制，而不是改革既有维稳机制，可能对长期、对全局不利，但是就短期、局部而言，收效最明显。

（六）危机决策：即期对策模式

20世纪90年代以来，由于各地以"群体性事件"为代表的突发性危机频发，从中央到各地高度重视危机控制体系的建设、危机处理的培训，地方党政官员也大多见多识广，大多数时候能够较为从容地应付。以A县酒精厂拖欠农民木薯款问题为例说明。A县酒精厂成立于2006年，是县政府大力扶持发展的企业之一，为解决酒精厂原材料问题，A县政府动员附近乡镇的农民种植木薯，促成薯农与酒精厂签订常年种植收购合同。2011年以前，酒精厂经营效益不错，木薯种植面积迅速扩大，种植收购合同的履行也正常，农民都能按期拿到出售木薯的款项。从2011年开始，酒精厂效益

---

① 访谈记录：2015年12月20日，HYL。资料来源主要依据与该县县委政法委书记韩某的访谈，部分参考县委常委会会议记录，在县委常委会会议记录上很多信息根本看不到。

第十章 县域治理中的决策：模式与特征

大幅下滑，连年亏损，酒精厂开始大面积拖欠薯农货款。2013 年 6 月，酒精厂老板资不抵债，跑路失联，矛盾开始转移到政府身上。2011 年开始，薯农零星地到县政府上访，要求解决酒精厂拖欠木薯款问题，信访局一直采取拖延策略。随着拖欠面、拖欠数量的迅速扩大，上访人数、频率开始增加，信访局意识到问题的严重性（截至 2013 年 6 月已经涉及 1730 户农民，拖欠款达 921 万元），开始向分管领导、主要领导汇报，但 A 县县委、县政府并未将此事提上议事议程。2013 年 7 月 24 日，4 个乡镇 500 多名薯农集体到县政府上访，态度激烈，要求立即解决酒精厂拖欠木薯款问题，围堵政府大门持续 7 个小时。县长出面接待上访薯农代表，并承诺县委、县政府将高度重视、认真解决该问题；薯农代表承诺马上停止上访，撤走围堵大门的薯农；双方约定县委工作组到村入驻的时间、地点。随后，县委迅速召开县委常委扩大会议，听取汇报、全面了解情况。了解情况后，县委书记 G 某认识到这是一颗"不定时炸弹"，如不予以排除，随时都有爆炸的可能性，会上立即明确态度要"彻底解决该问题"；会议主题转向研究讨论"应对策略"，经过畅所欲言、集思广益的开放式讨论，形成以下总体解决方案：①立即成立以县委副书记任组长的县委工作组进驻村里，先稳住薯农，并进一步清查、核实欠款明细，摸清"闹事"的骨干。②对酒精厂老板，责成工商、税务部门查清其拖欠税款，有无违法问题；责成公安部门采取技术手段查清其下落，核查清楚其真实资产情况，并调查其有无其他违法行为；让农民按照合同向法院提起诉讼，法院尽量采取诉讼保全措施，先行查封扣押其资产。总之，采取一些手段逼着该老板"认账""还账"。③对薯农，采取组合策略，包括区别对待，分化瓦解；立足酒精厂本身，从源头上解决欠款问题；必要时，政府先行从"维稳基金"中按照比例垫付一部分欠款，但政府垫支部分不能超过每户欠款总额的 20%。④责成工信局立即考虑酒精厂重组、转让等事宜，尽量盘活酒精厂厂房、机器等资产。①

应该说，A 县处理该危机事件的决策是明智的，以"组合拳"强力介入处理，避免了上级问责，也体现了县领导政治上的成熟。"组合拳"策略也是比较有效的，截止到 2015 年 12 月底，解决欠款 714.32 万元，占总欠款数（最后核实数字为 1013.7 万元）的 70.5%，所有薯农欠款平均解决比

---

① 访谈记录：2015 年 12 月 20 日，HYL。资料来源主要依据与该县县委政法委书记韩某的访谈，部分参考县委常委会会议记录，在县委常委会会议记录上很多信息根本看不到。

例为73%，政府垫付比例始终控制在20%以内。至此，这件事基本解决，群体性事件的根源已经基本化解。需要说明的是，虽然对该问题的处理卓有成效，但A县在群体性事件决策、处理上并没有根本走出"小闹小解决，大闹大解决"的思维、行为模式，这种思维、行为模式短期合理性、局部合理性很强，但很多时候并不利于促进长远、整体的"政府—社会"良性互动循环。

二、县域治理决策的基本特征

县域治理决策反映了县域治理的特殊性，具有综合性、执行性、交织性、权力支配性四个特征。

（一）综合性

县域治理决策范围广，涉及改革、发展、稳定、人事调配、资源分配、项目安排、综合执法，政治、经济、教育、卫生、社保，政治学习、危机处理等方方面面。县在国家治理体系中的总体定位决定了县域治理决策的综合性特征。县是我国国家治理体系最完整的基层端，乡镇虽然具有一级政府的法理地位，但并不具备完整的治理权限和全面的治理功能，除少数发达地区少数强镇升格扩权外，绝大多数地区的乡镇越来越趋向于县级政府的派出机构；而县级政府，除了立法、外交、军事等特殊领域之外，权力、职责、机构设置、治理功能几乎是中央政府的缩微版。"无论是从历史上还是从当代政治现实看，县级政府都是行政区划的关键一环。低于县的层级（即目前的乡镇一级）并不具备全面的治理功能；而高于县的层级（包括地市一级和省一级）则距离民众较远，管理幅度更大，治理功能基本上是依靠县级政府实施。因此，县级政府是中国政治权力架构的基本单位。"[①]

（二）执行性

县是国家宏观政策执行得最完整的基层端，也是"压力型体制"和政绩考核最完整的基层端。县域治理决策最主要的内容是如何有效执行上级

---

① 马宝成.中国地方政府决策模式探析：以HT县为例［J］.国家行政学院学报，2009（6）：58.

决策，执行性是其最基本的特征之一。"从我国政权体系内部的运转来看，基本上是权力逐级上收、矛盾逐层下递、压力逐层加大，省和市这两个中间层级在一定程度上既不最终承受压力也不直接面对矛盾，于是矛盾与压力都集中交织在县这一级，县级党政的工作能力直接关系到政策精神能否贯彻落实，其作用自然不容低估。"① 政策执行过程，是一个政策目标细化、具体化的过程，也是一个政策变异"为我所用"的过程。如何能够在政策精神与县域实际之间创造性结合，主要取决于县域治理决策层的责任心和决策能力。执行性特征决定了县域治理决策要直面资源分配、问题解决、矛盾处理，提出具体的方案、措施、办法，付诸实施并承担相应的责任、后果和压力，而不是通过"压力型体制"和政绩考核机制再传递给下一级政府。比较而言，省、市政府并不直接执行政策，而是将政策再转化之后通过"压力型体制"传递给县级政府；而下一级的乡镇政府既无足够的权限也缺乏足够的资源调度能力制定综合性政策、独立执行政策，在大多数时候只是构成县级政策执行的一个支撑节点。

（三）交织性

县域治理决策是自上而下的"政策流"与自下而上的"问题流"的交织。县处于城市与乡村、国家与社会、政府与民众的"交接点"，是政策执行的末梢，处于具体事务处理的一线，而省、市政府则更多履行政策"上传下达"的功能。县级决策议题主要有两个来源：一个是自上而下地承接省、市逐级传递的国家宏观政策输入；另一个是自下而上地收集、汇总村镇、社区、街道反映的民意、问题、矛盾。自上而下的"政策流"与自下而上的"问题流"在县级政治层面集中交汇、融合、冲突，县域治理决策的主要功能就是将其有机整合，实现政策再转化、问题政策化。

（四）权力支配性

权力支配性是指县域治理决策过程中，权力具有决定性作用，可以从组织和个体两个方面来理解。从组织角度来分析，县域治理的权力结构是同心圆结构，县委常委会是同心圆的中心，县政府、县人大、县政协、县纪委、县检察院、县法院、县武装部位于同心圆的边缘；县域治理中所有

---

① 贺东航，孔繁斌. 公共政策执行的中国经验 [J]. 中国社会科学，2011 (5)：70.

重大问题的决策基本都由县委常委会来决定，县政府、县人大、县政协、县纪委、县检察院、县法院、县武装部等机构参与县委常委会决策，但主要是执行县委常委会的决策。这就是樊红敏（2008）所说的"政党卡理斯玛支配形态"。① 从个体角度来说，县委书记又处于县委常委会的权力中心，虽然在县委常委会集体表决时县委书记只有1票，但他可以有两种渠道将其影响力最大化：第一，通过书记办公会来施加影响力，书记办公会不是决策机构，但是负责酝酿、筛选议题，决定一个议题能否进入县委常委会议事程序，也会在常委会召开之前县委书记、副书记之间沟通意见，就某些议题达成一致；第二，因为县委书记掌握人事权，在县域治理中处于权力"金字塔"的最顶端，他如果就某一个议题与县委常委沟通并暗示或明示其意图，基本没有一个常委敢于在常委会表决时违背其意图。在很多情况下，县域治理决策的权力支配性直接体现为领导者>组织>制度。

三、本章小结

县域治理决策并不像很多学者认为的那样简单，而是复杂多样的，议题类别、价值偏好、利益结构、问题情境的不同都会左右决策过程，甚至造成决策的根本性差异。县域治理决策的"黑箱性"使对其的研究更加困难，因为难以获得真实的资料；如果没有参加过县委常委会的讨论，即使在县里工作多年的公务员也对其决策过程不甚了了。

本章依据经验性观察，根据议题类别的差异概括了县域治理决策主要模式，并总结了综合性、执行性、交织性、权力支配性四个基本特征，对县域治理决策做了一个初步的轮廓性描述。

对县域治理决策的进一步研究需要深入县域治理决策过程中主要行动者之间的互动机制，正式的科层制结构与非正式的权力网络之间的互动，个体、组织、制度之间的互动，以及领导者、领导情境、治理结构之间的互动。这需要获得更多可靠的资料，也需要更多的理论思辨和梳理工作。

---

① 樊红敏. 县域政治运作形态学分析：河南省H市日常权力实践观察［J］. 东南学术，2008（1）.

第Ⅲ部分

治理现代化背景下的县级政策转换：
对县域部分功能性政策执行的考察

第十一章 县级政府如何转换性执行上级政策？
——以维稳政策的县级执行为例

对于中国这样一个国情复杂、规模超大的转型社会而言，政治社会的稳定具有特别的重要性。在政策导向上，自20世纪90年代初期提出"稳定压倒一切"的口号以来，历届政府均高度重视维稳工作；连续近30年，政治高度稳定，但社会矛盾较为突出；维稳政策在基层的实施过程中出现诸多问题，甚至出现了"越维越不稳"的"维稳怪圈"。[①] 本章试图描述和分析中央维稳政策在县域实施过程中的变化，内容主要集中于三个方面：第一，描述和分析现阶段中国的维稳政策体系，包括其指导思想、维稳体系、政策功能及隐含的逻辑；第二，描述和分析县级维稳工作面临的压力情境、价值关怀及集体理性选择；第三，描述和分析县级维稳政策的转换与具体化。

一、现阶段的维稳政策体系

20世纪90年代初期以来，稳定被提升到"压倒一切"的政策地位，此后，经由历届政府的连续性的完善发展，现阶段的维稳政策体系已经高度成熟。此处选择2012年以来的横截面来描述和分析中国现阶段的维稳政策体系。

（一）指导思想

（1）维护社会大局稳定是维稳工作的首要任务。这里分三个层面：第一，稳定、改革、发展三项主要工作，稳定始终排在第一位、维护政治——

---

① 清华大学社会学系社会发展研究课题组. 以利益表达制度化实现长治久安 [J]. 领导者, 2010 (33).

社会安定是党和国家的一项基础性工作，而政治稳定尤其重要；第二，维稳意味着"有效防范、管理、处理国家安全风险，有力应对、处置、化解社会安定挑战"①；第三，维稳的目的是为改革和发展营造良好环境，换言之，稳定是基础性工作，稳定的目的是更好地改革和发展，而不是相反。

（2）社会公平正义、人民福祉是维稳工作的核心。习近平指出，"促进社会公平正义是政法工作的核心价值追求"，"保障人民安居乐业是政法工作的根本目标"②。习近平同志的这两句话直接明确了维稳工作的核心价值追求和核心目标，是所有维稳政策设计和执行、维稳体系建构和运行、维稳工具选择和运用的根本标准。

（3）源头化解与末端处置并重。所谓"源头化解"，主要是指做好利益协调、矛盾化解工作，"增强发展的全面性、协调性、可持续性，加强保障和改善民生工作，从源头上预防和减少社会矛盾的产生"，"做好预防化解社会矛盾工作，从制度、机制、政策、工作上积极推动社会矛盾预防化解工作"③。所谓"末端处置"，就是指当矛盾爆发时，能够及时、有效地控制矛盾恶化和可能产生的连锁反应，并能够有效解决矛盾。

（4）维稳与维权并重。"要把群众合理合法的利益诉求解决好，完善对维护群众切身利益具有重大作用的制度，强化法律在化解矛盾中的权威地位，使群众由衷感到权益受到了公平对待、利益得到了有效维护。"④只有把人民群众的合法权益维护好，使群众由衷感到自己受到公平对待、自己的权益得到有力保障，社会大局稳定才有根本依托和坚实支撑。

（5）秩序与活力并重。"习近平同志强调，要处理好活力和有序的关系，社会发展需要充满活力，但这种活力又必须是有序活动的，死水一潭不行，暗流涌动也不行。"⑤

（6）过程与结果并重。即在维稳工作中要坚持法律标准：一方面，"各级党组织和领导干部要支持政法系统各单位依照宪法法律独立负责、协调一致开展工作。党委政法委要明确职能定位，善于运用法治思维和法治方

---

①③ 习近平．切实维护国家安全和社会安定　为实现奋斗目标营造良好社会环境［N］．人民日报，2014-04-27（01）．

②④ 习近平出席中央政法工作会议并发表重要讲话［N］．人民日报，2014-01-09（01）．

⑤ 马玉生．打好新形势下维稳主动仗（深入学习贯彻习近平同志系列重要讲话精神）——深入学习习近平同志关于维护社会大局稳定的重要论述［N］．人民日报，2017-01-13（07）．

式领导政法工作,在推进国家治理体系和治理能力现代化中发挥重要作用。"① 另一方面,"要全面推进依法治国,更好地维护人民群众合法权益。对各类社会矛盾,要引导群众通过法律程序、运用法律手段解决,推动形成办事依法、遇事找法、解决问题用法、化解矛盾靠法的良好环境。"②

以上主要是根据习近平同志关于维护社会大局稳定和政法工作的重要论述,总结提炼出的中央在维稳政策方面的指导思想。可以发现,中央在维稳政策方面的指导思想是较为系统、全面的。

(二) 维稳体系

维稳体系是落实维稳指导思想、实施维稳政策组织的制度和力量依托,本节就从组织体系、制度建设、人力保障、运行成本几个方面描述中国现阶段的维稳体系构成。

1. 组织体系

在维稳工作方面,政法委及其下辖的公安、法院、检察院、司法行政部门(含狱政部门)、国家安全部门(市以上)一直是较为稳定的领导力量和骨干组织力量;在一段时期,中央社会治安综合治理委员会、中央维护稳定工作领导小组、中央防范和处理邪教问题领导小组针对特定的需要而创设,但其更多是议事协调机构,具体组织实施仍然依靠政法委及其下辖的公检法司机构(见表11-1)。

2. 制度建设

与组织设置紧密伴随的是相关的制度建设。相关维稳体系的制度建设庞杂而多变,此处仅集中于与县级维稳政策转换紧密相关的维稳机构建设、维稳工作领导责任制、维稳考核制度、维稳奖惩制度四个方面的制度建设。

(1) 维稳机构建设。在维稳机构建设方面,比较突出的制度建设体现在以下两个方面:第一,强化政法委作为各级政府维稳统筹协调机构的功能和力量。1980年1月24日,党中央发出《关于成立中央政法委员会的通知》,设立中央政法委员会。1982年,党中央发布《中共中央关于加强政法工作的指示》,将政法委规定为党委的一个工作部门,主要负责联系、指导

---

① 习近平出席中央政法工作会议并发表重要讲话 [N]. 人民日报, 2014-01-09 (01).
② 习近平. 切实维护国家安全和社会安定 为实现奋斗目标营造良好社会环境 [N]. 人民日报, 2014-04-27 (01).

表 11-1 中国主要维稳机构：职能与关系

组织机构	组织沿革	机构性质	职能	成员单位	纵向延伸
中央政法委	1980年1月成立中央政法委员会；1982年省地县设立政法委及办事机构；1988年撤销中央政法委并成立中央政法领导小组，不过大多数省级以下政法委并未撤销；1990年中央恢复中央政法委员会，1994年明确定性为"党中央领导工作的职能部门"；2018年3月，合并综治委、维稳办、610办公室相应职责	1994年以前，政法委员会是党委的一个工作部门，其主要工作定位于"当好党委的参谋助手，对政法工作进行指导协调"，但下设办事机构。1994年后明确定位为"党中央领导政法工作的职能部门"	统一全国政法机关的思想和行动；协助党中央研究制定政法工作的方针、政策，对政法工作做出全局性部署，并督促贯彻落实；组织协调指导维护社会稳定的工作；支持政法行政部门依照法律行使职权；组织推动社会治安综合治理工作；协助党中央和中共中央组织部考察、管理中央和地方政法机关的有关领导干部；指导地方政法委的工作；完成中央交办的其他任务；等等	公安局，检察院，法院，司法行政部门，国家安全部门（市以上），军队有关部门（省级以上）	中央、省、市、县、乡镇及以下不设政法委，相应职责由分管领导承担
中央社会治安综合治理委员会	1991年3月21日成立；2011年9月16日更名为中央社会管理综合治理委员会；2014年复名为中央社会治安综合治理委员会；2018年3月，中央社会治安综合治理委员会及其办公室不再设立，有关职责交由中央政法委员会承担	协助党中央、国务院领导全国社会治安综合治理的常设议事机构，与中央政法委合署办公	研究社会治安综合治理的方针政策和需要采取的重大措施，提出建议；掌握各地、各部门社会治安综合治理工作进展情况，及时向委员会反映；开展调查研究，推动各地区、各部门落实综合治理的各项措施；总结交流典型经验，鼓励先进，推动后进；办理中央综合治理委员会交办的其他事项	不仅有政法部门负责人，还包括其他部分行政部门负责人，同级人大、政协的副职，群众团体的负责人，重点企业的负责人	中央、省、市、县、乡镇、村各级均相应地设置对应的综治机构（组织）

第十一章　县级政府如何转换性执行上级政策？

续表

组织机构	组织沿革	机构性质	职能	成员单位	纵向延伸
中央维护稳定工作领导小组	2003年8月成立，2018年3月撤销	议事协调机构，具体工作由中央政法委负责，与610办公室合署办公	综合分析研判研判情报信息；排查调处社会矛盾；调查研究；协调督办	中央政法委、中央综治委、公安部、中宣部、广电总局	下设到县、乡镇及以下不设政法委，相应职责由分管领导、综治委承担
中央防范和处理邪教问题领导小组	1999年7月成立，2018年3月取消，职责被政法委合并	党委领导下的反邪教机构，与政法委员会合署办公	协调指导各相关部门做好反邪教工作	不详	下设到县、乡镇及以下不设政法委，相应职责由分管领导、综治委承担

治理现代化背景下的县级政府政策转换

政法各部门的工作；省、地、县各级党委政法委依照中央模式，建立了相应的领导班子和办事机构；下属办事机构的设立也意味着政法委是一个常规性的机构；这一时期的政法委只是党委的工作机构，还不是党委的职能部门，其主要工作定位于"当好党委的参谋助手，对政法工作进行指导协调"。1988年，国家进行机构改革，实行党政分开；同年5月19日，决定撤销中央政法委员会，成立中央政法领导小组，不过大多数省级以下政法委并未随之撤销。很快，因为时局的变化和社会稳定大局的需要，1990年3月，中共中央又决定恢复设立中央政法委员会。1991年4月，中共中央发出《关于维护社会稳定加强政法工作的通知》（以下简称《通知》），指出"维护稳定是全党和全国人民压倒一切的政治任务，加强政法工作，对于保证社会稳定具有重要作用"。《通知》宣布恢复中央政法委，适当调整其职责任务；各地党委政法领导机构的名称统一为政法委，并加强建设。1994年3月12日，中共中央办公厅印发《中共中央政法委员会机关职能配置、内设机构和人员编制方案》的通知（中办〔1994〕9号）明确规定："中央政法委员会是党中央领导政法工作的职能部门，中央社会治安综合治理委员会是协助党中央、国务院领导全国社会治安综合治理工作的常设议事机构。"1995年6月7日，中共中央办公厅转发《中共中央政法委关于加强各级党委政法委员会工作的通知》的通知（中办〔1995〕28号）进一步指出："各级党委政法委员会是党领导政法工作的职能部门，担负着十分重要的职责，任务日益繁重，必须从各方面加强工作，充分发挥其职能作用。"1999年4月15日的《中共中央关于进一步加强政法干部队伍建设的决定》（中发〔1999〕6号）强调指出："政法委员会是各级党委领导、管理政法工作的职能部门，在加强政法干部队伍建设方面负有重要责任。"2018年3月，中共中央印发了《深化党和国家机构改革方案》，将中央社会治安综合治理委员会及其办公室有关职责交由中央政法委员会承担；决定不再设立中央维护稳定工作领导小组及其办公室，有关职责交由中央政法委员会承担；将中央防范和处理邪教问题领导小组及其办公室职责划归中央政法委员会、公安部；进一步强化了政法委作为维稳工作核心统筹协调机构的功能定位。需要注意的是，中央社会治安综合治理委员会、中央维护稳定工作领导小组虽然在其组织规格上高于中央政法委，但是与政法委合署办公，而且实际工作开展主要依靠政法委，所以其横向成员单位的扩展、纵向层级机构的延伸很大程度上有利于政法委权力在横向覆盖面的扩张和纵向权

第十一章 县级政府如何转换性执行上级政策？

力链条的延伸；中央防范和处理邪教问题领导小组更有助于中央政法委在特定问题治理领域借助于中央的政治权威动员和组织不同部门、不同领域的力量。第二，20世纪90年代初期以来，在政法委下辖各机构中，公安机构的地位和力量的扩张非常显著。首先，公安机构的地位提升显著。在中央层次，国务委员兼任公安部长已成常规；在省、市、县层次，公安厅（局）长兼领政府同级政府副职已成常规；公安厅（局）长进入同级党委常委甚至政法委书记直接兼任公安厅（局）长亦屡见不鲜。其次，公安机构力量的扩张也非常显著。1986年中国在编的公安民警数量是60万，2017年在编的公安民警数量约为220万；作为专门队伍的武警、特警、网警、辅警扩张迅速，而且对整体性社会大局稳定发挥着不可或缺的作用。

（2）领导责任制。1993年11月，中央综治委、中央纪检委、中央组织部、人事部和监察部（通称"五部委"）联合下发《关于实行社会治安综合治理领导责任制的若干规定》，要求各级党委、政府都要建立社会治安综合治理领导责任制。2016年2月，中共中央办公厅、国务院办公厅印发《健全落实社会治安综合治理领导责任制规定》，其中明确："各地党政主要负责同志是社会治安综合治理的第一责任人，社会治安综合治理的分管负责同志是直接责任人，领导班子其他成员承担分管工作范围内社会治安综合治理的责任。"

（3）考核制度。1993年11月，中央综治委、中央纪检委、中央组织部、人事部和监察部联合下发《关于实行社会治安综合治理领导责任制的若干规定》，各级党委、政府在研究决定各地区、各部门党政领导干部的任免、奖惩问题时，要把干部本人抓综治工作的能力和实绩作为一个重要条件。各级组织、人事部门在考察党政主要领导干部和分管治安工作的干部政绩，办理他们的晋职晋级工作时，要征求本地综治委的意见。2016年2月，中共中央办公厅、国务院办公厅印发《健全落实社会治安综合治理领导责任制规定》，其中明确规定：各地区各部门各单位应当建立完善社会治安综合治理目标管理责任制，把社会治安综合治理各项任务分解为若干具体目标，制定易于执行检查的措施，建立严格的督促检查制度、定量考核制度、评价奖惩制度，自上而下层层签订社会治安综合治理责任书；各级党委常委会应当将执行社会治安综合治理领导责任制的情况作为向同级党的委员会全体会议报告工作的一项重要内容；各级党政领导班子和有关领导干部应当将履行社会治安综合治理责任情况作为年度述职报告的重要内容；各级党委和政府应当将社会治安综合治理纳入工作督促检查范围，适时组织开展专项督促检查；各级党委和政府应当建立健全社会治安综合治理考核评价制度机制，制定完善考核评价标准和指标体系，明确考核评价的内容、方法、程序。

（4）奖惩制度。1991年12月，中央综治委发布《关于实行一票否决权制的规定》，明确一票否决权由县级以上各级综治委行使，乡镇（街道）及各级部门所属的县级以下单位的综治领导机构有一票否决的建议权。被否决的单位取消获得综合性荣誉称号和奖励的资格；其主要领导、主管领导和治安责任人取消评先受奖、晋职晋级的资格。1993年11月，中央综治委、中央纪检委、中央组织部、人事部和监察部联合下发《关于实行社会治安综合治理领导责任制的若干规定》，各级党委、政府在研究决定各地区、各部门党政领导干部的任免、奖惩问题时，要把干部本人抓综治工作的能力和实绩作为一个重要条件。各级组织、人事部门在考察党政主要领导干部和分管治安工作的干部政绩，办理他们的晋职晋级工作时，要征求本地综治委的意见。各级纪检、监察机关对严重失职，导致治安秩序长期混乱或发生影响当地社会稳定的重大治安案件的地区、部门的党政领导干部，要根据其应承担的责任，给予党纪、政纪处分。2000年8月，中央"五部委"下发《关于对严重危害社会稳定重大问题的地方实施领导责任查究的通知》，决定由中央综治委向重大问题发生的省、自治区、直辖市综治委下达《重大问题领导责任查究责任书》，对负有责任的领导干部进行责任查究。2016年2月，中共中央办公厅、国务院办公厅印发《健全落实社会治安综合治理领导责任制规定》，其中明确规定：各级党委和政府应当强化社会治安综合治理考核评价结果运用，把社会治安综合治理工作实绩作为对领导班子和领导干部综合考核评价的重要内容，与业绩评定、职务晋升、奖励惩处等挂钩；各级组织人事部门在考察党政主要领导干部和社会治安综合治理分管领导干部实绩、进行提拔使用和晋职晋级时，应当了解和掌握相关领导干部抓社会治安综合治理工作的情况；对党政领导班子、领导干部进行责任督导和追究的方式包括通报、约谈、挂牌督办、实施一票否决权制、引咎辞职、责令辞职、免职等。因违纪违法应当承担责任的，给予党纪政纪处分；构成犯罪的，依法追究刑事责任。

3. 人力保障

中国维稳队伍的人数是不可能精确统计的数字，主要在于队伍庞杂、

第十一章 县级政府如何转换性执行上级政策？

边界不清、人员构成极其复杂。即使政府特定部门，例如国家信访局，每年都在统计专兼职信访干部数量，但是也很难获得准确数据。由于信息的不公开，学者的统计虽然追求客观、准确，但这实际是一个难以完成的任务。此处从两个方面来分析维稳队伍的人力保障。

（1）人员构成。中国维稳队伍的人员构成极其复杂，横向涉及部门较多且边界模糊，纵向层级变化也非常大，几乎在横向的每个部门、纵向的每个层级都存在专兼职、正式与非正式、在编与否的划分，进一步使其复杂化（见表11-2）。

表11-2 中国维稳队伍的人员构成

	政法委	公安	法院	检察院	司法	国安	信访	武警	政—企—事单位内
中央	专职干部	民警/特警/政工	法官/法警/政工	法官/法警/政工	专职干部/法警/政工	专职干部/警察/政工	专职干部	内卫/边防/交通/警卫等	保安
省	专职干部	民警/特警/政工	法官/法警/政工	法官/法警/政工	专职干部/法警/政工	专职干部/警察/政工	专职干部	内卫/边防/警卫等	保安
市	专职干部	民警/特警/政工/协警	法官/法警/政工	法官/法警/政工	专职干部/法警/政工	专职干部/警察/政工	专职干部	内卫/边防等	保安
县	专职干部	民警/特警/政工/协警	法官/法警/政工	法官/法警/政工	专职干部/法警/政工	无	专职干部	内卫/边防等	保安
乡镇	分管领导	民警/特警/协警	法官	法官	专职干部	无	专职干部	无	保安/联防队员
村	无	无	无	无	无	无	无	无	治安、调解、民兵

（2）数量估算。由于边界模糊，而且编制复杂，每个部门、每个层级都存在专兼职、正式与非正式、在编与否的划分，要准确估算中国维稳队伍的规模几乎是不可能的。下面仅仅是粗略的估算（见表11-3）。

表 11-3 中国维稳队伍的规模估算

	政法委（含综治办、维稳办、610）专职干部数	公安	法院	检察院	司法	国安	信访	武警	民间/企事业单位内
规模估算	按照乡镇5人，县级10人，地级30人，省级40人，中央50人估算。合计239005人	公务员编制警察（含特警）220万人；事业编制与合同制警察50万人，辅警200万人。合计大约470万人	2014年各级法院工作人员34万人，其中法官19.6万人，法警5万人，其他工作人员9.4万人	2011年各级检察院工作人员约为60万人，检察官约为34.7万人	狱警45万人，专职干部300055人。合计约75万人	5万人	专职约35万人；兼职数量不详	内卫约60万人	公安部门统一管理的保安400万人；企事业单位自聘保安80万人；村内兼职综治/调解/治安人员约200万人
合计	专职人员大于1249万人；兼职人员大于200万人								

估算依据说明：①根据2016年6月中国行政区划网数据，中国大陆共32个省级行政区划单位、334个地级行政区划单位、2851个县级行政区划单位、39829个乡级行政区划单位、671729个村级单位。②政法委（综治委、维稳办、610）专职干部数按照乡镇5人、县级10人、地级30人、省级40人、中央50人估算。③国安、狱警、保安、警察人数估算数据来源于 https：//www.zhihu.com/question/20330251/answer/176230566，2018-08-02。④法院工作人员估算数据来源于林娜. 案多人少：法官的时间去哪儿了？[N]. 人民法院报，2014-03-16（2）。⑤检察院工作人员估算数据来源于《中国检察官工作状况调查-2011年》，全国目前在职检察官为34.7万人，比照法院法官与法警和其他工作人员比例，粗略估算2011年各级检察院工作人员约为60万人。⑥司法行政系统专职干部数估算按照乡镇5人、县级30人、地级40人、省级60人、中央100人估算，合计300055人。

需要注意的是，维稳队伍的组织体系和人力资源配置具有明显的"核心—圈层"结构特征。政法委（综治委、维稳办）及公检法司、武警处于核心圈层，是维稳队伍的核心力量，属于维稳队伍的常备军；信访、村治

第十一章 县级政府如何转换性执行上级政策？

安调解、保安、城管等处于中间圈层，无论专职还是兼职，这些工作岗位都与维稳工作紧密相关，是维稳工作随时可以调度的专兼职力量；外层所有在编公务员和政府直接管理事业单位在编人员，不论本职工作岗位是否相关，理论上，如有重大需要，都可以纳入维稳总体动员，为阶段性的重大维稳工作服务。在估算维稳队伍的规模时，外层组织和力量因为不具有常规性，并没有计算在内。

4. 运行成本

所谓公共安全支出，是指政府维护社会公共安全方面的支出，包括武装警察、公安、国家安全、检察、法院、司法行政、监狱、劳教、国家保密、缉私警察等人员工资待遇及机关行政事务经费。需要说明的是，公共安全支出的统计口径要窄于维稳支出，公共安全支出并不包括如下维稳支出：隶属于党口的各级政法委、综治委、维稳办、610办公室等党委隶属机构的人员工资待遇及机关行政事务经费；各级信访部门人员工资待遇及机关行政事务经费；企事业单位内部保安人员的工资待遇及行政事务经费；村级治安人员补贴。所以实际的年度维稳支出要大于公共安全支出的数额（见表11-4）。

表11-4　2007~2017年维稳成本　　　　　单位：亿元，%

年份	年度GDP	国家财政支出	公共安全支出	国防支出	公共安全支出与国防支出比例	公共安全支出占国家财政支出比重
2007	270232.3	49781.35	3486.16	3554.91	0.98:1	7.00
2008	319515.5	62592.66	4059.76	4178.76	0.97:1	6.49
2009	349081.4	76299.93	4744.09	4951.10	0.96:1	6.22
2010	413030.3	89874.16	5517.70	5333.37	1.03:1	6.14
2011	489300.6	109247.79	6304.27	6027.91	1.05:1	5.77
2012	540367.4	125952.97	7111.60	6691.92	1.06:1	5.65
2013	595244.4	140212.10	7786.78	7410.62	1.05:1	5.55
2014	643974.0	151785.56	8357.23	8289.50	1.01:1	5.51
2015	689052.1	175877.77	9379.96	9087.84	1.03:1	5.33
2016	743585.5	187755.21	11031.98	9765.80	1.13:1	5.88
2017	827121.7	203330.0	12461.27	10432.37	1.19:1	6.13

资料来源：2007~2016年数据源自中国国家统计局，http://data.stats.gov.cn/easyquery.htm?cn=C01，2018-07-31；2017年数据源自财政部《2017年全国一般公共预算支出决算表》，http://yss.mof.gov.cn/qgczjs/201807/t20180712_2959592.html。

(三) 政策功能

维稳政策体系的建构应该具备利益协调、矛盾化解、秩序维护三个层次的基本政治功能。制度化的利益表达和协调是社会大局稳定的基础；矛盾的体系化调处和化解是社会稳定的枢纽环节；维护正常社会秩序，遏制和打击危及社会稳定的力量，是社会稳定的最后一道防火墙。

(1) 制度化的利益表达和协调。不同阶级、阶层、利益群体之间的利益冲突是对宏观政治社会稳定最大的潜在威胁，制度化的利益表达和协调是社会大局稳定的基础性机制，能够通过常规性的制度—组织设置传递、汇集、凝聚、整合不同阶级、阶层、利益群体的利益，最大限度地把不同阶级、阶层、利益群体之间的利益博弈纳入制度化的轨道，保持常规、有序、理性、和平的利益博弈。现阶段，中国各级人民代表大会、人民政协及行业协会、人民团体等组织同时具有两种功能：制度化利益表达和协调的功能；以执政党为核心的政治—社会动员的功能。应该说，绝大多数情形下，政治—社会动员功能的履行要好于制度化利益表达和协调功能。换言之，迄今为止，不同阶级、阶层、利益群体利益的制度化表达和协调不足仍然是不利于宏观政治—社会稳定的一个根本性因素。

(2) 矛盾的体系化调处和化解。在每个社会，不同性质的组织之间、组织与公民之间、公民个体之间发生矛盾和纠纷是很正常的；在中国转型过程中，尤其是公民与政府机构之间、公民与企业之间、企业与政府之间的冲突和纠纷较为频繁，关键是建立常态化的矛盾调处和化解体系，按照法律法规来调处不同性质的矛盾和纠纷。现阶段，以法院、公安、检察院、司法（行政）、信访、仲裁、人民调解等组织为主要载体的矛盾调处—化解体系在组织设置上较为健全，但是在功能履行上存在诸多问题，效果不尽如人意。部分对于民众而言最重要的矛盾和问题被过滤处理，例如，广西高等法院在2003年发文，明确指出暂不受理集资纠纷、土地纠纷、职工下岗纠纷等13类"涉及面广、敏感性强、社会关注"的案件。① 部分情况甚至走向反面，矛盾不仅没有被较好地化解，反而经过体系化处理后有所加剧；公共权力机构不仅没有调处矛盾纠纷的权威，反而成为矛盾冲突的一

---

① 广西法院不受理13类案件 涉嫌规避风险转嫁危机 [N]. 新京报，2004-08-12.

第十一章 县级政府如何转换性执行上级政策？

方,典型如2008年7月的云南孟连事件。①

(3) 末端秩序维护功能。末端秩序维护功能主要指以公安、特警、武警为主体的强制机构能否有效防范社会动荡、群体冲突、群体性事件、恐怖袭击、普通暴力事件、刑民事犯罪等危及政治—社会稳定、公共秩序与公共安全的事件发生;当事件发生时,能否有效防止事态恶化,控制形势,恢复正常秩序。应该说,近十多年以来,受群体性事件多发、爆恐事件增加的影响,国家高度重视强制体系组织、人员、技术的建设,强制力量体系的规模和能力有了质的飞跃;当然,伴随的成本也较为高昂,安检、摄像头在地铁、车站等公共场所普及化的背后蕴含着巨大的维稳成本。

(四) 现阶段宏观维稳政策体系隐含的逻辑和问题

考察现阶段的维稳政策,会发现如下隐含的逻辑和问题:第一,以党的领导为核心的政治稳定是绝对优先的政策目标,在处理很多经济、社会、文化问题时亦优先考虑政治稳定问题;第二,源头基础性的制度化利益表达和协调体系的政策功能发挥不够理想,中间矛盾—纠纷调处和转化体系的政策功能发挥也不够理想,源头和中间未能有效协调和解决的矛盾积累加速冲击末端秩序维护体系,末端秩序维护体系虽然经受了严峻的考验,但成本高昂;第三,在维稳主体构成上,更多依靠政府及政府间接控制机构(如归属公安管理的保安)的力量,社会自身的自我平衡力量、自身净化能力、自身纠纷调处机制较弱;第四,在很多情形下,公共权力机构不是处于利益冲突的居中协调、仲裁者的位置,而是处于冲突一方的位置;第五,未明确区分国家安全、局部动荡、公共安全、日常反抗、普通刑—民事纠纷等不同层次并在政策上区别处理;第六,成本高昂,规模扩张带来的边际收益递减趋势明显。

二、县级维稳工作:考核压力、价值关怀与集体理性

上级政府对县级维稳工作的考核、县级官员群体的价值关怀、县级官员群体的集体理性选择是影响县级维稳政策转换的三项核心变量。

---

① 应星. 大河移民上访的故事:从"讨个说法"到"摆平理顺"[M]. 上海:三联书店,2001.

（一）考核压力：上级政府对县级维稳工作的考核

市对县级的维稳工作考核纳入市对县级工作的综合性年度考核，且属于综合性年度工作考核中的"硬底线"部分，其重要性不言而喻。一般而言，每年年初，市级政府会制定综合性的"综治信访维稳暨平安创建工作考核方案"作为指导全市年度维稳工作的纲领性文件，其中会根据省级政府的考核要求并结合本市实际提出年度维稳工作目标任务，并分解到市级各部门及下辖各县区市；根据综合性方案制定相应的"考核细则"或"考核方案"，明确考核领域、考核指标、考核方式和奖惩措施；与市级各部门及下辖各县区市签订"目标管理责任书"，确定任务归属、责任划分、奖惩措施。以A市的维稳工作考核方案为例说明。

1. 考核办法

（1）考核对象：各县区；各县区县委书记、县长、县委县政府分管副职领导。

（2）考核内容：信访维稳工作（20分）；社会矛盾纠纷隐患排查工作（20分）；矛盾纠纷受理调处工作（30分）；重大突发事件应急处置工作（20分）；平安建设工作（5分）；维稳机构日常工作（5分）。

（3）考核评分方式：对县（区）综治信访维稳工作实行年终检查考核；考核采用百分制进行计分，基本分为100分，实行扣分制。年度考核结果分三个等次：90分以上（含90分）的为优秀县（区）；80分以上（含80分）的为达标县（区）；80分以下的为不达标县（区）。

（4）量化考核指标。基本上所有考核内容都会具体到量化的考核指标。以信访维稳工作为例，总分20分，但发生一起80人以上到市集体上访扣5分，发生一起50人以上到省集体上访扣10分，发生一起10人以上到京集体上访扣20分；对县级维稳机构日常工作的考核则具体到组织机构建设、会议记录、经费保障、人员保障、工作记录等"有据可查"的痕迹文件。

（5）奖惩措施。奖惩措施分为两部分：对县（区）的奖惩和对领导干部的奖惩。县（区）集体奖罚标准：年度综治信访维稳综合考核得分90分以上的优秀县（区）给予10万元奖励，80分以上的达标村给予6万元奖励，对考核不达标的县（区）给予综治信访维稳工作"一票否决"，取消年终评优评先资格。县（区）领导干部奖罚标准：①年度综治信访维稳工作考核优秀的县（区），奖励县（区）党委、政府"一把手"、分管副职领导

第十一章 县级政府如何转换性执行上级政策？

各 2 万元，部门负责人 1 万元；②对年度综治信访维稳工作综合考核成绩不达标的县（区），县（区）党委政府负责人、分管副职领导年终不得评为优秀等次，并对县（区）党委政府负责人、分管副职领导诫勉谈话，通报批评；③县（区）发生 80 人以上到市集体上访、50 人以上到省集体上访、10 人以上到京集体上访的，对县（区）党委政府负责人、分管副职领导诫勉谈话，取消该县（区）年终评优评先资格；④县（区）因排查不及时或不受理调处矛盾纠纷，导致矛盾激化，造成群体性事件的，对县（区）党委政府负责人、分管副职领导诫勉谈话；⑤群体性事件发生后，涉及领导干部必须第一时间到现场参与处置，对不到现场参与处置的领导干部给予通报批评，视情节严重，追究党纪、政纪处分。

2. 完成考核任务、指标的压力

要完成每年年初与市级政府签订的维稳目标管理责任书所包括的各项考核任务、指标，绝大多数县级政府面临非常大的情境压力。

（1）县处于国家与社会的交织面上，触点多，燃点低，矛盾多发，且无处可推。徐勇（2009）认为，县政承上启下，是国家上层与地方基层、中央领导与地方治理、权力运作与权力监控的"接点"部位；县城是城市与乡村、传统与现代、中心与边缘地带的"接点"部位，比较容易发生群体性事件。① 进一步而言，现阶段，由于人事、财务、执法等各项权力的上收，乡镇作为一级政府，职权、职能"悬浮化"，越来越实质性地成为县级政府的派出机构，县域内部发生的稍有影响的事件、矛盾基本都得到县级政府及其职能部门直接处理，乡镇政府主要起配合作用。换言之，县域不仅矛盾多发，而且无处可推，矛盾基本都由县级政府及其职能部门直接处理。

（2）中国社会处于新旧交替、矛盾多发且解决难度较大的转型过渡时期。转型社会，新旧交替，矛盾错综复杂，很多综合性问题的解决难度很大、所需时间长，更需要多部门多层次多主体的合作，超出了县级政府能够左右的范围，如 20 世纪 90 年代的农民负担问题，现在的征地拆迁、环境污染问题。也有些问题属于历史遗留问题，现阶段解决起来难度很大，如国有企业破产及其伴随的原国企职工的社保、工资问题，历史遗留的地权、

---

① 徐勇． "接点政治"：农村群体性事件的县域分析——一个分析框架及以若干个案为例［J］．华中师范大学学报（人文社会科学版），2009（6）：2-7．

林权划分不清，集体资产分割问题，等等。这些问题，县级政府即使下定决心，也很难在短时期内予以彻底解决；另外，这些问题最容易滋生群体性事件，危及年度考核任务、指标的完成。

（3）县域政治生态的复杂性。征地拆迁、严重环境污染事件背后往往具有复杂的官商关系，处于事件中心的官员、企业或者在当地根深蒂固，大大加剧了问题的解决难度。处于一线的维稳官员大多数时候并非不了解情况，而是太了解情况，即使不同流合污，也不敢轻易触碰既得利益，毕竟对他们而言，生存和职位安全是最优先的考虑。

（4）民众"不闹不解决，小闹小解决，大闹大解决"的思维和行为惯性。在经年累月的政府—民众互动和学习中，很多民众形成了根深蒂固的"不闹不解决，小闹小解决，大闹大解决"的思维和行为惯性。"闹"已经从原初解决问题不得已而为之的手段选择，变成极少数民众"求利"的手段，谢正富（2013）描述的"天价赔偿案的案例""姐妹俩上访案例"[①] 就是典型。"闹"无论是作为解决问题的手段选择还是作为"逐利"的手段选择，竟然能够屡屡成功，很典型地说明了县级政府维稳逻辑的扭曲。解决问题靠"闹"，这在客观上进一步加大了县级政府完成维稳考核指标的难度；不过，这也是历年来各届、各级政府合力种下的一颗苦果；恶性循环一旦形成，就超出了县级政府能够解决的能力范围，县级政府的一线维稳工作者即使再深谋远虑，也只能是在有限的选择空间里权衡利弊、最大限度地平衡各方利益。

3. 考核办法隐含的逻辑

（1）以事件、矛盾为核心的考核机制。认真分析以上考核办法就会发现，该考核机制完全是围绕"事件"展开的。考核内容的前四项，即信访维稳（20分）、社会矛盾纠纷隐患排查工作（20分）、矛盾纠纷受理调处工作（30分）、重大突发事件应急处置工作（20分）占考核权重的90%。信访维稳工作的基本要求是"无矛盾纠纷上交，无非正常上访事件，无突发群体性事件"；社会矛盾纠纷隐患排查工作要求县（区）定期排查各类矛盾纠纷和各种社会安全隐患，确保不发生群体性事件和其他突发性事件及非正常上访的情况；矛盾纠纷受理调处工作要求及时处理发现的各种矛盾纠

---

① 谢正富. 不出事 VS. 出大事：基层治理行动逻辑研究 [D]. 华中师范大学博士学位论文，2013.

第十一章 县级政府如何转换性执行上级政策？

纷，避免扩大为群体性事件，要确保在县（区）范围内解决；重大突发事件应急处置工作要求，当重大群体性事件发生后，涉及县（区）领导干部要及时到场、维持秩序，防止矛盾激化并做好矛盾化解工作，力争把问题解决在初始阶段。

进一步而言，以事件、矛盾为核心的考核机制，其最主要的目标诉求是"无矛盾纠纷上交，无非正常上访事件，无突发群体性事件"；虽然涉及隐患排查、纠纷调处、重大突发事件处置中的领导干部责任问题，但这些是退而求其次的目标诉求。简言之，"不出事"是最理想的，出了事就要县（区）干部各负其责，保证在县区范围内解决。

（2）结果导向的考核，指导思想的全面性让位给完成具体指标的压力。每一项考核内容都细化为具体的考核指标和扣分项，并且落实到年底的奖惩及以后的晋升，奖罚对比鲜明，干得好，利己利人，干得不好，在"一票否决"制下，毫无关联的部门亦受牵连；这是一线维稳工作者最大的压力所在。以事件、矛盾为核心的考核机制重在结果，而不是过程。中央政府的维稳指导思想是比较全面、系统的，强调"社会公平正义是核心""维稳与维权并重""源头化解与末端处置并重""结果与过程并重""秩序与活力并重"，但经过维稳考核机制的转化，指导思想的全面性让位给完成具体考核指标的压力。对于工作县（区）维稳一线的干部而言，考核指标的压力是具体的、真实的，指导思想的压力是抽象的、遥远的。

（3）以"强化管控"为导向的考核。现阶段的维稳考核办法要求并严重依赖"强化管控"来达到"不出事"和"事不出县（区）"的目标诉求。为"强化管控"，流程上强调"隐患排查"和"就地处理"，把矛盾控制在萌芽状态；组织体系上建立健全县乡村三级维稳体系；保障上强调人员保障、经费保障充分到位。网格化管理更是依托现代信息技术，把传统的管控体系进一步精细化。[①]

（4）现阶段的维稳考核办法诱导并催生了一线维稳干部的机会主义倾向。以事件、矛盾为核心的考核机制重在结果，而不是过程，这默许了一线维稳干部维稳策略、手段选择的灵活性；在维稳实践中，稳策策略、维稳手段的灵活性进一步演变为无原则的绥靖和无原则的打压[②]。从效果来

[①] 周连根. 网格化管理：我国基层维稳的新探索 [J]. 中州学刊, 2013 (68): 3-85.
[②] 马闯. 基层政府维稳行为研究 [D]. 苏州大学博士学位论文, 2014.

看,无原则的绥靖和无原则的打压都是"饮鸩止渴"式维稳,在有效解决了眼前矛盾的同时,破坏了官民、政社良性互动的"基本规矩",造成了越维越不稳的"维稳怪圈"。

(二) 任期制与价值诉求

现阶段,虽然法定任期是5年,但实际上,县(区)党政主官的职位变动比较频繁,任期大多数为2~3年。任期的短暂使其行为选择具有短期理性的特征。在价值诉求上,县(区)党政主官要在上级要求、辖区利益和自身利益三者之间实现较好的平衡。① 具体到维稳工作,县(区)党政主官的价值诉求排序一般是:如何完成年度考核指标?如何维持辖区的稳定,包括形式上和实质性的稳定?如何从源头化解矛盾、协调利益?

(三) 县级官员群体的集体理性:权宜性治理

中央政府系统、完整的维稳指导思想和维稳政策,经由学习和考核两种渠道传递给县级政府官员群体。相比而言,学习和培训渠道有利于县级政府官员较为系统地掌握中央政府的维稳指导思想和中央政府维稳政策的精髓,尤其是中央直训县一级主要官员(县委书记、县长、公安局长、政法委书记、法院院长、检察院检察长)的举措使之力度空前;但是,上级政府对县级政府维稳工作的考核才是最直接、最具体、最严肃的传递机制,考核办法是塑造县级官员群体理性的主要变量。考核指标的量化增强了维稳工作考核的客观性和刚性,但是亦成为政策转换的"枢纽"。完全按照科层制的原则运行不可能完成维稳工作考核指标。

要避免大幅度扣分和"一票否决",可选路径非常有限:第一,老老实实避免扣分项的发生,例如到市、省、京的集体上访,但是处于国家与社会交织面上的县,对此往往难以自主;第二,造假或者"捂盖子","痕迹文件"可以造假,但事件,尤其是形成局部重大影响的事件难以造假,也难以"捂盖子";第三,不择手段的维稳攻关,包括对下的敏感时期"盯人""被旅游""用人民币解决人民内部矛盾",也包括对上的"信访销号"等运作。权宜性治理成为县级官员群体在维稳工作方面的集体理性选择。

---

① 李克军. 官话实说——对若干时政问题的议论与探索[M]. 哈尔滨:黑龙江人民出版社,2010.

第十一章　县级政府如何转换性执行上级政策？

权宜性治理包括：维稳成本投入上不惜一切代价；维稳管理政治化；维稳目标短期化；维稳责任自上而下层层递增；维稳思维非理性化。① 此外，其还体现出以下特点：维稳理念的异化，追求"绝对稳定""维稳是最大的政治""摆平就是本事"；维稳管控网络的膨胀，权宜性强控网络越来越密；维稳行动模式上的严防死守、强行政动员、运动式治理等。②

三、县级维稳政策的转换与具体化

经由考核环节的传递、过滤和诱导，中央政府的维稳政策在县一级发生了一系列变化，包括指导思想、组织体系、资源投入、考核内容、行动逻辑、行动策略等各方面。

（一）指导思想的变化

中央政府较为系统、完整的维稳政策指导思想让位给县级官员群体的集体理性共识；是这种集体理性共识，而不是中央政府的维稳政策指导思想，在具体地、真实地指导着县级维稳工作实践。

这种集体理性共识包括：第一，稳定理念的绝对化。所谓"稳定"，就是不出事、不出大事，最好是"零指标"，即上访率、群体性事件等量化考核指标的发生率为零。第二，维稳工作以完成上级考核为中心展开，而不是根据中央政府系统的维稳政策指导思想展开。第三，"维稳是最大的政治"。"最大的政治"就是坚决不能让维稳工作出现任何可能影响县级主要领导"仕途"的纰漏，为此，必须严防死守。第四，"摆平就是本事"。事件的发生不可避免，对一线维稳官员能力最大的考验就是在县域范围内处理事件，使其影响局限于县域之内，为此，可以不计成本、不择手段。

（二）管控组织体系的变化

县域范围的维稳管控组织体系发生了三方面的显著变化：第一，管控组织体系更加严密、更加具体细化。在县一级，以政法委为核心，包括公

---

① 马闯. 基层政府维稳行为研究 [D]. 苏州大学博士学位论文，2014.
② 樊红敏. 转型中的县域治理：结构、行为与变革 [M]. 北京：中国社会科学出版社，2013：138-190.

安、检察院、法院、司法局、信访局、武警、武装部等机构；在乡镇一级，以综治委为核心，包括综治办、派出所、法庭、司法所、信访办等机构；在村一级，虽然有治保员、调解员、联防队员，但仍然以村支部书记、村委会主任作为村级维稳体系的核心。第二，维稳工作人员兼职化，越到基层越常规化。在县一级，仍然以专职干部、专职力量为主，部分合同聘任制的人员也是专职的；在乡镇一级，兼职已经比较常见；在村一级，所有维稳工作人员基本都是兼职的。兼职化不仅意味着专业素养的不足，更意味着在维稳工作实践中缺乏有效的权责约束。第三，利用和雇用社会灰（黑）色力量完成特定维稳任务成为某些地方常见的一种工作策略，尤其是征地拆迁、截访等非常规性任务。

县域范围的维稳管控组织体系的变化同时蕴含着相互矛盾的特点：一方面，管控组织体系的严密渗透有利于强化政府对社会的控制，及早预警、提前介入，尽快就地解决矛盾；另一方面，社会自身的自我平衡和矛盾消化机制也更加衰弱，难以建设性地补充政府维稳管控组织体系的不足；管控组织体系末端的兼职化和灰（黑）势力的介入是维稳工作中无奈但有效的现实选择，但也使管控组织体系的"自我控制"成为现实的难题，即有可能管控组织体系的末梢成为"维稳怪圈"的发源地。

（三）行动策略的异化

以应对上级政府维稳考核、"不出事"、"摆平就是本事"为集体理性共识的维稳指导思想必然使维稳行动策略走向异化，原则性和灵活性并重的根本要求让位给无原则的机会主义：在目标上，不是以"社会公平正义""利益协调""矛盾转化"为核心追求，而是以应对上级政府维稳考核、"不出事"为核心诉求；在策略选择上，不是以法律法规、党规政策作为准绳，而是以"摆平"功效作为衡量标准。为此，既可以不问青红皂白地滥用警力打压，也可以无原则和底线地与当事人谈"交易"；既可以不计成本、不计代价地实行政治动员、"人海战术"，也可以搞现代"连坐制"、"盯人"、截访、"被旅游"；既可以对目标群体纵横捭阖、威胁恐吓收买、栽赃陷害、分化瓦解，也可以对上精准公关、"信访销号"。一切视需要和功效而定。

（四）行动逻辑的转变

在行动逻辑上，无缝隙的稳控与无原则的绥靖并存。一方面，在常规性维稳工作中，通过强化和延长控制链条，严防死守，以无缝隙的稳控来实现绝对稳定，网格化管理的推广将无缝隙的稳控推向了极致；无缝隙的稳控完全扭曲了中央政府秩序与活力并重的维稳政策指导思想。另一方面，在解决具体事件和问题上，无原则的绥靖也越来越常态化，也就是"花钱买平安""用人民币来解决人民内部矛盾"，无原则的绥靖也完全扭曲了中央政府全面推进依法治国的总要求。

（五）政策转换的两面性

县级政府对维稳政策的转换性执行具有典型的两面性：第一，虽然问题多，但是基本实现了中央政府维护社会大局稳定尤其是政治稳定这个维稳工作的首要任务；第二，通过考核机制的传递、过滤和诱导，中央政府系统、综合的维稳政策指导思想在实践中被扭曲，"社会公平正义"的核心诉求、"过程与结果并重"、"源头化解与末端处置并重"、"秩序与活力并重"、"维稳与维权并重"的基本标准没有得到完整的贯彻落实，宏观维稳政策体系隐含的负面逻辑和问题被层层强化，推向极致。

四、本章小结

第一，县级维稳政策的转换是县级官员群体集体理性共识的结果，是考核压力、县级官员群体价值诉求、县级官员群体集体理性三者相互作用的结果，不是某一个领导干部一时心血来潮的非理性选择。

第二，县级政府的维稳政策实践为了短期的刚性稳定牺牲了长远的弹性稳定，是局部集体理性导致社会非理性的典型。县级政府的维稳行为是县级官员群体集体理性共识理所当然的逻辑结果，但县级政府维稳工作的集体理性选择放大了现阶段维稳政策体系所蕴含的诸多根深蒂固的弊病，既有维稳模式的负面作用越到基层越强烈，成为"维稳怪圈"的主要发源地；层层加压的维稳考核机制仅仅使问题和矛盾在短期内得到较好控制，并没有在根本上解决问题、转化矛盾，问题和矛盾的积累性压力、权宜性治理产生的新矛盾汇合，并将压力反馈到中央政府，给中央政府维护社会大局稳定尤其是政治稳定的首要政策目标带来新的压力。

第三，无原则的绥靖与无缝隙的稳控并行，虽然短期效果明显，但架空了法治标准，纵容了非理性博弈，不利于健康、可持续的官民互动、政社互动。

　　第四，县级维稳工作的彻底转变需要从上而下：彻底转变维稳政策思路，即从以强化管控为核心的维稳思路转变到以培育官民、政社良性互动为核心的维稳思路；重塑维稳工作的考核机制，从以事件、矛盾为核心的考核机制转变到以政府责任为核心的考核机制。如此方有可能通过重构县级官员群体政策选择的环境重塑县级官员群体集体理性。

第十二章 本书结论与进一步探讨

本书的研究至此告一段落。本书在治理现代化背景下，对县级政府过程中的"政策转换"环节进行专题性研究，主要集中于"运行性政策"，通过县域治理中的权力配置、干部选拔任用、财政资源分配、政绩考核与激励、官员教育，以及县委常委会如何决策、县级政府如何开会等专题性研究，理解县级政府如何把上级政策转换为县域性意志和行动。通过以上专题性研究，我们可以得出一些基本的研究结论。

一、结论一：中国的县域治理变迁具有独特的历史脉络和历史逻辑

近代以来的县域治理变迁经历了晚清、民国、中华人民共和国成立初期（1949~1978 年）、改革开放四个相对独立的阶段，每个阶段县域治理的模式、治理主体间关系、所面临的危机均有所不同，但又具有一脉相承的内在历史联系。

县域治理模式的阶段性。迄今为止，问题和矛盾的解决方式具有阶段性，阶段性的解决模式阶段性地解决了问题，但又形成层层递进的阶段性县域治理危机：清末以来的危机不断深化，至民国形成"总体性危机"；中华人民共和国成立初期"行政一体化模式"虽能强有力地对治"总体性危机"，但因其自身模式的特征所限，在解决旧的问题、矛盾过程中又陷入新的活力和可持续性危机；新时期有限的市场化改革在一定程度上解决了"行政一体化"模式的活力和可持续性问题，带来了 40 年的县域治理繁荣和发展，但日益落后于经济社会发展的进一步需要，虚假稳定、泡沫发展等深层次问题暗含着新时期县域治理的新危机。

县域治理问题与矛盾的贯穿性。中国县域治理变迁具有自身内在贯穿

治理现代化背景下的县级政府政策转换

性、阶段性和独特性。清末以来，县域治理面临的根本问题和矛盾具有贯穿性，国家—社会关系一直缺乏良性互动，具体体现为中央政府、县级政府、县域社会三者的互动一直存在问题，县级政府的自主性、有效监督及其对上、对下责任的平衡一直是一个没有根本解决的难题。

县域治理变迁的根本动力是县域政治、经济、社会需求的变化，县域治理模式不能充分满足县域政治、经济、社会发展的阶段性需要，即形成历次县域治理的危机，在这个意义上，每次县域治理危机的本质是一样的，即治理形式不能适应治理内容的需要；行政一体化模式、权力支配模式也仅仅是阶段性地满足了县域政治、经济、社会发展的需要，待其随时间的推移而在内容上更新之后便对其提出新的挑战和新的需求；迄今为止的县域治理变迁仍处于治理内容变迁—治理形式危机—治理模式递嬗的螺旋式循环进程中，尚未形成县域治理"三层"之间良性循环互动的格局，也尚未形成使县域治理模式基本定型的引导性价值共识、支撑性政治—社会力量、保障性制度体系。处于历史的转折点上，理论界、政策层、社会面能否形成合力，任重道远。

县域治理变迁逻辑的独特性。中国县域治理变迁的独特性在于，社会自组织一直没有足够的能力产生以平等协商、规则治理为标志的内生性权威和秩序，通过自身的合作治理解决共同的难题，例如自治负责人的选举—监督、公益费用提取—监督等运行性问题，水利设施、道路修复、治安、调解、垃圾处理等功能性问题。或者以内部"强人"和"能人"为核心形成权威和秩序，或者通过外部力量的介入，如政党或官僚机构，来实现"被组织"。内部"强人"和"能人"、外在的政党或官僚机构有充分理由、内在动力、足够能力维系这种"社会弱组织"状态。当功能性任务紧迫，"救亡压倒启蒙"、"发展是硬道理"的时候，功能性任务的需求远远超过社会自组织的供给能力，社会只能通过"被组织"来应战，"行政一体化"模式、"权力支配模式"应运而生；但这种阶段性模式本身只适合解决阶段性任务，而没有为国家—社会长期的良性互动奠定一个更为根本的制度性框架。新时期县域治理危机的新的独特性在于，由于近40年来新的市场、社会因素的成长，只有进一步释放市场、社会成长和发挥作用的空间，市场、社会的活力才能得到保障，弹性稳定、可持续发展才有可能，功能性任务首次与国家—市场—社会良性互动的运行性任务形成"一体两面"；方向其实已经很明确，最大的担忧来自于空间的释放、市场—社会自主性的增强是否对权威、秩序、整合构成负面影响,不能形成秩序与活力的良性平衡。

"由危转机"扭转性关键变量。县域治理转型内在的需求是进一步释放市场、社会的自主性成长空间,同时把市场、社会活力引导到保持在国家—社会良性互动的框架内,成为促进弹性稳定、可持续发展的建设性力量,而不是破坏性力量,由现在的治理危机转到新的治理陷阱。保持秩序与活力均衡的关键性扭转变量是强化独立强大的第三方协调—仲裁机构,以有效地引导、规范、转化社会自主性成长所可能产生的自组织混乱、政府—社会冲突、政府失控。社会自身难以产生强大的协调—仲裁力量,政府官僚机构也不适合再次强化社会渗透、基层延伸承担这个角色。最适合的组织依托是中共遍布各层次、各领域、各环节的中共党组织,这也是最适合政党本色应该和可以承担的任务。

新危机可以是新契机。其实,如同清末以来历次县域治理危机一样,新时期县域治理危机也是国家—社会关系新时期递进发展的新契机。与40年前相比,已经具有一定基础的市场、社会因素已经今非昔比,初步奠定了多元主体合作治理的运行基础;现阶段,中央政府、县级政府、县域社会都深受"危机"困扰,三方都在寻找更好的出路、更合适的角色定位和更有效的合作模式。实际上,虽有困难、压力和风险,县域治理实现由"权力支配模式"向多元合作治理模式的发展已经势在必行,如何尽快推动制度"瓶颈"的突破,建设性地介入到这一进程中,推动县域治理"由危转机"的根本性转变,很大程度上关键取决于政策层的决心。

二、结论二:县级运行性政策执行存在的问题更加严重

现在对基层政府政策执行的研究主要集中于具体领域的功能性政策,如经济政策、维稳政策、环保政策、教育政策、科技政策等,较少从"运行性政策"的角度对县级政策执行进行系统分析。在考察县级政府功能性政策执行时,大多数学者都注意到"选择性执行"的问题;可以说,"选择性执行"是功能性政策执行中存在的最大问题。如果考核刚性强、压力大,与县级党政主官的利益直接挂钩,执行力度会非常大,维稳、GDP、财政、招商引资、环保等成为所谓"硬指标";反之,则执行弹性较大,如党建、精神文明建设、基础教育等领域的政策。总体上,大多数功能性政策都得到较好的贯彻执行。

运行性政策执行最大的问题在于"再规则化",即在权力配置、干部选拔任用、财政资源配置、政绩考核、官员教育等主要运行性领域,县级政府运行的实际规则已经与中央政策的精神有偏差,重新形成了一套"本地化"的规则;这套"本地化"的规则在提高了政策执行的灵活性、生命力的同时,也在很多时候偏离了最初的政策目的。

首先,县级运行性政策的基础配置,基于单一制政府结构中政策执行原则性与灵活性相统一的原则,实际上不得不默许,甚至在一定程度上纵容了县级"主要行动者"的权力自由度和执行自主性。以县委书记、县长为首的县级政治精英很大程度上可以根据利益、偏好、资源支撑、形势、自身判断来选择如何执行政策,尤其是在干部选拔任用、财政资源配置等领域,上级政府可以给出政策性建议,但很少直接干预或改变县本级的决定。

其次,县级政策执行的强烈的实用主义很大程度上源于运行性政策的缺陷,尤其是监督、考核、晋升机制的缺陷。实用主义具有很强的弹性和韧性,在特定发展阶段、特定领域效率很高,但随着发展阶段的变化,负溢出上升、正溢出日益衰减。维稳政策的县级执行就是典型例证,刚性控制力很强,但在一定程度上已经背离中央"维稳"与"维权"并重、解决问题与维持秩序并重的政策原旨。

最后,县级运行性政策的执行,比起功能性政策来说,更需要考核、监督,但更难以考核、监督。在功能性政策领域,如维稳、环保、教育、安全生产,政策执行具有相对确定的指标体系、政策工具体系,上级政策要强化对政策执行的监督、检查,提高政策执行力,也有明确的政策性手段可以使用。而运行性政策难以指标化、难以准确衡量、横向比较,从而强化了监督力度。再者,单一制政府结构的特点决定了对县级运行性政策的执行主要依赖上级政府的监督,来源于平级、下级的监督比较疲软,这进一步增加了对县级运行性政策执行监督的力度。

可以说,县级运行性政策执行中的"再规则化"是县级功能性政策"选择性执行"的根源所在。

三、结论三:提高县级政策执行力的重点是调整运行性政策

现阶段,提高基层政府的政策执行力,主要在强化功能性政策执行力

度上下功夫。以维稳政策为例，上级政府的政策执行压力大、考核指标明确而刚性，奖惩力度都很大，因而，县级政府的政策执行力度很大，但政策执行却在很大程度上"变味"了，在一定程度上"为维稳而维稳"，背离了中央维稳政策的最初目的。这种强化政策执行的思路已经在一定程度上走进了死胡同。

彻底摆脱县级政策困局的关键在于"运行性政策"的调整，也就是在县级"主要行动者"的政策自主性和监督之间重新平衡。源于上级的监督已经发挥得淋漓尽致，挖掘潜力不大；但是源于平级和县域社会内部的监督潜力仍然很大，值得在制度上深入挖掘，以补充上级监督的不足，在保障县级政治行动主体必要的政策自主性的同时重建政策自主性和系统监督的平衡。

四、不足和进一步探讨

限于一些客观因素和笔者资质，本书的研究仍然存在很多不尽如人意的地方，留下了一些遗憾。第一，调研困难，虽然在案例县调研多次，但是一些对于本书研究比较重要的资料、数据难以获得，有时即使获得数据、资料也难以甄别真假，现在的形势下尤其困难，部分县乡干部防范意识强烈。第二，功能性政策的研究要比预想的困难，因为涉及具体类别太多，每一个政策类别都是政策群，很难把握好分析的角度和思路。这是导致研究进展缓慢的主要原因。

本书中没有解决、尚需深入研究的问题如下：第一，县级政府政策转换，尤其是最核心的人事、财政问题上，仍然缺乏充分的数据、案例支撑，"黑箱"状态有待进一步揭开。第二，对重要领域"功能性政策"的研究需要继续深入，如民生领域、改革领域、土地政策等领域。第三，对"功能性政策"与"运行性政策"的互动关系需要继续深入研究。